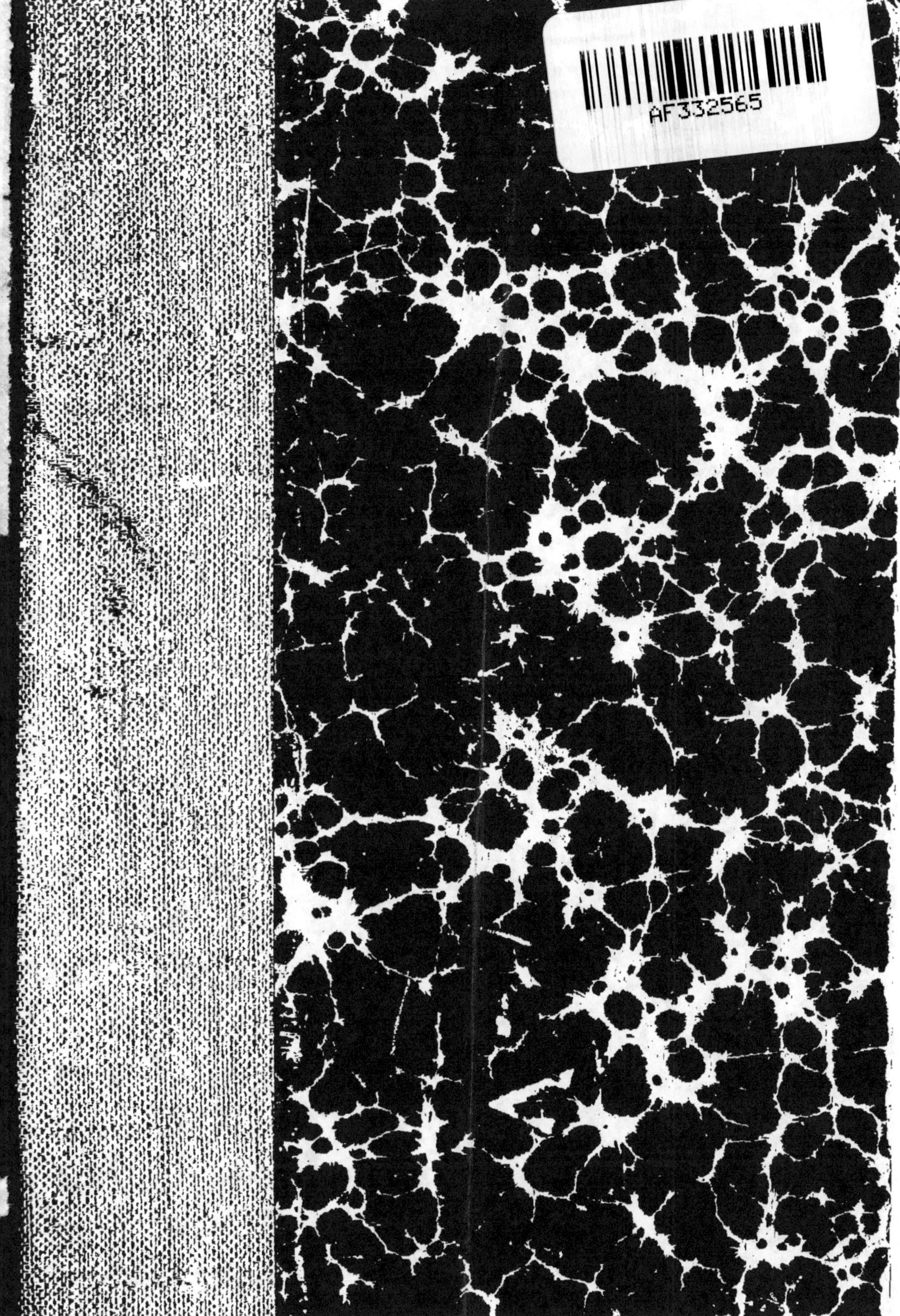

AF332565

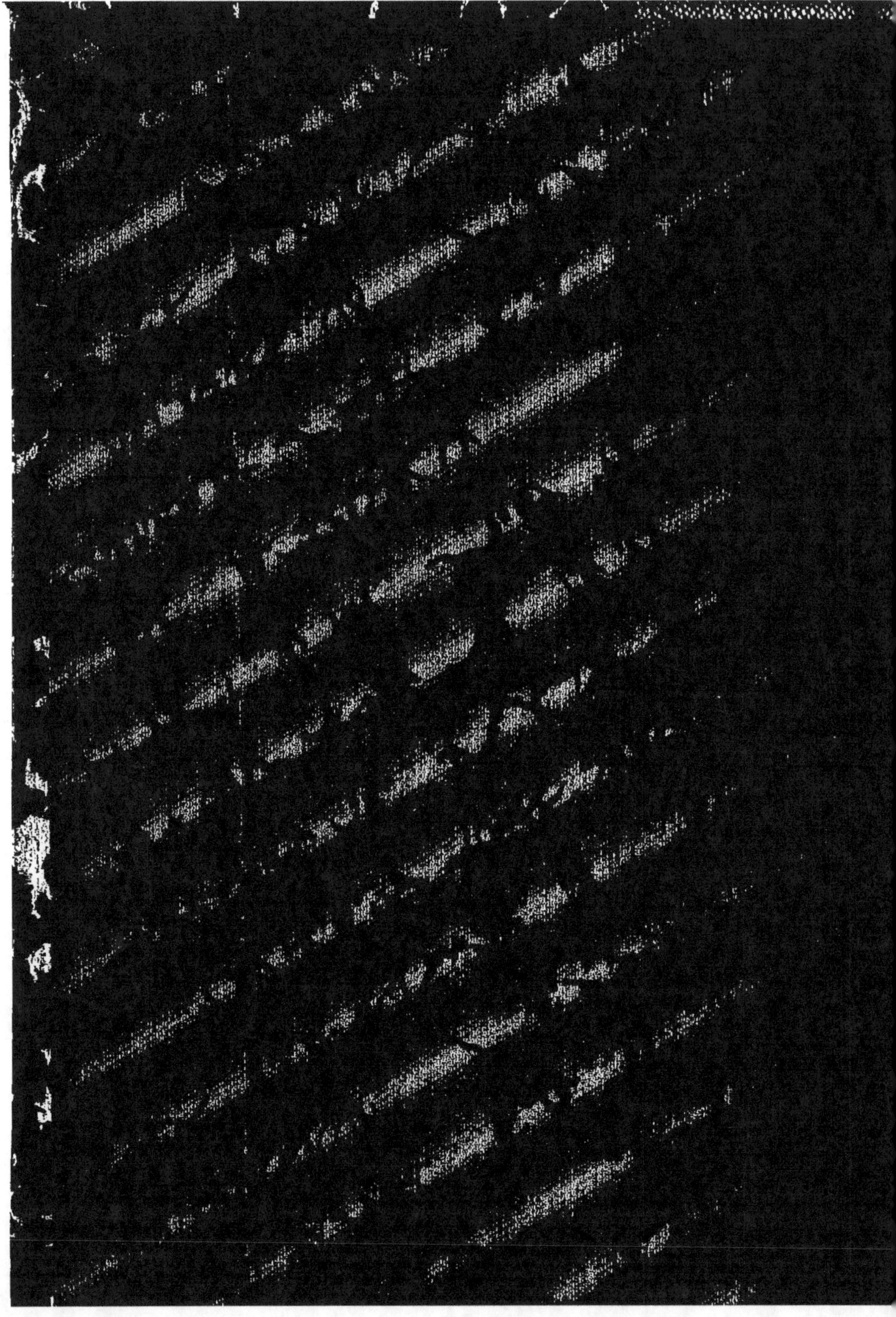

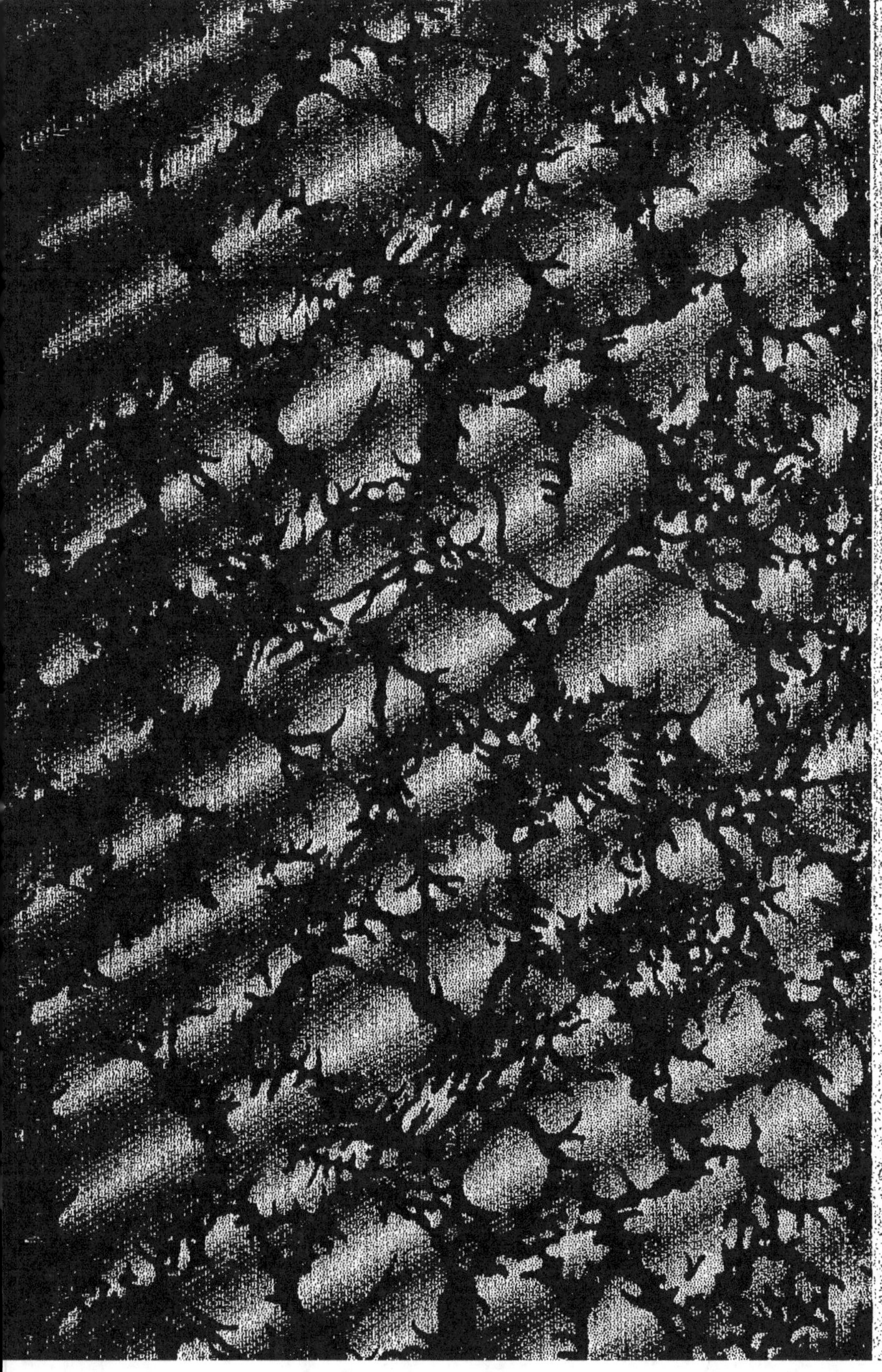

Notre
Commerce Extérieur
d'Après-Guerre

LOUIS POLAC

Notre Commerce Extérieur d'Après-Guerre

> Un grand pays s'appauvrit s'il ne développe pas son outillage, son esprit d'entreprise, ses exportations..... Il faut apporter dans le développement de nos affaires un esprit autre que celui qui a présidé jusqu'à présent à notre commerce.
>
> **A. Ribot,**
> *Ministre des Finances.*
>
> (Chambre des Députés, 7 Mai 1915).

PRÉFACE

DE

M. Charles CHAUMET

DÉPUTÉ DE LA GIRONDE

Ancien Sous-Secrétaire d'Etat des Postes et Télégraphes,
Président de la Conférence Interparlementaire du Commerce

PARIS

H. DUNOD & E. PINAT, ÉDITEURS

47 ET 49, QUAI DES GRANDS-AUGUSTINS

—

1917

Tous droits de traduction et de reproduction réservés.

PRÉFACE

Paris, le 15 Novembre 1916.

Cher Monsieur,

Vous me demandez de présenter au public votre ouvrage sur *Notre Commerce extérieur d'après-guerre*. Très volontiers, car je peux, en toute sincérité, lui prédire un succès certain.

Le sujet est de ceux qui passionnent — heureusement! — l'opinion. Nous nous sommes trop longtemps laissés absorber par les questions de pure politique. Pendant que, divisés en partis, subdivisés en coteries rivales, nous nous épuisions en luttes stériles, nos concurrents, laborieux et tenaces, développaient méthodiquement leur puissance économique et s'assuraient, dans tous les continents, de larges débouchés commerciaux. Instruits par l'expérience, nous comprenons enfin qu'il faut grouper toutes les bonnes volontés pour accroître la prospérité de notre pays. C'est l'intérêt de chacun de nous et le devoir commun.

Dans cet ensemble de questions économiques et sociales, qui sont et qui resteront désormais au premier plan des préoccupations publiques, vous avez entrepris d'examiner celle qui est peut-être la plus importante : l'avenir de notre commerce extérieur.

Pendant la guerre, nous n'avons guère exporté qu'une marchandise : notre or. De là l'état de notre change qui nous est si préjudiciable. Il s'agit donc, aussitôt après les hostilités — et même auparavant — pour remédier à une situation qui pourrait devenir fort dangereuse, d'accroître nos exportations à l'étranger.

Par quels moyens? C'est ce que vous avez recherché avec une compétence que reconnaîtront tous vos lecteurs. Vous vous présentez comme un modeste praticien. Mais s'il est vrai que vous avez une longue expérience des affaires, et notamment des affaires d'exportation, si vous donnez des conseils pratiques et minutieux aux commerçants et aux industriels désireux de se créer des débouchés au dehors, il est juste d'ajouter que vous avez aussi une culture générale qui vous permet de dominer les problèmes et qui donne à vos conclusions plus de portée et plus d'autorité.

Ceux-là même qui, par leur profession, sont étrangers au monde commercial, mais que préoccupe l'avenir de notre patrie, liront votre livre avec profit. Ils apercevront nettement, à la fois l'importance et la complexité des problèmes économiques. Ils comprendront qu'il ne saurait y avoir de formule magique pour enrichir un individu ou un pays. Ils ne croiront plus au miracle des interventions de l'Etat pour résoudre toutes les difficultés.

Puis, à une heure où tant de nos compatriotes, hypnotisés par la prospérité commerciale de l'Allemagne, préconisent l'imitation servile des méthodes et des procédés de nos ennemis, vous faites entendre le langage de la prudence et de la raison. Vous montrez que, dans certaines de leurs organisations tant vantées, tout n'est pas sans inconvénients ni sans périls.

On peut sans doute s'inspirer de ce qu'ils font, adapter à notre tempérament national et à notre régime politique quelques-unes de leurs institutions; mais gardons-nous bien de les copier aveuglément!

Sachons mieux utiliser la puissance de l'association, apprenons à coordonner, à discipliner nos efforts, obtenons de l'Etat qu'au lieu de les paralyser par les entraves d'une bureaucratie routinière, il les soutienne et les encourage, mais ne renions pas les principes de liberté qui ont permis chez nous aux initiatives individuelles de produire de si féconds résultats; et, pour tout dire, n'empruntons pas aux Boches leur caporalisme industriel.

Pour développer, après la guerre, le commerce d'exportation de la France, demeurons fidèles au génie français, épris de mesure et de goût, d'indépendance, de loyauté et de probité.

Charles CHAUMET.

ERRATA

Pages	Lignes	*Au lieu de :*	*Lire :*
5	27 et 28	bien qu'elles n'eussent, la première aucune sortie sur la mer, la seconde pas de marine de guerre,	bien qu'ils n'eussent, le premier aucune sortie sur la mer, le second pas de marine de guerre,
25	27	110 %	100 %
249	5	autour desquelles on a fait...	autour desquels on a fait...

AVANT-PROPOS

Ce livre n'est pas un travail d'érudition. C'est simplement le fruit d'une assez longue expérience. L'auteur n'est pas un économiste, encore moins un savant. Modeste praticien, il a beaucoup vu, souvent réfléchi, un peu lu, et ne s'est décidé à écrire que sur le tard, exceptionnellement, en présence de circonstances exceptionnelles.

Ses essais ont été favorablement accueillis : on l'a incité à les poursuivre, et, de fil en aiguille, l'idée lui est venue — bien audacieuse — de coordonner, en les amplifiant et en les complétant, les notes qu'il avait semées de-ci, de-là. Le volume, par sa majesté, lui causait cependant un religieux effroi : l'éditeur a quelque peu dissipé ce « trac » de débutant.

Dans son ouvrage, *les Méthodes allemandes d'expansion économique*, M. Henri Hauser dit qu'aux hommes d'action incombe la tâche de tracer un programme d'action, les hommes d'étude pouvant seulement, par l' « analyse synthétique » des faits, renseigner sur les méthodes qu'emploient les concurrents étrangers. Et, plus loin, dans un diptyque très exactement et joliment brossé, il nous montre la situation et l'influence comparées du professeur en Allemagne et en France, la pénétration réciproque de la science et de la pratique vraiment réalisée dans le premier pays.

On ne trouvera pas ici un véritable programme complet pour le développement de notre commerce extérieur. Cette tentative de synthèse des éléments qui doivent contribuer à la rénovation de nos relations économiques avec le dehors n'a aucune prétention didactique. Résultat de l'observation d'un professionnel, elle ne vise qu'à indiquer certaines des lacunes qui existaient jusqu'à présent dans l'organisation nationale, et comment il lui semble qu'elles pourraient être comblées, au rétablissement de la paix.

Elle est basée sur une documentation personnelle plutôt que sur une littérature technique. Aussi ne s'appuie-t-elle pas sur une abondance de renvois et de références. Toutefois, il serait injuste et peu loyal de ne pas reconnaître ce qui est dû à la lecture des travaux de M. Landry, député, de M. Liesse, de M. Blondel et de tant d'autres, ainsi qu'à l'obligeance de M. Mercier, directeur de l'Office national du commerce extérieur.

L'application des principes de Descartes aux choses commerciales demanderait, pour être traitée, une plume autrement experte. Dans un de nos grands quotidiens, M. Louis Forest estimait dernièrement qu'un tel ouvrage « ne sera écrit que le jour où, par exemple, un Boutroux, après avoir été ouvrier au Creusot, en sera devenu directeur. » On pourrait ajouter : « et aura fait le tour du monde en plus de quatre-vingt jours ».

Le Français agissant est peut-être trop enclin à dédaigner les conseils du pur théoricien, et à le renvoyer à sa chaire. Le lecteur excusera-t-il notre fugue hors du bureau ou du comptoir?

Paris, juillet 1916.

PREMIÈRE PARTIE

LE COMMERCE EXTÉRIEUR

Son rôle. — Son influence sur l'expansion économique. — Ses éléments. — La production. — Agriculture. — Extraction du sous-sol. — Industrie. — Chasse et pêche. — La consommation. — L'expansion. — L'importation. — L'exportation. — Le transit. — Echanges commerciaux et financiers. — Balance des affaires. — Change. — Colonies. — Etranger.

Son rôle. — Littré définit le commerce : l'échange, entre les hommes, des divers produits de la nature ou de l'industrie; mais il cite plus loin ces phrases de J.-B. Say : « Dans le langage spécial de l'économie politique, le commerce est l'industrie qui met le produit à la portée du consommateur. L'agriculture, la fabrication, le commerce sont les trois branches de la production générale. Tous ont cru que le commerce consistait essentiellement dans l'échange, tandis qu'il consiste essentiellement à placer un produit à la portée des consommateurs. »

En jurisprudence, fait acte de commerce tout individu qui achète des marchandises pour les revendre, ou fait des opérations qui se rattachent à cet objet.

L'échange, dans le pays même, des produits du pays, c'est le commerce intérieur. L'achat ou la vente des marchandises au dehors du pays, l'échange avec l'étranger, l'ensemble des opérations commerciales qui se traitent de nation à nation constituent le commerce extérieur. Le troc entre peuplades voisines a été le début de ce négoce. C'était le « Donne-moi d'quoi qu't'as, j'te donnerai d'quoi qu'j'ai », dont nous avons tous usé dans notre enfance. Les hommes ont toujours éprouvé le besoin de se procurer ce qui leur manquait, quand ils savaient qu'à côté d'eux la diversité des climats, de la nature du sol, des aptitudes ou des usages fournissait des produits complétant les leurs. De proche en proche, et les moyens de communication par terre ou par mer se perfectionnant, ces échanges de produits naturels ou manufacturés ont acquis progressivement de plus en plus d'ampleur, et ont fini par s'effectuer à travers les continents et les océans, entre les contrées les plus éloignées. « Le négociant, a dit Montesquieu, ayant l'œil sur toutes les nations de la terre, porte à l'une ce qu'il tient de l'autre. » Et Mirabeau : « Chaque citoyen peut et doit connaître son pays; le négociant seul connaît l'univers. »

Son influence sur l'expansion économique. — Le commerce extérieur, naturellement esclave de la production et de la consommation, a aujourd'hui une influence capitale sur l'expansion économique, dont on peut dire qu'il est une des bases nécessaires. Par l'importation, il apporte à l'industrie des matières premières et à la consommation certaines marchandises qui font défaut dans un pays. Par l'exportation, il fournit à l'industrie et à l'agriculture des débouchés incomparablement plus larges que ceux du territoire national : la puissance d'absorption intérieure est forcément limitée, alors que celle de l'extérieur offre un champ d'action pratiquement infini. Il est à la fois une nourrice et un colporteur, ou mieux la pompe d'alimentation et la courroie de transmission de la machine à vapeur. On s'est rendu compte de son importance à peu près généralement, mais plus ou moins tôt; et, malgré les efforts d'hommes clairvoyants, la France s'en est un peu trop désintéressée.

L'abbé Raynal écrivait, au xviiie siècle : « Isaac Lemaire, un de ces négociants riches et entreprenants qu'on devrait regarder partout comme les bienfaiteurs de leur patrie, forma le projet de pénétrer dans la mer du Sud par les terres australes. » L'histoire nous montre, depuis les Phéniciens et les Carthaginois jusqu'au xixe siècle, l'influence successive qu'avaient obtenue, grâce à un commerce extérieur actif et audacieux, l'Espagne, le Portugal, Venise, la Hollande, et enfin l'Angleterre. Depuis peu, nous avons vu prendre rang parmi les grandes puissances commerciales les Etats-Unis, le Japon, la Russie, les pays scandinaves, et surtout l'Allemagne, qui a mis au service de ses intérêts économiques son esprit militariste. Et de petits peuples comme les Suisses et les Belges ont réussi, à force d'énergie et de volonté, à se créer une situation fort enviable dans le commerce mondial, bien qu'elles n'eussent, la première aucune sortie sur la mer, la seconde pas de marine de guerre, et qu'une marine marchande insignifiante.

Chez nous, à plusieurs reprises, depuis le xvie siècle, il y eut des tendances à étendre nos relations commerciales avec l'étranger et les contrées d'outre-mer, et des velléités de création d'empire colonial. Mais la politique intérieure, les luttes militaires qu'il fallut soutenir contre des voisins qui s'opposaient à la reconstitution de l'ancienne Gaule unifiée et puissante, empêchèrent toujours l'esprit de suite dans cet ordre d'idées. Au début du règne de Louis XIV, Colbert avait entrepris une œuvre de longue haleine, cherchant à développer le commerce et l'industrie, à réorganiser la marine; mais sa disgrâce ne lui permit pas de la mener à bien. Et, malgré tous les efforts de Dupleix pour donner l'Inde à la France, à la fin du xviiie siècle nous n'avions plus de colonies. Enfin, la guerre de 1870-71 avait interrompu un nouveau mouvement d'affaires sérieux, et avait transformé radicalement les situations respectives des concurrents sur les marchés du globe.

Ses éléments. — Mais nous avions décidé résolument de nous relever à ce point de vue, comme nous l'avions déjà fait à d'autres. Les événements actuels vont, encore une fois, modifier, et sans doute plus profondément que jamais, les conditions générales. Pour nous préparer à reprendre la lutte économique avec chances de succès, il semble utile de bien nous rendre compte tout d'abord des éléments qui constituent le commerce extérieur.

L'ordre logique pour les examiner est tout indiqué par leur nature même : nous passerons donc en revue successivement la production, la consommation, l'expansion, et nous arriverons alors à considérer spécialement l'importation et l'exportation, dont l'ensemble compose, avec le transit, le commerce qui nous intéresse particulièrement ici.

La production. — La production a comme sources l'agriculture, l'extraction du sous-sol (mines, gisements et carrières), l'industrie, la chasse et la pêche.

Agriculture. — L'agriculture elle-même, qui a été la première forme de production, comporte deux parties qui se tiennent intimement : la culture des fruits de la terre pour l'alimentation des hommes et des animaux domestiques, pour les matières premières destinées à l'industrie ou pour d'autres besoins, et l'élevage de ces animaux pour le travail ou l'alimentation, avec l'exploitation de ses sous-produits : lait et ses dérivés, œufs, cuirs, et les nombreuses utilisations de la dépouille. Les marchandises qui, tout en n'ayant plus leur forme naturelle et primitive, ont subi une transformation trop simple pour être qualifiée d'industrielle, comme les beurres, les fromages, les vins, sont à ranger parmi celles que fournit l'agriculture.

La France est avant tout agricole; mais sa propre consommation absorbe intégralement certains produits de son sol, et a même parfois besoin de l'appoint étranger. Malgré le développement de l'industrie et l'attirance de plus en plus vive des grandes villes, la moitié environ de la population y est encore occupée à la terre. Toutefois, il a fallu modifier sensiblement les procédés employés, et même renoncer dans certaines régions à des cultures traditionnelles, pour les remplacer par d'autres plus rémunératrices ou par l'élevage réclamant moins de bras et donnant des résultats plus satisfaisants, qui promettent de s'améliorer encore largement pendant une période qui suivra la guerre actuelle. Il est à remarquer, d'ailleurs, que la production agricole soumise aux influences atmosphériques n'a rien d'absolument régulier, et subit même des fluctuations assez violentes d'une année à l'autre. Elle est exposée à des accidents morbides passagers ou quelquefois prolongés, épizooties qui déciment le bétail, épiphyties qui étiolent les plantes, et aussi à des invasions d'insectes ou d'autres animaux qui dévorent les récoltes en perspective ou réalisées. Elle a à lutter contre la concurrence de l'étranger, et surtout contre celle des pays neufs, où la terre n'a pas à beaucoup près la valeur qu'elle a acquise chez nous, où la culture extensive est facile, où l'emploi des machines est généralisé, tandis que, soit par routine, soit par manque de capitaux, soit par suite du morcellement de la propriété, on a trop longtemps suivi les anciens errements dans notre vieille France. Les tarifs de douane protecteurs ont cependant permis de ne pas avoir à souffrir de cette concurrence, au moins pour la satisfaction de la consommation intérieure. Le droit de 7 francs par 100 kilos sur le blé, par exemple, a provoqué un accroissement, sinon des emblavures, du moins des récoltes; nos agriculteurs, devant la perspective d'une vente à peu près certaine dans des conditions leur laissant une marge de bénéfice, ont plus volontiers fait des efforts et même des débours pour moderniser leurs procédés, acquérir un matériel mécanique, employer des engrais chimiques, et s'approcher du maximum de rendement, en faisant de la culture intensive; dans certaines régions, celle-ci s'est réellement industrialisée, de grandes exploitations se sont organisées ou reconstituées scientifiquement, des syndicats se sont formés, et la mobilisation des capitaux a été favorisée par l'établissement régulier du crédit agricole et de la mutualité.

Extraction du sous-sol. — Depuis un siècle, une place toujours plus importante a été prise par l'exploitation des produits du sous-sol. L'invention de la machine à vapeur, du gaz d'éclairage, la découverte des nombreux sous-produits de la distillation ont donné à la houille une valeur considérable, et l'essor prodigieux de l'industrie, de la métallurgie, des transports par fer ou par mer, plus tard par terre, grâce aux automobiles, et même par air, avec les aéroplanes, enfin l'application de l'électricité ont accru dans des proportions inouïes l'extraction de ce fossile, des divers minerais et des huiles minérales. D'autre part, l'extension des villes et des travaux publics et privés, l'usage en grand des amendements dans l'agriculture ont fourni une clientèle de plus en plus large aux carrières et gisements.

Malheureusement notre sous-sol n'est pas aussi bien partagé que notre sol si fertile. Nos charbonnages ont pris un développement aussi grand que possible, mais ils ne suffisent pas à la consommation intérieure. Et nous sommes obligés d'importer plus que la moitié de notre production. Nous payons donc rien que par là un tribut à l'Angleterre, à la Belgique et à l'Allemagne, et les prix de revient de notre industrie se trouvent grevés des frais de transport que supporte ainsi une grande partie de cette matière première indispensable, alors qu'en Allemagne, par exemple, on est parvenu, malgré un emploi d'année en année plus énorme pour l'industrie nationale, à exporter en 1912 pour 436 millions de marks (545 millions de francs) de houille, (en 1913, 164 millions de francs, rien que pour la France); la production y est montée de 50 millions de tonnes en 1880, à 273 en 1913. Nous sommes plus riches en minerai de fer, et les mines de Briey-Longwy, exploitées en grand depuis vingt-cinq ans, ont permis à l'industrie métallurgique lorraine de prendre une allure triomphale, et fournissent à l'Allemagne, qui les convoite d'ailleurs jalousement et entendait bien se les approprier, grâce à la guerre qu'elle a déchaînée; celles de Normandie, sur lesquelles les Teutons avaient essayé de mettre indirectement la main, promettent également beaucoup. Mais nous manquons de cuivre, de zinc, d'étain, de plomb. Par contre, nos carrières de pierres, de gypse, de craie, d'ardoises, etc., nos terres marneuses ou argileuses sont des éléments de richesse précieux.

Industrie. — L'industrie transforme les matières premières fournies par la nature. D'abord manufacturière, dans le sens étymologique du mot, la main de l'homme armée d'outils appropriés opérant uniquement, elle a ensuite employé des moyens mécaniques, utilisant la force du vent, de l'eau, et aussi celle des animaux domestiques. La puissance de la vapeur, puis de l'électricité, et enfin de l'explosion des gaz a permis de faire plus vite, en plus grande quantité, plus régulièrement et à meilleur compte. Les machines-outils, en perfectionnement incessant, ont remplacé, dans un grand nombre de métiers, le bras de l'ouvrier. Mais, contrairement aux prévisions pessimistes qui s'étaient fait jour, lors de l'introduction du machinisme, le développement que l'industrie a pris, les besoins de tous genres que l'augmentation de la richesse générale et les nouvelles habitudes de bien-être ont créés ont fait de plus en plus rechercher la main-d'œuvre, malgré tout encore nécessaire dans beaucoup de cas. Les quelques maîtres de poste, postillons et rouliers, qui se lamentaient d'être rendus inutiles par les chemins de fer, ont trouvé facilement à s'employer, même sans presque changer de métier, dans les services de voitures annexes des voies ferrées, qui ont d'ailleurs occupé bientôt un personnel incomparablement plus nombreux que les diligences ou le roulage n'auraient jamais pu le faire.

Deux des principaux facteurs de l'industrie moderne présentent, en France, une infériorité manifeste. Nous avons vu que la production houillère y est insuffisante, et si, par contre, le minerai de fer y est abondant, il ne peut être employé qu'en partie dans le pays même; son utilisation se fait aujourd'hui surtout sous forme d'acier, mélange de fer et de carbone, et la grande mécanique, les constructions navales exigent un emploi considérable de houille, dont la cherté est un obstacle à l'expansion de la métallurgie et des diverses industries qui en dépendent directement ou indirectement, toujours davantage de nos jours. Par ailleurs, la main-d'œuvre est rare et chère chez nous. La population est restée à peu près stationnaire depuis le milieu du siècle dernier, le léger progrès qu'elle dénote provenant plutôt de l'immigration que de la natalité, qui a faibli dans des proportions désastreuses pour l'ensemble : la Bretagne et le Nord seuls sont restés prolifiques, et certaines régions se dépeuplent de façon continue. La richesse, le bien-être d'une bonne partie des Français, le coût assez élevé de la vie ont pour conséquence des taux de salaires progressivement en hausse. Il est vrai qu'on a signalé en Allemagne, depuis quinze ans, une hausse encore bien plus forte, particulièrement pour les mineurs et les ouvriers de la construction électrique, ces derniers gagnant parfois 25 % de plus que chez nous.

Et l'on a pu dire que les salaires sont devenus, dans un très grand nombre de cas, plus élevés là-bas qu'ici, ce qui est considéré par certains comme un indice de prospérité, plutôt que comme une gêne pour l'industrie. Quant au mouvement syndicaliste, aux grèves, ils existent également au-delà du Rhin, de la Manche et même de l'Océan. Peut-être la confiance dans l'avenir, la stabilité économique manquaient-elles davantage en France qu'ailleurs.

Chasse et pêche. — Ce n'est guère que comme un appoint relativement assez faible pour l'alimentation que la chasse peut être mentionnée ici : la faune française a diminué devant les progrès de la culture, le déboisement, et surtout depuis que les armes à feu ont permis une destruction plus rapide; elle ne fournit que très peu de matières pour le commerce. Mais celle des contrées encore en partie sauvages de l'ancien ou du nouveau-monde est la source de transactions atteignant de gros chiffres, et notre importation de fourrures, de peaux et cuirs, de cornes, de plumes, d'ivoire est très importante. La pêche, spécialement celle en mer, donne lieu à des affaires qui ne sont pas à dédaigner. Tout au long de nos côtes fort étendues, la majeure partie de la population s'y adonne, et trouve des espèces variées de poissons, de crustacés ou de mollusques dans la mer du Nord, la Manche, l'Océan ou la Méditerranée. Nos marins vont même assez loin à la rencontre des migrateurs, et chercher la morue jusqu'en Islande et à Terre-Neuve. Il est curieux de constater que Bâle est devenu un grand marché centralisateur de marée, qui alimente, non seulement la Suisse, mais aussi une partie de l'Allemagne et de l'Autriche.

La consommation. — Toutes les denrées et substances, tous les articles produits ainsi doivent trouver des débouchés dans la consommation, qui est naturellement en puissance du chiffre de la population, mais aussi des besoins plus ou moins impérieux que provoque le degré d'avancement de la civilisation ou l'accroissement de la richesse. A l'origine, l'homme n'avait à pourvoir qu'à son alimentation, qu'il satisfaisait par ce qu'il trouvait à l'état naturel et sauvage autour de lui; il imagina ensuite d'améliorer certains végétaux, et, en même temps, de s'en assurer une provision à portée de sa demeure par la culture. Il se fit aider dans son travail par des animaux domestiques, et en mit également en réserve pour se nourrir de leur chair : il lui fallut préparer des aliments pour eux. Puis, lorsqu'il commença à se vêtir, à se construire des habitations, des ustensiles, des armes, des outils, des moyens de locomotion, il eut à faire appel à des matières nouvelles, qu'il dut transformer.

Enfin, avec les progrès de la civilisation, se créèrent une foule de besoins de tous genres, physiques et moraux, matériels et intellectuels, qui exigèrent des efforts incessants de production. Mais si celle-ci est, en principe, la résultante de la consommation, on peut dire qu'elle en a été aussi parfois l'excitatrice, car ses excès, son trop-plein, au delà du niveau répondant aux nécessités naturelles et pressantes de l'existence, ont dû chercher à s'épancher, et ont amené par la surabondance des exigences artificielles, des habitudes factices, un désir de jouissance, de mieux-être, de richesse toujours inassouvi. Nous avons déjà vu que l'accentuation des rapports entre habitants de régions différentes fit connaître des produits ignorés de part et d'autre, et permit, par l'échange, d'augmenter leur consommation. Condorcet, parlant du café, a écrit : « Une denrée qui n'était qu'un objet de luxe et un plaisir de plus pour le riche devint bientôt assez commune pour servir à la consommation du peuple. »

Il en résulte que la puissance d'absorption d'un pays est fonction de son état de civilisation, bien plus que de ses ressources naturelles encore inexploitées. Des peuplades de l'Afrique vivaient sur une terre à flore et à faune luxuriantes, et dont le sous-sol recèle des richesses : lorsque les Européens pénétrèrent chez elles, et voulurent coloniser, ils ne trouvèrent tout d'abord que peu d'éléments de commerce. L'indigène se laissait difficilement tenter par la pacotille qu'on lui offrait, en échange de son travail ou des produits qu'on l'incitait à recueillir; et quand il avait été séduit par des armes ou des objets futiles d'ornementation, il n'éprouvait guère d'autre désir, et se refusait à tout effort qui lui aurait permis de satisfaire des besoins que son existence primitive ne lui imposait pas. Ce n'est que plus tard, après une fréquentation plus intime du civilisé, que lui vient le goût d'imiter ses façons de vivre, de s'habiller, de se nourrir, ses passions et aussi, avouons-le, ses vices. Alors seulement il commence à devenir un consommateur pour les marchandises expédiées par la nation colonisatrice, et à lui fournir en échange celles qu'elle désire tirer de la colonie.

Si « la production est du travail créant de l'utilité » (Levasseur), « la consommation n'est pas une destruction de matière, mais une destruction d'utilité » (J.-B. Say), ou « la jouissance produite par cette utilité » (Bastiat). Toutefois, elle peut être reproductive ou non, suivant qu'elle détruit pour ou sans remplacer.

L'expansion. — L'augmentation des populations est
la règle générale et naturelle. La surface de la terre
est suffisante pour contenir et nourrir un nombre
d'hommes encore bien plus grand que celui qui l'habite; et si certaines de ses parties se sont trouvées parfois
surpeuplées, des mouvements d'émigration les ont dégagées. C'est d'abord sur l'Europe, vers le couchant, que
se sont déversés les peuples primitifs de l'Asie. La découverte de l'Amérique, les explorations de l'Afrique,
de l'Océanie et de régions d'Asie restées en dehors des
progrès de la civilisation ont ouvert de nouveaux
champs d'action au trop-plein des pays d'aggloméra-
tion.

Bien entendu, la consommation est en rapport avec
le chiffre de la population, mais la production en dépend également, puisque le bras de l'homme et aussi
son cerveau sont des facteurs essentiels. Et nous savons
que l'humanité, au fur et à mesure qu'elle se perfec-
tionne moralement et matériellement, qu'elle acquiert
plus de science, de richesse, de bien-être, étend ses besoins, que son industrie s'efforce de satisfaire, après les
avoir souvent provoqués. Il en résulte fatalement que
l'expansion industrielle et commerciale devient une nécessité toujours plus impérieuse.

Elle peut s'entendre, d'ailleurs, dans un sens ou
absolu et général, ou relatif et particulier, suivant qu'on
l'envisage des points de vue intérieur et extérieur, ou
de celui extérieur seulement. Afin de développer sa richesse, de fournir un travail rémunérateur à ses habitants, d'en préparer pour les générations futures normalement de plus en plus nombreuses, et en même
temps de se mettre en mesure de faire face à la consommation croissante, chaque pays a un double but à pour-

suivre : d'une part, augmenter sa force de production, installer chez lui les industries qui peuvent y fonctionner pour se rendre moins tributaire de l'étranger; d'autre part, grâce à un commerce actif, bien organisé, s'ouvrir partout des débouchés, mais aussi amener à bon compte les matières premières et ce qu'il est indispensable de prendre au dehors.

Produire, c'est créer de la richesse qui, se répandant, donne le moyen de consommer davantage. Le travail, quel qu'il soit, capital en formation, aboutit à une amélioration générale des conditions de la vie, et il va de l'intérêt bien entendu de l'humanité, et, en particulier, d'une nation de toujours travailler pour augmenter son rendement. Sans tomber dans le nationalisme outrancier, qui peut de moins en moins se pratiquer, il est évident qu'un groupe d'individus constitué en peuple indépendant doit s'efforcer d'obtenir de son sol et de son industrie le maximum d'effets utiles. Il cherchera donc à employer d'abord toutes ses ressources en matières premières, en hommes et en capitaux accumulés par la richesse déjà acquise. Il ne négligera rien dans ce but, et ce n'est que s'il reconnaît ne pas pouvoir tirer de son propre fonds certaines choses devenues utiles, soit pour être consommées telles quelles, soit pour être transformées par son industrie, qu'il se décidera à s'adresser à l'étranger afin de se les procurer. Il n'aura souvent à chercher au dehors qu'un appoint pour compléter une insuffisance nationale; il devra parfois renoncer à une exploitation possible, mais dans des conditions de revient trop onéreuses le mettant en état d'infériorité vis-à-vis de concurrents exotiques. Mais, dans les deux cas, il n'y consentira qu'à bon escient, et après avoir scrupuleusement et opiniâtrement cherché à remédier aux difficultés qui se présentaient, en essayant de limiter l'importation au strict nécessaire.

Toutefois, la production d'un pays peut excéder la puissance d'absorption de ses habitants. Doit-on alors la restreindre et la limiter? Il semble oiseux de poser une telle question, et cependant des théoriciens ont émis des doctrines qui, poussées à l'extrême, aboutiraient à un pareil résultat. En règle générale, lorsque se présente une surproduction quelconque, elle ne peut être que passagère. L'avilissement des prix qui en découle donne à la consommation un nouvel élan, et, s'ils tombent au-dessous du niveau laissant un profit au producteur, il vient un moment où, par la force des choses, celui-ci diminue l'intensité de ses efforts, ou même se dérobe complètement. D'autre part, les marchandises qui ne peuvent être absorbées facilement dans la contrée même qui les a fournies trouveront souvent preneurs par ailleurs, si une organisation intelligente du commerce permet de les offrir là où elles font défaut, et de leur créer des débouchés par l'exportation. Et il est même loisible de dire que, dans l'état actuel du monde, en présence de l'ouverture constante de pays neufs à la civilisation, de l'extension économique rapide et considérable de ceux qui n'avaient progressé qu'assez lentement pendant deux ou trois siècles, l'expansion au dehors est devenue pour les vieilles nations le moyen le plus efficace de tirer un profit intégral de leur activité, de leur science, de leurs capitaux. Cette expansion nécessite une production supérieure à la consommation intérieure, et à des conditions de prix aussi réduites que possible; mais, réciproquement, elle seule assure des débouchés suffisants à une industrie intensive largement outillée, employant toujours les procédés les plus modernes, et pouvant par une fabrication rapide et à bon marché, non seulement lutter avec la concurrence étrangère à l'extérieur, mais aussi l'évincer sur le marché national.

Nous avons fait allusion plus haut à certaines doctrines qui tendent à ne pas provoquer l'expansion extérieure de l'industrie. M. Jouhaux, secrétaire général de la C. G. T., dans une conférence faite, en mars 1916, à la Fédération des industriels et commerçants français, a excellemment dit que « sans travail, il n'est pas de vie possible », en exposant comment il entend la réorganisation de ce travail, au lendemain de la guerre. Mais il a reproché à la presse d'avoir trop parlé de la conquête des marchés étrangers, et il a ajouté : « Et puis, pourquoi parler de créer dans ce pays une industrie presque exclusive d'exportation, quand, hier, notre infériorité provenait de ce que le marché français était alimenté en grande partie par des produits manufacturés étrangers? » Il ne s'agit pas de cela. Nous n'avons certes pas l'intention de préconiser l'introduction en France du système allemand avec tous ses rouages, et particulièrement de son fameux *dumping*. Et si nous pouvons prendre des exemples, même chez nos ennemis, dans la mesure où les circonstances matérielles ou morales nous y autorisent, il nous faut prudemment éviter les écueils où l'exagération de leurs procédés et de leurs succès les a précipités.

L'impérialisme économique, les tarifs douaniers, les subventions et primes de l'Etat destinés à protéger la grande industrie d'exportation, en augmentant le coût de la vie à l'intérieur du pays, ne sont que des moyens factices et éminemment dangereux, reconnais-

sons-le. Mais, sans vouloir pénétrer sur le terrain brû-
lant de la politique, on peut constater que l'application
de certaines théories socialistes ou nationalistes auraient
à peu près les mêmes conséquences. L'intervention trop
directe et absolue de l'Etat dans les questions économiques, sous la forme soit impérialiste, soit socialiste, aura
toujours des répercussions fâcheuses, en faussant les
facultés naturelles de production, de consommation,
d'expansion, et leur jeu normal.

Certes, l'augmentation de la capacité de consommation de la nation, et spécialement de sa partie la
plus nombreuse, est un facteur sérieux pour le développement industriel; mais espérer que la hausse des
salaires sera le meilleur élément pour permettre à l'industrie de « faire face aux exigences de son marché national » et de « rivaliser avec la concurrence étrangère », c'est se faire une bien profonde et décevante illu-
sion. L'élévation des prix de revient met l'industriel
dans l'alternative ou d'augmenter ses tarifs de vente,
ou de réduire ses bénéfices, quand elle ne le force pas
à travailler à perte. Dans le premier cas, il se présente
généralement d'abord une période de crise, avec chute
brutale du chiffre d'affaires; ce n'est que lentement que
la masse mieux argentée se décide à acheter plus largement des articles qui ne lui sont pas absolument indispensables, alors surtout que la hausse générale pèse
lourdement sur elle qui se voit obligée de payer plus
cher les objets de première nécessité. Il y en a même —
et qui représentent une portion sérieuse de la production française — que cette masse n'acquerra jamais.
Dans le second cas, qui est le plus rare, en pratique, le
patron — et le patron français plus que tout autre —
hésitera avant d'engager de nouveaux capitaux pour

agrandir ses ateliers, renforcer son matériel, avant d'aggraver ses risques et de s'astreindre à un surcroît de travail, dans l'espoir vague et lointain qu'un accroissement du chiffre d'affaires lui procurera en fin de compte les mêmes résultats qu'auparavant; souvent il se contentera de végéter, ou bien il fermera vite boutique.

La France, sans doute riche en certaines matières premières, manque cependant de quelques-unes, aujourd'hui essentielles pour l'industrie, et qu'elle est obligée de demander à l'étranger. La pénurie de houille la met en état d'infériorité vis-à-vis d'autres pays, pour des fabrications qui exigent l'emploi intensif de ce combustible. Comment peut-on penser qu'elle puisse vivre sur elle-même? Il lui faudra toujours importer et des matières premières et des objets fabriqués; elle aura même souvent intérêt à acheter au dehors à bon marché les articles qu'il lui est absolument impossible d'établir aux mêmes conditions, pour réserver toutes ses forces à la production de ceux qui rentrent mieux dans ses moyens. Et, pour maintenir un juste équilibre, pour que la balance commerciale ne soit pas faussée, qui importe doit chercher aussi à exporter. D'ailleurs, nous l'avons déjà dit, mais on ne saurait trop le répéter, l'industrie moderne ne peut plus guère se pratiquer qu'en grand, et elle a besoin de s'assurer des débouchés très larges, et de s'ouvrir des horizons bien au delà des frontières du pays où elle s'exerce.

L'importation. — Il n'est pas de nation civilisée qui puisse se passer d'importer. Chacune a sa production propre plus ou moins abondante et variée, mais très différente, suivant les climats, la nature du sol et du sous-sol, la configuration du territoire, sa situation par

rapport aux autres nations, la facilité des moyens de
communication, et aussi suivant les goûts et les habitudes des habitants. Et si, à l'état primitif, ceux-ci peuvent se contenter d'utiliser pour leurs besoins les ressources naturelles qu'ils trouvent à leur portée immédiate, il arrive fatalement un jour où ils éprouvent le
désir, et même bientôt la nécessité d'adjoindre à leur
consommation des marchandises nouvelles provenant
d'autres régions.

Parfois, nous l'avons vu, l'on abandonne même des
exploitations agricoles ou industrielles quand l'expérience a fait reconnaître qu'elles ne sont pas assez lucratives, et l'on y substitue d'autres plus avantageuses,
pour faire venir de l'extérieur ce qu'on a renoncé à produire soi-même. C'est ainsi qu'en Angleterre l'agriculture a été en grande partie délaissée au cours du siècle dernier, l'industrie ayant attiré à elle l'attention et
les soins de la majorité de la population; on s'y procure par l'importation des denrées indispensables, telles que le blé, et de nombreuses matières premières.

Une distinction, du point de vue économique, est à
établir entre les diverses catégories de marchandises
importées. On les classe en « objets d'alimentation, matières nécessaires à l'industrie, objets fabriqués ». Il y
a lieu de comprendre dans la deuxième série les produits mi-manufacturés, qui sont destinés à subir une
dernière transformation. On considère généralement
comme surtout défavorable une importation trop forte
d'objets fabriqués, tandis que celle des matières premières, qui dénote une activité intéressante de l'industrie, est plutôt un indice de prospérité. Mais il est utile,
pour juger sainement la situation du commerce extérieur, d'envisager d'ensemble les statistiques de l'impor-

tation et de l'exportation, et d'établir la balance des chapitres respectifs. Si, en principe, il y a tout intérêt à vendre beaucoup au dehors, et à y acheter le moins possible, de façon à ce que l'écart entre les deux opérations constitue une augmentation de richesse, il est évident que les entrées de marchandises même fabriquées ne sont pas un symptôme trop fâcheux quand elles sont compensées par des sorties correspondantes.

Il n'y a donc pas lieu de s'alarmer outre mesure de voir les importations s'élever quand elles viennent, non pas empêcher le développement de la production nationale, mais, au contraire, apporter à l'industrie des éléments de travail, et à la consommation des marchandises qui manquent ou qui sont en quantité insuffisante dans un pays, ou encore qui ne pourraient y être confectionnées à aussi bon compte qu'ailleurs. Mais il est nécessaire que toutes les précautions soient bien prises pour que cette introduction se fasse aussi économiquement que possible, et pour restreindre dans la mesure la plus large les profits qu'en peuvent tirer les intermédiaires et les auxiliaires étrangers. Un outillage commercial bien entendu et complet atténuera la part prélevée par eux sur ces affaires. Et si les agents qui font les achats et les expéditions dans les contrées d'origine, si les assureurs et les banquiers sont compatriotes des consommateurs, si les transports sont effectués par des navires battant pavillon du pays destinataire, et allant décharger dans un de ses ports, sans transit, ce sera encore une source de bénéfices multiples pour le patrimoine national.

A vrai dire, ce n'est pas toujours le cas, et il est déplorable qu'en France nous ayons à payer un tribut beaucoup trop lourd aux étrangers du fait de nos importations. Nous leur laissons généralement le soin de s'occuper des divers détails de ces opérations, notre flotte marchande n'y est qu'en faible partie intéressée, notre banque n'y participe pas dans la proportion qui serait légitime, et même nous ne savons pas bien souvent traiter directement avec les fournisseurs originaux; pour de nombreux articles nous n'avons pu créer de marchés chez nous, et sommes obligés d'aller acheter à Londres, Liverpool, Anvers ou Hambourg, en seconde main, et naturellement plus cher.

Il serait intéressant, d'ailleurs, de comparer nos importations avec celles de l'Angleterre et de l'Allemagne. En 1875, la statistique du commerce spécial (importation et exportation) accusait les chiffres suivants : Angleterre, 16.500 millions de francs; Allemagne, 7.875; France, 7.500. En 1913 : Angleterre, 35.000 (un peu plus que doublé, mais transit compris); Allemagne, 26.000 (plus que triplé); France, 15.300 (doublé). Pour l'importation seule, nous relevons, en 1913 : Angleterre, 21.000 millions de francs; Allemagne, 13.500; France, 8.421; soit respectivement 60 %, 52 % et 55 %. Notre commerce extérieur spécial a augmenté, de 1903 à 1913, de 70 %, dont 77 % pour l'importation et 62 % pour l'exportation.

Nos importations se décomposaient ainsi, en 1913 :

	Millions de francs
Objets d'alimentation	1.817,6
Matières premières nécessaires à l'industrie.	4.945,7
Objets fabriqués	1.658,0
Total.................	8.421,3

contre, en 1903 :

Millions de francs

Objets d'alimentation	961,6
Matières premières nécessaires à l'industrie.	3.020,7
Objets fabriqués	819,0
Total	4.801,3

Il y a donc eu, en dix ans, une augmentation de 75 % pour l'ensemble, de 90 % pour les objets d'alimentation, de 63 % pour les matières premières nécessaires à l'industrie, et de 102 % pour les objets fabriqués. Ce ne sont pas là des résultats très favorables, puisque les matières premières offrent le pourcentage le plus faible, alors que leur importation croissante est, en principe, le meilleur indice de réelle prospérité économique. Cependant elles représentent encore 59 % du total de nos importations, alors que les objets d'alimentation y sont compris pour 22 %, et les objets fabriqués pour 19 %.

Nous demandons surtout au dehors des laines, cotons et soies, des houilles, des végétaux oléagineux, des bois, du cuivre, des peaux, des minerais; puis des vins, des céréales, des cafés: enfin des machines et des tissus de coton et de soie.

Le rapport de nos importations à nos exportations a subi des fluctuations · de 1865 à 1875, il y avait à peu près égalité; mais, vers 1880, les premières deviennent bien plus fortes que les secondes, et la balance inclinera presque toujours ensuite dans le même sens, mais plus ou moins. Les tarifs protectionnistes de 1892 amenèrent une diminution des entrées — par contre-coup, à la suite de représailles, les sorties fléchirent d'ailleurs aus-

si — et, en 1895, il y eut de nouveau presque nivelle-
ment; deux ans plus tard, le réveil de notre commerce
extérieur se produisait : les exportations allèrent d'a-
bord plus vite que les importations, et, en 1905, elles
avaient pris le dessus; mais la hausse de 110 % sur celles-ci, de 95 % sur celles-là, entre 1897 et 1913, conduisit
à des totaux respectifs de 8.421 et 6.880 millions, les
exportations représentant 82 % des importations. En
Allemagne, la proportion est de 93 %, en Angleterre,
de 67 %, et, tandis que dans le premier de ces pays, le
pourcentage s'est élevé en ces dernières années de façon prodigieuse, il a diminué dans le second.

Si l'on considère nos importations suivant les pays
de provenance, on voit que c'est l'Angleterre qui nous
vend le plus (1.115 millions, en 1913, contre 556, en
1903) — il est vrai qu'elle nous achète encore davantage
(1.453 millions). Puis viennent l'Allemagne (1.069 millions, en 1913, contre 444, en 1903), les Etats-Unis (895
contre 539,7), la Belgique (556 contre 325), la Russie
(458 contre 301,7), les Indes anglaises (388 contre
244,6), l'Algérie (331, après 427,2, en 1912, contre
262,8), la République Argentine (369 contre 271,2). En
dehors de ces principaux fournisseurs, il y a lieu de no-
ter l'énorme augmentation de nos achats à l'Australie
(283 millions contre 72,8).

On remarquera que l'accroissement, pour l'Angleterre, est de 110 %, mais que, pour l'Allemagne, il atteint 141 %. Il a été surtout violent de ce dernier côté
récemment, puisqu'il est parti de 607 millions, en 1908,
et, en cinq ans, a été de 461 millions, le saut le plus
brusque ayant eu lieu de 1909 à 1910 (200 millions).
Nos exportations pour l'Allemagne ont également progressé, mais pas avec la même allure, et, depuis 1910,

elles sont devenues inférieures à nos importations. Et ce qui aggravait la situation, c'était que nous étions surtout inondés de plus en plus d'objets fabriqués par nos anciens et futurs ennemis : de 1909 à 1913, ils avaient réussi à faire passer leurs ventes chez nous de 40 à 71 millions pour les produits chimiques, de 84 à 132 pour les machines et mécaniques, de 15 à 38 pour les pelleteries préparées et confectionnées, et de 3 à 37 pour la bijouterie fausse !

L'exportation. — En parlant de l'expansion, nous avons déjà exposé quelle importance a l'exportation pour le développement économique.

Produire est bien; tirer des règnes végétal, animal et minéral tout ce qui peut être utile, le transformer par l'industrie pour lui donner de nouvelles contextures plus utiles ou agréables, c'est le but que l'homme s'assigne pour accroître ses ressources, et augmenter son bien-être physique et psychique. Mais chaque individu ne fournit par son propre travail qu'un ou quelques-uns des éléments de sa consommation, il est vrai en quantité dépassant ses besoins personnels. Il a donc recours à l'échange avec ses voisins, qui disposent, eux aussi, d'excédents de productions différentes, et contre payement, d'abord en nature, puis en espèces représentatives de la valeur attribuée à la marchandise livrée, et destinées à permettre l'acquisition ultérieure d'autres marchandises, il se livre au commerce. Peu à peu les relations s'étendent, des groupes se forment qui travaillent en commun, et se mettent en rapport avec d'autres groupes toujours plus éloignés, soit directement, soit à l'aide d'intermédiaires, et, lorsque la nation s'est constituée, elle se trouve dans la même situation que l'homme isolé du début, et la surproduction de l'ensemble de ses citoyens pour certains articles lui donne la faculté de faire des échanges avec d'autres nations se trouvant dans le même cas pour d'autres articles. Et elle se livre à l'exportation.

Plus grande sera la surproduction, plus elle procurera de moyens d'échange, et par suite de richesses; le pays qui pourra fournir aux autres plus qu'il n'aura à leur demander semblerait devoir se trouver dans une situation éminemment favorable, car la différence se soldera par une rentrée de numéraire qui viendra s'ajouter aux bénéfices réalisés sur les marchandises expédiées, aux salaires touchés par les ouvriers et aux profits attribués à tous ceux qui ont eu à prêter leur concours à la production ou fabrication et à l'expédition. Toutefois, en pratique, l'Angleterre, qui tient la tête, en Europe, pour le commerce extérieur, importe sensiblement plus qu'elle n'exporte; l'Allemagne, qui était dans le même cas, a réduit l'écart en dernier lieu, tandis que la France, au contraire, l'a augmenté quelque peu.

La remarque déjà faite à propos de l'importation peut s'appliquer encore ici : les résultats seront d'autant plus avantageux pour le pays exportateur que toutes les opérations de transport, transit, assurance, banque passeront par les mains de ses nationaux et y laisseront tomber fret, commissions et primes. Nous aurons l'occasion de constater que malheureusement, chez nous, tout cela se perd trop fréquemment.

Mais, avant de se lancer dans l'exportation intensive, il est sage de faire l'inventaire de ses ressources, et d'étudier consciencieusement et objectivement de quels côtés les efforts doivent se porter plus spécialement pour ne pas faire de fausses manœuvres, et pour s'assurer le maximum de chances de réussite. On passera donc en revue les différentes productions du pays, et l'on examinera quelle est la marge que chacune d'entre elles peut laisser pour l'expédition hors frontières, une fois la consommation intérieure assouvie. Et, après avoir distingué dans l'agriculture et l'élevage avec ses dérivés, comme dans la chasse et la pêche, les produits alimentaires et les matières premières destinées à l'industrie, on classera tout ce qui vient du sous-sol; enfin on analysera soigneusement l'industrie, en ne se contentant pas de la diviser en grande, moyenne et petite, — ce qui est vague et arbitraire — mais en formant des groupes basés sur la nature et l'emploi des articles fabriqués ou transformés. On choisira ce sur quoi il paraîtra le plus intéressant de diriger l'attention en vue de l'expansion au dehors, en tenant compte des conditions locales, mais aussi de celles des contrées vers où s'aiguillera le mouvement de sortie, et enfin de la concurrence des autres nations exportatrices.

Il s'agira alors de comparer les divers procédés à employer pour aborder les marchés étrangers. Et tous les gens compétents feront comprendre qu'ils ne peuvent pas être les mêmes pour les différentes marchandises, ni pour les différentes destinations. Les organes et les auxiliaires de l'exportation sont nombreux, et répondent à des besoins variés : c'est de leur emploi judicieux que dépend en grande partie le succès des affaires au loin. La pénétration dans les marchés étrangers est toute une science qui nécessite, au préalable, la parfaite connaissance de leurs conditions respectives.

Toute la question se résume dans la formule :
« Quoi, où, comment exporter? »

Lorsqu'après enquête on aura pu répondre congrûment à cette triple interrogation, il n'y aura plus qu'à entretenir et à exciter l'activité dans le sens convenable, en faisant usage de tous les moyens directs ou indirects pour intensifier les productions susceptibles de l'être, et jugées propres à s'écouler avantageusement à l'étranger. Mais on devra en même temps organiser scientifiquement et méthodiquement un mécanisme rationnel et à multiples rouages qui permettra cet écoulement de façon régulière et rémunératrice, et qui sera toujours minutieusement réglé et abondamment huilé.

La coordination des efforts, la cohésion, la méthode sont, avec la volonté, la patience et la ténacité, les principaux éléments de la réussite en affaires. Et le commerce extérieur exige peut-être encore plus que les autres branches l'union étroite des nombreux facteurs qu'il met en jeu. Depuis le producteur ou fabricant jusqu'au consommateur étranger, la marchandise nécessite tant de manipulations, fait l'objet de tant de soins, appelle l'intervention de tant de gens de métiers différents! Transporteurs terrestres, fluviaux et maritimes, transitaires, assureurs, banquiers, commissionnaires, négociants, agents, représentants, administrations de l'Etat (canaux, ports, douanes, postes, télégraphes, corps diplomatique et consulaire) ces affaires de longue haleine et à longues distances mettent tout cela en branle, et ont besoin que les mouvements soient exécutés avec ensemble et sur le même rythme.

Aussi les voyons-nous surtout actives dans les pays qui ont su y appliquer leur préoccupation de manière tout à fait spéciale, créer tout un système adéquat de production, de transports, de banque, d'intermédiaires, et où les pouvoirs publics ont collaboré intelligemment et pratiquement avec les initiatives privées pour seconder l'essor économique, favoriser l'expansion et la conquête des débouchés. C'est ainsi qu'en Angleterre l'exportation, double de la nôtre depuis déjà longtemps, est restée telle, bien que, depuis 1898, nous ayons réussi, par un effort remarquable, mais tardif, à presque doubler notre chiffre. L'Allemagne, où le mouvement a pris sérieusement naissance seulement après la guerre de 1870-71 — auparavant elle n'avait que des sorties insignifiantes — était parvenue à nous dépasser de 33 %, en 1898, et de 84 %, en 1913, c'est-à-dire à approcher sensiblement de l'Angleterre. Il est curieux de constater, d'après la statistique de 1912, qu'elle arrive à envoyer à l'étranger pour 987 millions de francs d'objets d'alimentation, alors que de France il n'en part que pour 849 millions, bien que notre sol soit autrement fertile que le sien, et que sa population presque double de la nôtre pour une superficie à peu près égale doive consommer considérablement plus — d'autant mieux qu'elle est beaucoup moins sobre — et laisser une marge moindre pour l'exportation. Quant aux objets fabriqués, la différence est énorme : 7.149 contre 3.417 millions! Les machines et mécaniques seules donnent 851 contre 115 millions.

Si l'on considère les pays de destination, on peut faire des comparaisons intéressantes entre l'accroissement du chiffre d'affaires de la France et de l'Allemagne.

De 1903 à 1912, pour l'Italie, la hausse respective est de 174 à 289, et de 230 à 626 millions de francs;

pour la République Argentine, de 12 à 37, et de 17 à
.63 millions de piastres or: pour le Brésil, de 18 à 50, et
de 26 à 90 millions de milreis or; pour le Japon, nulle
(5 millions, sans changement), et de 26 à 61 millions
de yens. Enfin, pour certains pays, il y a eu progression à peu près proportionnelle, mais l'importance relative des deux exportations offre des écarts inouïs, en
1912 : Pays-Bas, 39 contre 905 millions de florins;
Russie, 53 contre 516 millions de roubles; Suisse, 376
contre 647 millions de francs; Chili, 19 contre 90 millions de pesos.

D'autre part, pendant la période 1903-1913, si nos
exportations en Allemagne ont passé de 512 à 866 millions, celles d'Allemagne en France se sont élevées
de 444 à 1.068 millions, et la balance, après avoir été
en notre faveur jusqu'en 1909, penche lourdement de
l'autre côté ensuite, et d'année en année davantage.

Les principaux articles d'exportation de la France
ont été, en 1913 :

Objets d'alimentation (838 millions). — Vins (203),
fruits de table (76), sucres raffinés (66), eaux-de-vie,
esprits et liqueurs (61), beurres (53).

Matières nécessaires à l'industrie (1.858 millions). —
Laines (310), peaux et pelleteries (180), soies (179), coton (102), fontes, fers et aciers (84), minerais (84),
caoutchouc (75).

Objets fabriqués (3.617 millions). — Tissus de soie
(non compris les colis postaux, 385), tissus de coton
(385), voitures automobiles (227), tissus de laine (220),
tabletterie, bimbeloterie, etc. (197), confections pour
femmes (160), peaux préparées (144), produits chimiques (139), machines et mécaniques (123), outils et ouvrages en métaux (120), livres, gravures et lithogra-

phies (117), fils de laine (101), ouvrages en caoutchouc ou en gutta-percha (100).

Les colis-postaux évalués à 566 millions contenaient en grande partie des tissus de soie.

Les pays de destination les plus importants étaient l'Angleterre (1.453 millions), la Belgique (1.108), l'Allemagne (866), les Etats-Unis (422), la Suisse (406), l'Italie (305), la République Argentine (199). Cinq des pays alliés d'Europe représentaient 2.950 millions, les trois ennemis (Bulgarie non comprise) 992, les autres pays d'Europe 793, les colonies françaises (Maroc compris) 947, l'Amérique 895, l'Afrique (Maroc non compris) 107, l'Asie et l'Océanie 113.

Il saute aux yeux, lorsqu'on examine le tableau de nos exportations, qu'elles consistent principalement en articles de luxe. Cela tient à deux causes provenant de la production naturelle de notre pays et de la mentalité de nos industriels. La houille et les matières premières pour la fabrication en masses et à bon marché devant être en forte partie importées, la main-d'œuvre n'étant pas abondante, on n'a pu avoir l'ambition de lutter avec la concurrence étrangère dans cette voie. Les efforts se sont concentrés sur la qualité, le fini, que l'habileté de nos ouvriers, le goût français permettaient d'obtenir, et qui pouvaient nous procurer facilement la suprématie dans la clientèle qui veut avoir du bon et du beau, et qui consent à en payer le prix. En général, la vente de marchandises chères laisse un pourcentage de bénéfice bien supérieur à celui qu'on peut espérer en opérant en grand sur des produits à bas prix. L'industriel français n'est d'ordinaire pas très disposé à augmenter son chiffre d'affaires s'il n'entrevoit pas que ses profits s'élèveront en proportion. Il renâcle souvent à travailler pour l'exportation quand il se voit obligé de fabriquer davantage, à plus petits bénéfices, ou même avec des bénéfices bruts égaux, mais avec des risques plus grands.

Cependant l'utilité de l'expansion au dehors est tellement évidente qu'il semble superflu d'y insister. Elle nécessite un accroissement de production, et elle entraîne un élargissement de l'activité générale qui profite à l'ensemble du pays, et lui permet même souvent de lutter avec succès contre la concurrence que viennent lui faire les étrangers sur son propre marché. Les progrès réalisés en France doivent s'accentuer encore. Il semblait que c'était du côté de l'industrie que les difficultés se présenteraient les plus fortes, et les exportations d'objets fabriqués ont plus que doublé de 1900 à 1913, tandis que celles d'objets d'alimentation n'ont augmenté que de 20 % environ. Il y a donc encore beaucoup à faire. Pour ne citer qu'un exemple bien frappant, de l'aveu même d'un de nos plus importants spécialistes, il ne sort de nos frontières que très peu de confitures, alors que l'Angleterre, qui ne produit ni fruits, ni sucre, vient en acheter en France, et, dans des établissements auprès desquels les nôtres pâlissent, fabrique de telles quantités de confitures qu'après avoir suffi à une consommation nationale déjà considérable, elle en expédie dans ses colonies et à l'étranger, et jusque chez nous pour des sommes respectables.

Faut-il ajouter que par l'exportation une nation acquiert de l'influence dans le monde? Les clients qu'elle se fait de divers côtés deviennent ses amis, des communautés d'intérêt se créent, des rapports s'établissent entre des hommes que l'éloignement empêchait auparavant de se connaître et de s'apprécier. Des courants d'idées s'échangent en même temps que les marchandises, et les résultats sont généralement heureux, non seulement dans l'ordre économique et financier, mais encore aux points de vue moral, intellectuel, artistique et politique.

Le transit. — Les chiffres que nous avons empruntés aux statistiques officielles du commerce extérieur s'appliquent — sauf une exception pour l'Angleterre — à ce qu'en terme de douane on dénomme « commerce spécial ». On entend par là l'ensemble des importations destinées à la consommation intérieure du pays et des exportations de marchandises nationales ou nationalisées. On désigne, par contre, sous le titre de « commerce général » la somme des importations, sans égard à leur destination ultérieure, et des exportations, sans égard à l'origine des marchandises. En d'autres termes, le « commerce spécial » comprend seulement les marchandises qui entrent en franchise ou en payant les droits de douane pour être consommées ou transformées dans le pays, et celles qui, nationales ou étrangères, renvoyées à l'étranger, après avoir été admises en franchise ou nationalisées par l'acquit des droits, sortent des frontières. L'écart entre les totaux respectifs est constitué par le « transit », c'est-à-dire par tout ce qui traverse seulement le territoire du pays, ou est simplement transbordé dans ses ports.

Si ces opérations de transit n'ont pas l'importance des deux autres principales branches du commerce extérieur, elles ne sont toutefois pas négligeables. Il convient de les mentionner à leur place, et de faire remarquer qu'elles sont une source de profits divers pour ceux chez qui elles s'effectuent. Les armateurs, les che-

mins de fer, la batellerie, les ports, les docks, et tout
le cortège des commissionnaires, négociants, courtiers,
banquiers, assureurs, transitaires, et des nombreux employés et ouvriers qui prêtent leur concours à ces affaires y trouvent des rémunérations.

Certains pays, comme la Belgique et la Hollande, en ont fait une grande spécialité, et les ports d'Anvers et de Rotterdam doivent la plus forte partie de leur prospérité au transit intense qui s'est établi par là pour et de l'Allemagne, l'Alsace-Lorraine et la Suisse. Mais en Angleterre, en Allemagne — on estime qu'une proportion assez importante du commerce franco-allemand est, en réalité, plutôt franco-russe — en Italie, au Danemark, en Autriche même, une très sensible quantité des arrivages est destinée à la réexportation, après ou souvent sans transformation. La création de ports francs a, d'ailleurs, permis de donner de l'amplitude à ce genre de commerce.

Il semblerait que la France, par sa situation privilégiée sur trois mers d'Europe et sur l'océan Atlantique, était désignée comme un transitaire naturel. Son rôle à cet égard est cependant très effacé, et pourrait être élargi utilement.

Echanges commerciaux et financiers. — A l'état primitif, le commerce se fait par simples échanges de produits, mais il vient un moment où ce mode de procéder est insuffisant : ou bien le producteur désireux d'écouler ce qu'il a récolté ou fabriqué n'a pas l'emploi des articles dont dispose le consommateur éventuel; ou bien celui-ci veut faire à l'avance une provision de marchandise, soit pour son usage personnel, soit comme intermédiaire, commerçant ou industriel, et n'a pas la contre-partie nécessaire, comme quantité ou comme nature, pour couvrir son fournisseur. On se voit forcé de créer un instrument d'échange, c'est-à-dire une marchandise à laquelle est attribuée une valeur plus ou moins conventionnelle, mais admise, en principe, et qui a force libératoire. C'est alors qu'apparaît la monnaie. Elle est d'abord constituée par un produit d'usage courant; puis on y substitue, au contraire, une matière rare et précieuse, afin d'éviter le poids et l'encombrement; plus tard, on a recours au métal qui se détériore peu, et qu'on finit par mettre dans la circulation en pièces de poids et de forme déterminés, frappées de signes distinctifs par les soins des princes et gouvernements, qui en fixent la valeur nominale, mais certaine, « pour servir de prix, comme on l'a dit, et égaler dans le commerce l'inégalité des choses. » L'abbé Raynal a écrit : « L'or et l'argent ne sont pas des richesses; ils représentent seulement des richesses. »

Bientôt un nouveau commerce s'institue et s'agrége à l'autre : celui de l'argent, ce mot étant pris dans le sens de capitaux. C'est la banque. Pour faciliter la circulation, la mobilisation des capitaux, elle invente des procédés toujours plus perfectionnés, qui se résument en deux grands systèmes : la monnaie de papier et le papier-monnaie.

Le premier comporte les divers modes de réalisation du crédit, billets à ordre, traites, chèques, etc., dits effets ou papier de commerce, et aussi, si l'on veut, les effets publics et les titres de rente d'Etat, d'actions ou d'obligations de tous genres. Suivant Montesquieu, « comme l'argent est le signe des valeurs des marchandises, le papier est un signe de la valeur de l'argent », et Voltaire, « un papier de crédit est dans le gouvernement d'un État, dans le commerce et dans la circulation ce que les cabestans sont dans les carrières. »

Le second, c'est le papier auquel un gouvernement donne valeur d'argent monnayé et cours forcé, ou le billet au porteur qu'il accorde à une banque le privilège, ou même le monopole d'émettre, avec cours légal, mais remboursable à vue, en espèces, quelquefois avec cours forcé.

Les deux systèmes trouvent encore leur simplification, leur condensation dans les virements de compte à compte chez les banquiers ou dans les chambres de compensation (*clearing-houses*). Et la phrase de Toulongeon : « La plume d'un négociant, d'un banquier doit battre monnaie sur son bureau, et laisser au peuple la monnaie des métaux, qui représente et paye journellement le travail de ses mains. » n'est même plus tout à fait exacte, puisque, dans certains pays, en Angleterre particulièrement, le chèque, le chèque « barré » non payable en espèces, est devenu d'un usage courant, même dans le public hors commerce, et évite une trop forte circulation de monnaie et de billets de banque.

Balance des affaires. — Les échanges commerciaux de pays à pays se doublent donc d'échanges financiers, soit sous forme de règlement de fournitures, soit sous celle de placement de capitaux, de versements d'intérêts et dividendes, de payements de coupons. L'exportation se fait, non seulement en marchandises, mais aussi en capitaux; et c'est un point de vue qu'on n'envisage pas assez sérieusement d'ordinaire. L'Angleterre très riche a semé dans le monde de vastes entreprises, a fourni à de nombreux États les fonds de roulement qui leur manquaient, et les revenus de tout cet argent employé au dehors rétablissent la balance, non pas commerciale (suivant l'expression courante), mais des affaires, que l'excès des importations sur les exportations de marchandises semblait compromettre. L'Allemagne, elle aussi, depuis qu'elle a pu se livrer à l'expansion, a fait de l'exportation de capitaux — qui lui ont été souvent fournis par des voisins complaisants. Enfin, la France a 35 ou 40 milliards placés à l'étranger, et aussi dans certains pays quelques industries nationales — pas assez — qui rapportent à ses capitalistes. Si ces placements n'ont pas toujours été faits avec une prudence suffisante, et ont parfois été fructueux seulement pour leurs promoteurs ou des intermédiaires, et désastreux pour les prêteurs, si l'on n'a peut-être pas gardé une saine mesure, ni fait une judicieuse répartition, ni réservé une partie assez grande des disponibilités pour la diriger vers l'industrie et le commerce de notre pays même, on ne peut nier les effets heureux de l'exportation des capitaux.

Change. — Il y a grand intérêt pour un pays à être créancier des autres, bien entendu quand les débiteurs sont bons. A l'heure actuelle, où nos achats, tant pour le matériel de guerre que pour l'approvisionnement général, sont considérablement plus élevés que nos ventes à l'étranger, le solde à décaisser se trouve atténué par les rentrées qui se font sur les placements que nous avons effectués chez les nations alliées ou neutres qui sont en état de faire honneur à leurs engagements.

La question des changes, si peu connue en dehors des milieux spéciaux qu'elle touche directement, est très sérieuse pour les relations d'affaires internationales.

En temps normal, elle n'a qu'une importance relative lorsqu'il s'agit de transactions avec des contrées à saine monnaie, mais elle est capitale, en cas contraire. S'il survient un bouleversement des conditions régulières, on voit se produire, comme actuellement, des anomalies violentes dans la situation des changes. C'est ainsi que, même entre deux alliés, qui ont une confiance réciproque dans leur solidité financière présente et à venir, il se fait un écart allant jusqu'à 15 % sur le change normal, la livre sterling, dont le pair est 25 fr. 22, étant montée jusqu'à 28 fr. 97, le 13 avril 1916. Il provient, non pas de ce que la monnaie métallique, et même l'or, étalon monétaire, fait réellement défaut, mais de ce que la France cherchant à conserver en réserve dans les caves de sa Banque d'émission un stock d'or considérable pour la garantie partielle de la circulation en billets, est obligée de se procurer d'énormes quantités de papier sur Londres pour payer ses achats en Angleterre, et même ailleurs. Cette ville est, en effet, le grand centre de change de l'univers entier, si Paris en est le grand marché monétaire; on évalue à 6 milliards l'or possédé par la France, et à seulement 3 milliards celui de l'Angleterre, qui, cependant, par le jeu des banques, remue des affaires se chiffrant considérablement plus haut que les nôtres, et maintient à la livre sterling un prestige mondial. A tel point que, malgré tous leurs efforts, les Allemands n'ont pu parvenir à s'affranchir du passage par les banques anglaises d'une forte proportion de leurs transactions extérieures.

Il est bon d'ajouter que la spéculation — qui, dans bien des cas, est plutôt un régulateur — ou plus exactement le jeu fausse souvent le fonctionnement naturel du change. Mais il n'en est pas moins vrai qu'il reste un élément très important à envisager dans le commerce extérieur, et qu'il est un signe matériel évident de la situation économique réciproque des divers pays. Voltaire ne s'y était pas trompé quand il écrivait : « J'insiste souvent sur le prix des monnaies; c'est, ce me semble, le pouls d'un Etat, et une manière assez sûre de reconnaître ses forces. »

Colonies. — Les peuples à civilisation relativement avancée ont toujours cherché à se constituer des colonies dans des régions plus ou moins lointaines, habitées par des races encore arriérées et qui ne savaient pas mettre en rapport les productions naturelles de leur territoire. Ils trouvaient ainsi un moyen d'expansion pour leur commerce et leur industrie, et des sources nouvelles de matières qu'ils ne possédaient pas chez eux. Devenus maîtres de ces contrées, ils pouvaient les organiser à leur guise, et en tirer des profits plus faciles que ceux du commerce avec des pays étrangers.

De nos jours, le mouvement colonial des grandes puissances a pris une allure fort vive : celles qui possédaient déjà un empire outre-mer l'ont presque toutes largement développé; celles qui n'en avaient pas se sont empressées d'en créer un au plus vite, avant que le partage des terres encore disponibles en Afrique et en Océanie ne fût terminé entre les autres. L'Angleterre et la France surtout ont étendu leurs possessions lointaines, la Hollande et le Portugal ont consolidé les leurs, l'Allemagne, l'Italie, la Belgique en ont acquis à leur tour, et les Etats-Unis eux-mêmes se sont annexé une partie de celles qui restaient à l'Espagne. Le besoin d'expansion qui se manifestait toujours plus vif, alors

que des débouchés anciens se rétrécissaient ou se fer-
maient, incitait à en ouvrir de nouveaux pour préparer
l'avenir. Un intérêt stratégique venait s'ajouter à.l'utilité économique pour rendre indispensables des colonies aux puissances maritimes.

Sous les trois formes qu'elles comportent, les colonies présentent divers avantages : celles de peuplement
permettent aux pays à population dense et croissante
(hélas! ce n'est pas le cas de la France) d'essaimer en
terre quasi-nationale; celles d'exploitation fournissent
dans des conditions favorables des produits exotiques,
des matières premières qui n'existent pas dans la métropole, et des clients souvent très nombreux pour son
industrie; celles de pénétration sont des portes ouvertes
sur des régions voisines intéressantes.

La France possède maintenant, grâce à la clair-
voyance d'hommes comme Jules Ferry et ses continua-
teurs, un empire colonial imposant. Elle n'en a pas
peut-être tiré jusqu'à présent tout le profit qu'elle aurait dû. Elle n'a qu'une participation assez faible dans
le commerce extérieur de ses possessions d'outre-mer :
en 1913, sur 6.880 millions, total de nos exportations,
celles à leur destination n'atteignaient que 947 millions, soit moins de 14 %, et leur pourcentage sur nos
importations n'était guère que de 10 environ. Cependant de notables progrès ont été accomplis en ces dernières années, qui font bien augurer de l'avenir. En Algérie et en Tunisie notamment, on a obtenu de magnifiques résultats : entre 1903 et 1912, nos importations
d'Algérie ont monté de 263 à 427 millions, cette colonie
occupant le sixième rang des pays fournisseurs de la
France, et celles de Tunisie, où les phosphates sont une
source de richesse considérable, de 51 à 85 millions;

l'Indo-Chine est devenue un champ d'activité des plus précieux, et, comme voie d'accès au riche Yunnan chinois, fait entrevoir de larges perspectives : elle a triplé, en dix ans, ses envois de produits à la métropole; l'Afrique occidentale, le Maroc, le Congo, Madagascar ont commencé à fournir des échantillons fort encourageants de ce qu'ils pourront donner plus tard. On arrivera, espérons-le, à faire recouvrer du lustre à nos vieilles colonies des Antilles, de la mer des Indes et d'ailleurs, et à obtenir de celles d'Océanie tout ce qu'elles sont capables de rendre.

Le commerce avec les colonies est facilité par la situation spéciale dans laquelle elles se trouvent vis-à-vis de la métropole. Elles sont, en effet, soumises généralement aux lois que celle-ci édicte, et que naturellement elle établit dans l'intérêt commun, mais en se réservant des avantages justifiés par les sacrifices au moins provisoires qu'elle fait pour leur constitution et pour la mise en valeur de leurs ressources. Même lorsqu'un empire colonial est formé, comme celui de l'Angleterre, en grande partie, d'éléments autonomes formant presque autant de nations à *self-government*, il existe encore des liens puissants, un contrôle du pouvoir central, et des ententes économiques étroites qui favorisent les rapports commerciaux avec la mère-patrie. Le loyalisme subsiste souvent à tous les points de vue chez les coloniaux pour leurs concitoyens dont ils se sont détachés, quelquefois sans esprit de retour, et même chez ceux qui ne sont que les descendants des émigrants de jadis. On en a eu un exemple héroïque dans l'afflux de ces contingents de volontaires qui sont accourus depuis les antipodes offrir leur vie au Royaume-Uni; et, parmi eux, une place spéciale revient aux

Canadiens qui ont mis une ardeur double à se sacrifier pour la cause du droit et de la civilisation défendue
par l'Angleterre et la France, se souvenant qu'ils sont
à la fois sujets de l'empire britannique et arrière-petits-
fils de ces Français qui, avec Jacques Cartier, et sous la
direction de Samuel de Champlain, ont peuplé et cultivé le nord de l'Amérique.

Etranger. — Le commerce avec les colonies se fait
par voie de mer; celui avec l'étranger est soit terrestre,
soit maritime, suivant qu'il s'agit de relations entre
pays du même continent, ou entre nations séparées par
la mer; il arrive que les deux modes de communication
sont employés simultanément et même conjointement.
Seule en Europe, l'Angleterre a un commerce extérieur
exclusivement maritime.

Et, non seulement à cet égard, mais à d'autres encore, il est utile de faire des distinctions dans les opérations qui se traitent avec l'étranger; les moyens à mettre en œuvre ne seront pas identiques pour les affaires
avec un voisin immédiat et avec des peuples éloignés,
avec des contrées de climat et de mœurs similaires, et
avec des régions totalement dissemblables. Il y a toute
une gamme de procédés dont le négociant doit user
avec une délicatesse de doigté et une sûreté de touche
qui font son habileté et sa force. Si l'on peut émettre
des idées générales sur la technique du commerce extérieur, on ne saurait établir un code absolu et étroit des
lois qui le régissent, ni un catéchisme omnibus et im-
muable. C'est tout au plus si, en ne s'occupant que des
intérêts particuliers d'un seul pays, on est en droit
d'étudier quels sont ou quels devraient être ses rapports commerciaux avec l'ensemble du monde, com-

ment il est à même de les améliorer pour développer sa propre richesse, et de proposer quelques méthodes dans ce but.

La France est placée géographiquement pour faire des échanges actifs avec le dehors. Elle a des voisins comme l'Angleterre, la Belgique, la Suisse, l'Italie et l'Espagne (nous en omettons un à dessein) avec qui il y a des éléments d'affaires illimités. Ses longues côtes bien dessinées et orientées vers les quatre points cardinaux fournissent des marins en grand nombre, et de première valeur : toute la surface du globe lui est d'un accès facile. C'est jusqu'à présent dans l'Amérique du sud que, de toutes les régions lointaines d'outre-mer, elle avait la meilleure clientèle, qui devra devenir encore plus sérieuse; mais elle pourra en trouver de presque aussi intéressantes de divers côtés.

Il est permis d'entrevoir qu'après la guerre il y aura un déplacement des courants commerciaux : les nations alliées deviendront mutuellement des clients indiqués; beaucoup de neutres (combien en restera-t-il?) nous sont déjà sympathiques; d'autres le deviendront plus ou moins sans doute, après coup. Si nous savons les bien servir — car cela prime encore toutes les amitiés — nous les verrons venir à nous pour s'approvisionner, mais il faudra aussi que nous nous décidions à aller un peu à eux.

DEUXIÈME PARTIE

NOTRE ORGANISATION

PRÉLIMINAIRES

L'expansion extérieure de la France est ancienne. -- L'Angleterre nous supplante au XVIIIe siècle. — Reprise de l'activité française (Louis-Philippe et Second Empire). -- L'Angleterre s'industrialise, et est notre seul grand concurrent. — L'exportation anglaise complémentaire de la nôtre. — En 1871, la situation se modifie. — Reconstitution rapide de la France. — Notre commerce extérieur se développe jusqu'en 1875. — Effervescence financière de 1879-81. Krach de 1882. — Recul de nos exportations jusqu'en 1896. Reprise en 1897. Progression constante depuis 1899. — La progression de l'Angleterre et surtout de l'Allemagne a été bien plus considérable. — Il y a eu diminution pour certains de nos grands produits agricoles. — Entrée en lice de l'Allemagne, puis des États-Unis et d'autres pays. Ces concurrents ne sont plus seulement complémentaires. Ils créent un outillage moderne. — Notre ancienne situation nous a encore profité pendant quelques années. L'Allemagne, bien organisée, nous a atteints, puis dépassés. — La France reprenait sa place dans le monde. Elle néglige son commerce extérieur. -- Progrès de la science. Nous ne savons en faire l'application. — Nous restons sur les vieux errements. — Les Allemands développent leur organisation scientifique, moderne. — La France se décide à agir, et les résultats sont heureux. — Nous nous sommes réveillés trop tard.

L'expansion extérieure de la France est ancienne. — La France n'est pas un pays neuf. Elle a déjà une longue histoire, son unité date de plus de quatre siècles, et son organisation économique remonte à Henri IV et Sully.

Son expansion à l'extérieur est aussi ancienne, puisque, dès le xvi⁰ siècle, elle rivalise d'activité avec le Portugal et l'Espagne, essaime ses hardis marins sur les mers alors connues, établit des colonies importantes dans l'Inde, et, après la découverte de l'Amérique, s'installe au Canada dès 1534, à la Louisiane quelque cent ans plus tard, prend pied provisoirement au Brésil, définitivement aux Antilles, jalonne la route des Indes à Gorée, à la Réunion, à l'Ile de France, créant ainsi un empire colonial et des relations avec les contrées récemment ouvertes au commerce. Malheureusement, la politique néfaste de Louis XV fit perdre les fruits de tant d'efforts, et, lors de la Révolution, notre situation s'était considérablement amoindrie.

L'Angleterre nous supplante au XVIII⁰ siècle. — L'Angleterre avait su profiter des conjonctures pour étendre largement sa domination au delà des mers, et faire pâlir même la puissance de l'Espagne et du Portugal, et celle aussi de la Hollande. Non seulement elle nous avait supplantés aux Indes, au Canada, en Louisiane et ailleurs, mais elle s'était admirablement outillée pour tirer bénéfice de ses acquisitions, grâce à une marine militaire et marchande de plus en plus importante, et à un développement extraordinaire pour l'époque de l'industrie, du commerce et de la banque (1). L'indépendance des Etats-Unis, les guerres de l'Empire enrayèrent quelque peu cette triomphale allure, mais elle reprit de plus belle, et la suprématie de la Grande-Bre-

(1) Voltaire a écrit que déjà, sous Louis XIV, « les Anglais et encore plus les Hollandais faisaient par leurs vaisseaux presque tout le commerce de la France ».

lagne fut encore accrue par le démembrement des empires coloniaux de l'Espagne et du Portugal, lors du grand mouvement séparatiste qui éclata et réussit dans l'Amérique méridionale, centrale et septentrionale..

Reprise de l'activité française (Louis-Philippe et second Empire). — Cependant, la conquête de l'Algérie, la longue période de paix qui permit l'application dans l'industrie et le commerce des inventions et des progrès de tous genres, amenèrent un renouveau de l'expansion française. La production s'intensifia, la sécurité et la richesse augmentèrent, les esprits furent portés plus généralement vers 'les affaires, les moyens de communication se développèrent, les chemins de fer, la navigation à vapeur, les postes, les banques donnèrent de nouvelles facilités. Et des relations commerciales se nouèrent avec les pays étrangers, de plus nombreux jeunes gens quittèrent la mère-patrie, et franchirent l'océan pour aller tenter la fortune dans les trois Amériques. Un temps d'arrêt fut marqué par la Révolution de 1848, et la crise violente qui suivit, dont les effets atteignirent le monde entier; mais l'élan était donné, et bientôt le mouvement rebondit. Sous le second Empire, malgré les guerres de Crimée, d'Italie, du Mexique, de Sécession, après avoir traversé plusieurs périodes critiques qui avaient affecté le commerce et la finance, les affaires prirent une extension considérable. Les travaux publics et privés, à Paris et en province, poussés fiévreusement, les expositions universelles, la création de grandes banques, de grandes compagnies de chemins de fer et de transports maritimes, de sociétés industrielles, les télégraphes, les traités de commerce appliquant le système du libre-échange, tout cela, et d'autres choses encore excitèrent l'activité du pays, et déterminèrent une prospérité matérielle incontestable.

L'Angleterre s'industrialise, et est notre seul grand concurrent. — Alors, le seul grand concurrent de la France était l'Angleterre, qui avait poursuivi avec méthode et ténacité une politique coloniale de grande envergure, et avait donné un essor prodigieux à sa marine, à sa production industrielle, à ses échanges avec l'univers entier, et à sa finance. Depuis 1815 elle possédait réellement l'empire des mers; les progrès constants du machinisme lui étaient facilités par la richesse de son sol en houille, et ses efforts se portèrent de ce côté; elle négligea l'agriculture, ne faisant plus guère que de l'élevage, et se résigna à être tributaire de la France et d'autres pays pour son alimentation.

L'exportation anglaise complémentaire de la nôtre. — Mais cette concurrence de l'Angleterre n'était que relative. Le caractère de la production générale de ce pays présente une différence sensible avec celui de la nôtre. D'un côté, mines et grande industrie donnant surtout pour l'exportation des matières premières et des produits semi-fabriqués; de l'autre, agriculture et élevage, industrie de luxe fournissant pour l'extérieur des denrées alimentaires naturelles ou ayant subi une transformation, et de nombreux articles finis. Chez nos voisins, du lourd, de l'encombrant : houille, tissus de coton ou de laine, fers, aciers; chez nous, moins de masse, mais de la marchandise plus travaillée, plus chère, ayant, non seulement sa valeur intrinsèque, mais plutôt un prix en quelque sorte arbitraire, artistique, légitime rétribution de l'invention, de la création de modèles originaux, de l'habileté professionnelle, et, pour nos produits agricoles, de leur finesse particulière provenant de notre climat et des soins apportés à la culture ou à la préparation. On a pu dire que l'exportation de la Grande-Bretagne est complémentaire de la nôtre, qu'il n'y a pas, en réalité, de véritable guerre économique entre les deux nations. Et cela explique que le libre-échange ait pu donner d'excellents résultats tant que, sur l'arène mondiale, la lutte a été circonscrite entre ces deux seuls champions. Il ne faut pas, d'ailleurs, oublier que les Anglais sont de beaucoup nos meilleurs clients.

En 1871, la situation se modifie. — Telle était la situation en 1870. La guerre franco-allemande la modifia complètement; les effets s'en firent sentir bientôt, mais ne furent réellement aperçus que plus tard, alors qu'ils avaient atteint leur plein, et qu'une nouvelle catastrophe incomparablement plus terrible que l'autre pouvait seule remettre les choses au point.

Reconstitution rapide de la France. — La France vaincue, appauvrie, amputée, avait, avant tout, à panser ses plaies. Elle s'en acquitta fort courageusement et habilement, et ce ne fut pas le moindre étonnement du monde, et particulièrement de nos ennemis, que de constater trois ou quatre ans après le traité de Francfort, non seulement l'anticipation du payement intégral de la formidable indemnité de guerre, et, par suite, l'évacuation du territoire occupé, mais encore la réorganisation sur des bases nouvelles de la plupart des institutions nationales, pouvoirs publics (constitution de 1875), finances, armée avec le service obligatoire pour tous, et la reprise des affaires sur un rythme peut-être un peu lent et timide, mais, en somme, normal et prudent.

Notre commerce extérieur se développe jusqu'en 1875. — Le commerce extérieur spécialement était vite revenu aux chiffres antérieurs, et même accusait, au bout de quelques années, une progression notable. La moyenne de la valeur de nos exportations, qui était de 2.991 millions pour la période 1865-69, atteint 3.739 millions pour celle 1872-76 (maximum 3.873 millions, en 1875). Mais ce relèvement même de notre puissance, tant économique que politique et militaire, dont la rapidité stupéfia notre vainqueur, et lui inspira de vives craintes pour l'avenir, faillit nous exposer à de nouveaux dangers. Seule une haute intervention fit échouer les projets d'attaque qui se tramaient contre nous, en 1875. Mais il n'en était pas moins résulté des incidents qui avaient été près de tourner au tragique une impression de malaise, qui contribua certainement à arrêter l'élan qui se dessinait si bien. Cependant, l'Exposition universelle de 1878 fut un succès, malgré les pronostics pessimistes de gens qui estimaient bien audacieuse cette manifestation de vitalité, si peu d'années après qu'on avait mené à grand orchestre la danse du scalp autour du pseudo-moribond.

Effervescence financière de 1879-81. Krach de 1882. — Par ailleurs, le marché financier de Paris, qui s'était surtout occupé depuis la guerre de l'émission des rentes 5 %, pour le règlement de l'indemnité, puis du rachat de la partie des emprunts placée à l'étranger, vit affluer les capitaux qui ne trouvaient pas d'emploi, après les crises qui avaient affecté l'Allemagne et l'Autriche, en 1873, l'Orient, l'Amérique du sud et même les Etats-Unis, en 1877 et 1878. La Banque de France avait repris le remboursement de ses billets avant le terme fixé par la loi qui levait le cours forcé, le taux de l'escompte descendit jusqu'à 2 %, en avril 1877, et, en 1879, la réserve métallique dépassait la circulation des billets. Ce fut une fièvre de conversions d'emprunts, de création d'entreprises de tous genres, mais surtout de banques. Une spéculation folle s'empara de la Bourse, et gagna le public, dans ses couches les plus profondes. La Rente française 3 % avait monté de 81 fr. 70 à 86 fr. 50, de 1879 à fin mai 1881, les actions de la Banque de France de 3.210 francs à 6.500 francs, de 1879 à fin octobre 1881, et celles du canal de Suez de 730 francs à 3.450 francs, de 1879 à fin décembre 1881. La déconfiture de la Banque de l'Union Générale, dont les actions de 500 francs avaient dépassé le cours de 5.000 francs, détermina, en janvier 1882, un krach général, dont les conséquences se firent longtemps sentir, mais dont les répercussions sur la situation économique de la France furent largement atténuées, grâce aux mesures énergiques prises par la Banque de France, la haute-banque et les grands établissements de crédit.

Recul de nos exportations jusqu'en 1896. Reprise en 1897. Progression constante depuis 1899. — Notre commerce d'exportation avait été loin de participer à ce grand et exagéré mouvement d'affaires. La période quinquennale 1877-81 n'accuse plus qu'une moyenne de 3.374 millions, et la baisse va encore s'accentuer, avec quelques soubresauts, jusqu'à la moyenne de 3.309 millions pour 1892-96. Puis, il y eut tendance à amélioration (3.598 millions, en 1897; 3.510 millions, en 1898), bien faible encore, surtout si l'on tient compte qu'à partir de 1896 une hausse des prix, qui s'est affirmée par la suite, avait commencé à se manifester sur l'ensemble des marchandises. Enfin, à partir de 1899, le palier de quatre milliards est franchi, et, de 1903 à 1913, l'accroissement est continu, sauf deux arrêts momentanés, en 1908 (crise américaine et allemande) et 1911 (affaire du Maroc) : en 1906, les cinq, en 1910, les six milliards sont décrochés, et la statistique de 1913, dernier exercice avant la grande guerre, fournit le record, à 6.880 millions; nul doute que, si les circonstances étaient restées normales, le septième milliard aurait été dépassé pour 1914. En dix-sept ans, l'accroissement visible est de 102 %, qu'il faut toutefois, pour rester dans le domaine de la réalité, ramener à 44 %, puisqu'il a été établi que, de 1896 à 1913, l'indice général des prix a subi une hausse de 40 %.

L'effort a donc été considérable dans les quinze dernières années envisagées, et les résultats obtenus sont satisfaisants pris en eux-mêmes. Ils démontrent quelle est la puissance d'expansion de notre pays, quelles ressources il renferme, quelle énergie, quel ressort possèdent, malgré tous les reproches qu'on leur a si souvent adressés, nos producteurs et nos commerçants, qui ont à lutter contre tant de difficultés de divers ordres.

La progression de l'Angleterre et surtout de l'Allemagne a été bien plus considérable. — Mais si l'on regarde au delà de nos frontières, si l'on examine ce

qui s'est fait dans les deux autres grands pays exportateurs d'Europe — car l'Allemagne a pris une large part
à la conquête des débouchés mondiaux — on s'aperçoit
que notre chiffre de 6.880 millions pour 1913 est écra-
sé par ceux de l'Angleterre et de l'Allemagne, qui sont
respectivement de 13.247 et 12.600 millions. On relève
bien que nous avons, en quinze ans, à peu près doublé
nos exportations; mais, si l'augmentation est de 95 %
chez nous, elle est de 115 % en Angleterre, de 168 %
en Allemagne.

Toutefois, ces comparaisons absolues demandent
peut-être une correction : d'aucuns ont fait valoir qu'il
serait équitable de tenir compte de la situation, hélas!
très précaire de notre natalité; de 1898 à 1913, l'accroissement de la population n'a été, en France, que de
2 %, tandis qu'en Angleterre, il atteignait 14 % et en
Allemagne 23 %. Et l'on a calculé que, pour ces trois
pays, les pourcentages ci-dessus de progression de l'exportation pourraient se ramener à 91, 87 et 117.

Certains, tourmentant encore mieux les statistiques
— elles en ont vu bien d'autres, les malheureuses! —
découvrent avec orgueil que, par rapport à la tonne de
houille extraite, l'exportation française est au moins
triple de celle de l'Allemagne ou de l'Angleterre. On
a bien demandé de trouver l'âge du capitaine, étant
donnés la hauteur du grand mât et le tonnage du navire!

**Il y a eu diminution pour certains de nos grands pro-
duits agricoles.** — D'autre part, le dépouillement des
documents de la douane française fait voir que les plus
fortes augmentations de sorties s'appliquent aux matières nécessaires à l'industrie et aux objets fabriqués, et

que pour certains articles d'alimentation il y a eu diminution. De 1903 à 1913, les vins sont passés de 224
à 203 millions (déficit : 21 millions), et les beurres de
72 à 53 millions (déficit : 19 millions). Enfin, les automobiles ont fourni un très gros appoint à notre exportation pendant quelque dix ans, et, en dernier lieu, un
fléchissement apparaissait dans la vente des marques
nationales au dehors, alors qu'au contraire nous rece-
vions de plus en plus de voitures étrangères.

**Entrée en lice de l'Allemagne, puis des Etats-Unis,
et d'autres pays. Ces concurrents ne sont plus seulement complémentaires. Ils créent un outillage moderne.** — L'histoire de notre commerce extérieur depuis 1871 se divise donc en deux grandes phases : reprise après la guerre, mais de peu de durée, suivie d'un
recul; et, à partir de 1897, mais surtout de 1899, réveil,
activité et grands progrès. Il serait sans doute intéressant de rechercher les causes des deux phénomènes
consécutifs, et de les exposer succinctement. Tout d'a-
bord, en comparant notre évolution avec celle des autres peuples durant les trente dernières années du
XIXe siècle, nous constatons que deux faits capitaux do-
minent cette époque. L'Allemagne, qui vise, non seulement à prendre la place de la France, mais même à
égaler, sinon à dépasser l'Angleterre, entre en lice pour
la lutte économique mondiale. D'autres nations européennes suivent le mouvement : l'Italie unifiée, l'Au-
triche-Hongrie renaissante, sous l'égide de son puissant
voisin du nord, qui, après l'avoir écrasée, s'en fait un
satellite, puis un allié, travaillent activement; les Etats
de second ordre, la petite Belgique industrieuse, le Danemark, même le Portugal et l'Espagne développent

leurs exportations. Et, de l'autre côté de l'Océan, les États-Unis, qui pendant longtemps avaient été le grand déversoir de l'Angleterre et de la France, deviennent gros fournisseurs pour l'Europe, et aussi pour les anciens clients de celle-ci. Enfin, le Japon modernisé surgit soudain comme un nouveau facteur dans le commerce international. La concurrence devient donc plus acharnée, plus étendue; c'est le premier point. Elle n'était guère que complémentaire entre l'Angleterre et la France, et ces deux émules de longue date opéraient avec un outillage déjà vieux, qu'ils perfectionnaient, au fur et à mesure que le besoin s'en faisait sentir et que le progrès leur en donnait le pouvoir. L'Allemagne se présente pour nous comme un adversaire autrement dangereux; et l'apparition sur la piste de jeunes lutteurs pleins de présomption, d'audace, décidés parfois à ne reculer devant aucun moyen pour arriver à leurs fins, ne risquant pas, comme leurs aînés, de compromettre l'acquis de tout un long passé, et, sans traditions, sans impedimenta, créant une organisation, un matériel de toutes pièces; voilà le second point.

Notre ancienne situation nous a encore profité pendant quelques années. L'Allemagne, bien organisée, nous a atteints, puis dépassés. — Aussitôt après le traité de Francfort, dont les clauses économiques ont pesé si lourdement sur nous, l'activité commerciale, comme les autres, s'est manifestée en France de façon merveilleuse. Les acheteurs étrangers, qui avaient d'autant plus besoin de nos produits qu'ils en avaient été privés pendant assez longtemps, les demandèrent largement pour reconstituer les stocks, et pour satisfaire la consommation qui augmentait constamment, surtout dans certains pays en plein développement, et dans d'autres pour qui la guerre avait été une source de bénéfices. Mais l'Allemagne, enivrée de ses succès inespérés, se mit sans tarder au travail, pour atteindre le plus tôt possible le but qu'elle se proposait : profiter de sa gloire militaire, de son prestige, de la crainte qu'elle inspirait, des ressources qu'elle s'était procurées par la force pour prendre dans le domaine économique un rang digne de sa puissance politique. Pays pauvre tant qu'il était resté surtout agricole et morcelé, il eut l'ambition de devenir, son unité une fois établie, industriel et riche. Il possédait dans son sol des éléments qu'il n'avait pu encore exploiter suffisamment, surtout faute de capitaux. Il commença par organiser le crédit, et des banques se fondèrent, qui, par d'habiles, mais dangereux procédés, permirent la création ou l'extension de nombreux commerces ou industries. Mais le terrain n'était pas encore assez solide, on avait voulu faire trop grand et trop vite, et, dès 1873, une crise violente se déchaîna, qui faillit tout compromettre. L'Allemand tenace ne se laisse pas rebuter par un ou plusieurs échecs; il revient à la charge, coûte que coûte, et réussit souvent... au moins provisoirement. Le mouvement interrompu reprit de plus belle, pour s'accentuer encore vers 1880, et, malgré de nouvelles crises, en 1890-91, puis en 1901, 1905, 1908, 1911, aboutir aux résultats connus. En 1898, les exportations de l'Allemagne atteignaient 3.756 millions de marks, soit 4.695 millions de francs, contre 3.510 millions pour celles de la France.

La France reprenait sa place dans le monde. Elle négligé son commerce extérieur. — Nous nous étions laissé dépasser de beaucoup par le nouveau venu, et l'avions regardé avancer d'année en année, tandis que nous paraissions résignés à marquer le pas, sinon à marcher à reculons. Cependant la France, après s'être reconstituée, reprenait dans le monde une place honorable. La politique coloniale qu'elle s'était décidée — combien difficilement! — à inaugurer en 1881 par le protectorat de la Tunisie, se poursuivait au Tonkin, en Indo-Chine, à Madagascar, en Afrique occidentale et équatoriale. L'alliance avec la Russie lui donnait une assurance contre la Triple-Alliance. Mais elle ne parvenait pas à profiter de tout cela pour relever son expansion économique au dehors. Dans certaines de ses propres colonies des maisons allemandes tenaient le haut du pavé, et, tant à l'importation qu'à l'exportation, évinçaient ses nationaux qui tentaient de s'établir ou de développer leurs affaires. Les anciennes grandes firmes françaises, qui avaient longtemps travaillé fructueusement dans divers pays, et notamment en Amérique du sud, déclinaient et disparaissaient même parfois. Des produits de notre sol ou de notre industrie, qui obtenaient auparavant la grande préférence, se voyaient concurrencer par d'autres, sinon supérieurs, du moins plus avantageux, quelquefois en apparence seulement. Nous déplorions cette situation; nous essayions bien d'y remédier, mais sans assez de méthode, d'esprit de suite, de vues larges et de prévoyance. Le grand programme Freycinet de travaux publics éparpillait un peu trop les efforts, et n'était exécuté qu'avec une certaine lenteur; en 1892, on se vit contraint d'adopter le protectionnisme pour défendre notre production. La politique pure intérieure et extérieure absorbait par trop et les pouvoirs publics et le peuple lui-même. Les changements fréquents de ministères, les agitations du boulangisme et d'autres mouvements qui divisèrent les Français, des lois sociales et fiscales qui inquiétèrent l'industrie et le commerce, toutes ces circonstances nuisaient aux projets économiques à grande portée. Enfin, le phylloxéra dévastait notre vignoble, une de nos principales richesses, et nous obligeait pendant des années à importer, au lieu d'exporter les vins.

Progrès de la science. Nous ne savons en faire l'application. — Entre temps, la science avait fait de grands progrès, des inventions nouvelles bouleversaient le monde; beaucoup étaient d'origine française, mais le désintéressement de nos savants, le manque d'audace et de persévérance de nos industriels, la négligence de nos pouvoirs publics ne nous permettaient pas toujours de les pousser jusqu'à l'application pratique, ou d'en tirer toutes les conséquences possibles, et les bénéfices matériels considérables que d'autres savaient préparer et recueillir. L'établissement d'un important réseau de câbles sous-marins par les Anglais avait modifié sérieusement les conditions du commerce avec les pays d'outre-mer : l'Amérique du sud fut reliée à l'Europe par fil en 1874. Les industries chimique et électrique prenaient de plus en plus d'extension. Une véritable révolution s'effectuait, tant dans la production que dans le commerce, et, pourrions-nous dire, dans la consommation.

Nous restons sur les vieux errements. — Il fallait donc rénover les procédés employés jusqu'alors. Abandonner est souvent plus difficile que créer. Détruire radicalement ce qui a longtemps servi et produit des

résultats appréciables, ce qui représente un capital matériel ou moral, pour le remplacer par autre chose encore incertain et aléatoire, c'est toujours un peu pénible. Le Français, et surtout le Français industriel ou
commerçant, est volontiers assez conservateur. Il y a
quelques années, circulait sur une petite ligne du Co-
tentin une locomotive qui portait fièrement sa date de
naissance : 1847; et le mécanicien de s'écrier : « Elle a
plus d'un demi-siècle, mais fait encore ses cinquante
kilomètres à l'heure! » Sans doute, il ne restait plus que
les quatre chiffres en cuivre du millésime qui fussent
de l'origine. La Compagnie des chemins de fer de
l'Ouest avait certainement dépensé en réparations et
remplacements le coût de plusieurs machines neuves,
et elle ne possédait qu'un vieux « clou ». C'est le système des « petits paquets », c'est le « couteau de Ja-
not », c'est la vue courte et étroite.

**Les Allemands développent leur organisation scien-
tifique, moderne.** — Les Allemands, les Américains et
les autres peuples qui commençaient à intervenir dans
l'essor économique n'avaient pas chez eux de précé-
dents, pas de sacrifices cuisants à faire, pas de scrupules d'amour-propre, pas d'intérêts particuliers à ménager. Ils s'assignaient un but, et n'avaient qu'à choisir
les instruments les plus propres à leur en faciliter l'at-
teinte, dans des délais aussi courts que possible. Les
Allemands particulièrement, qui n'aiment pas livrer
les choses au hasard, et n'ont pas l'esprit d'improvisa-
tion, s'organisèrent méthodiquement, scientifiquement,
et, profitant des derniers perfectionnements réalisés,
créèrent un outillage neuf, moderne, bien approprié.
Et, ayant constaté l'avantage que leur donnait cette

modernité, ils prirent l'habitude de la maintenir constamment, de chercher toujours le mieux, et de jeter à la ferraille, pour la remplacer par une autre à plus grand rendement, toute machine usée dans un de ses organes essentiels, ou même seulement devenue désuète. Ils anticipèrent l'avenir — parfois à l'excès et imprudemment — désirant être toujours prêts à répondre à des besoins que l'accélération de l'activité humaine durait provoqués plus tôt qu'on n'aurait pu le supposer.

Ils étaient des « parvenus », et avaient des goûts de parvenus: leur production hâtive et en masse pour leur propre consommation avait un caractère de pacotille, de « tape-à-l'œil », de camelote, de confortable en carton-pâte. Elle correspondait à la tendance qui se faisait jour, non seulement dans les pays neufs, où la puissance d'absorption s'affirmait, mais même dans la vieille Europe, et malheureusement jusqu'en France, où les magasins de nouveauté et les grands bazars ont contribué à établir le règne du faux-luxe. Les affaires d'exportation s'en trouvaient largement facilitées.

La France se décide à agir, et les résultats sont heureux. — Il faut aussi reconnaître que, si les Allemands avaient su habilement jouer de l'influence que la victoire sur nous leur avait donnée, il nous était resté de nos désastres un sentiment, non pas de découragement, mais de manque de confiance en nous-mêmes. Vers 1897, cependant, le réveil commence : l'opinion publique s'émeut de la stagnation de notre commerce extérieur, de la progression énorme de celui de l'Allemagne. On étudie les moyens de rattraper le temps perdu, le gouvernement fonde l'Office national du commerce extérieur, nomme des Conseillers du dit commerce, des

Attachés commerciaux auprès de certaines ambassades, et, après l'incident de Fachoda, qui nous avait mis à deux doigts d'une guerre avec l'Angleterre, nos exportations montent de 3.510 millions, en 1898, à 4.152 millions, en 1899. La guerre du Transvaal, les évènements de Chine déterminent une dépression générale, en 1901, mais, l'année suivante, le mouvement repart, et, sauf en 1908 et 1911 (crise germano-américaine et affaire d'Agadir), la progression est constante.

Les Anglais avaient, eux aussi, aperçu le danger allemand, et, quand le Kaiser eut prononcé son fameux : « *Unsere Zukunft liegt auf dem Wasser* » (Notre avenir est sur mer), ils comprirent qu'il fallait réagir. L' « Entente cordiale » s'était ébauchée, mais, en 1913, les exportations allemandes approchaient de celles de l'Angleterre, et étaient presque doubles des nôtres.

Nous nous sommes réveillés trop tard. — Notre réveil avait été trop tardif, et la lutte prenait un caractère de plus en plus aigu. Les Allemands envahissaient chaque année davantage notre propre marché. Jusqu'en 1909, nous leur vendions plus qu'ils ne nous vendaient. A partir de 1910, la situation se renverse, et, en 1913, les importations françaises d'origine allemande se chiffrent par 1.068 millions, contre 866 millions pour les importations allemandes d'origine française, soit un écart de 202 millions contre nous.

On a judicieusement observé que l'Allemand organise avant d'entreprendre, que l'Anglais opère par expériences, et que le Français improvise dans la nécessité. Le grand conflit actuel, dont l'issue n'est pas douteuse, amènera bien des modifications. Avant d'étudier ce que pourrait être notre commerce extérieur d'après-guerre, nous nous proposons d'examiner quelle était son organisation, alors que les événements sont venus en arrêter le cours normal.

CHAPITRE PREMIER

LES ORGANES

*Commissionnaires. — Consignataires. — Négociants-importateurs
et exportateurs. — Importation et exportation directes. — Syndicats. — Choix entre les systèmes. — Utilité des intermédiaires.*

Le commerce extérieur se pratique au moyen de
divers organes qui se sont constitués successivement,
avec l'évolution des affaires. Tant à l'importation qu'à
l'exportation, on peut les classer en quatre grands systèmes comportant chacun des modalités particulières :
les commissionnaires et consignataires, les négociants-
importateurs et exportateurs, l'importation et l'exportation directes par l'industriel, l'acheteur en gros ou le
producteur, et enfin les syndicats.

Commissionnaires et consignataires. — Les commissionnaires peuvent se diviser eux-mêmes en deux catégories : ceux qui sont établis en Europe seulement,
dans leur propre pays, et ceux qui ont des succursales à
l'étranger. Les premiers ont créé leur clientèle dans un
ou plusieurs pays, avec qui ils entretiennent une correspondance directe et suivie pour lui proposer des affaires, envoyer des échantillons, enregistrer les ordres
d'achats qu'ils exécutent, expédiant à leurs adresses
respectives les marchandises commandées. Les seconds
ont installé des maisons là où ils exportent, et ne cor-
respondent qu'avec leurs associés ou fondés de pou-

voirs, qui visitent les clients, sollicitent les ordres sur place, les centralisent pour les transmettre en bloc à la maison mère, et peuvent recevoir les envois groupés, pour les distribuer aux différents destinataires, s'occupant des débarquements, transports, transits, dédouanements, à l'arrivée, et aussi des recouvrements.

Suivant l'importance de ses opérations, le commissionnaire a un ou plusieurs employés-acheteurs, qui reçoivent les offres de services des fabricants, recherchent les meilleures sources, choisissent les marchandises, et discutent les prix. Il a quelquefois plusieurs rayons correspondant aux principaux genres de produits qu'il traite, ou aux diverses contrées qu'il alimente. Pour obtenir les ordres, il lui a fallu se livrer à tout un travail préparatoire, surtout quand il ne s'agit pas d'articles de marque, de spécialités : étude des besoins, des goûts du pays consommateur, enquêtes pour trouver exactement ce qu'il faut, et dans les meilleures conditions possibles, échantillonnage, préparation des expéditions en temps voulu, accords financiers pour les payements, etc., etc.

Il fait les affaires « à commission », c'est-à-dire que le client ne paye, en principe, que le prix facturé par le fabricant, majoré des frais d'expédition et d'un pourcentage fixé à l'avance pour rémunérer peines et soins. Et, pour ce seul bénéfice, il doit régler les fournisseurs et tous les frais, soit comptant, soit à trente, soit à quatre-vingt-dix jours. Bien rarement il a reçu d'avance les fonds de son client; au contraire, il ne peut d'habitude rentrer dans ses débours que longtemps après, car il est généralement obligé de faire du crédit, assez long dans bien des cas, et avec des délais parfois incertains.

Des combinaisons multiples interviennent dans la pratique à cet égard, mais le rôle du commissionnaire est devenu de plus en plus financier, et il est permis de dire que celui-ci est aujourd'hui, la plupart du temps, le véritable banquier, et même, en quelque sorte, le commanditaire de ses clients. En réalité, c'est en jouant ce rôle qu'il leur rend les services les plus importants, à côté d'autres qui ont aussi leur valeur, et cette participation financière légitime des commissions et intérêts, qui forment pour lui un profit supplémentaire compensant ses risques. Nous verrons que ces charges qui viennent grever le coût des marchandises, en apparence, se retrouvent presque toujours sous une autre forme dans l'exportation directe, que ce soit le producteur-expéditeur ou le réceptionnaire qui ait à les payer à des banquiers, agents ou représentants.

A l'importation, le consignataire remplit un rôle identique. C'est lui qui reçoit les marchandises et qui est chargé de les vendre, suivant les instructions de leur propriétaire-expéditeur, à qui il a souvent consenti des avances, en l'autorisant à fournir des traites pour une partie de la valeur.

Négociants-importateurs et exportateurs. — Le négociant-importateur ou exportateur — quelquefois les deux à la fois — est généralement confondu chez nous avec le commissionnaire. Il y a cependant une différence très sensible entre les deux métiers. Le négociant, lui, n'attend pas les ordres de ses clients pour les exécuter séparément; il fait ses achats, suivant les avis et renseignements qu'il a du pays de consommation, et expédie pour son propre compte les marchandises, qu'il revend en gros ou en détail, à ses risques et périls. Il possède d'ordinaire des comptoirs à l'étranger qui le tiennent constamment au courant, par correspondance et par câble, de l'allure du marché. Il a ses spécialités, n'opérant que sur un ou quelques genres d'articles. Certains expédient des cargaisons entières par vapeurs ou voiliers, ou des lots très importants; d'autres achètent pour alimenter leurs maisons de demi-gros ou même de détail. Mais tous sont réellement de véritables commerçants, dont les bénéfices sont constitués par les écarts entre les prix d'achat et ceux de vente, et qui courent tous les risques inhérents au négoce.

Importation et exportation directes. — De gros industriels ou producteurs peuvent se passer d'intermédiaires, et faire eux-mêmes leur importation ou leur exportation. Pour cette dernière particulièrement il leur a fallu toutefois, quand ils ont pris le parti de se mettre directement en rapport avec la clientèle étrangère, créer chez eux un service tout spécial, établir sur place des représentants pour surveiller leurs intérêts, et aller par des visites personnelles ou par des voyageurs chercher à obtenir des commandes ou à faire des contrats pour des livraisons régulières. Ils se réservent ainsi les profits des commissionnaires ou des exportateurs, dont ils assument, par contre, tous les soucis et tous les risques.

Syndicats. — Quant aux syndicats, ils se forment entre fabricants ou producteurs de moins grande envergure, qui se groupent et s'entendent pour, à frais communs et proportionnels, s'ouvrir et entretenir des débouchés à l'étranger. En principe, chacun des participants a sa spécialité; l'un d'eux ou un homme de confiance se charge de la gestion, et dirige les voyageurs et représentants. La répartition des frais se fait suivant des conventions spéciales. Et les risques sont ceux de l'exportation directe.

Choix entre les systèmes. — Chacun de ces systèmes a ses avantages et ses inconvénients. En règle générale, les profits sont normalement en rapport avec le travail effectué et les risques courus. A chaque intéressé de choisir celui qui lui convient le mieux, d'après son genre d'industrie, l'importance que peut prendre chez lui le commerce extérieur, les ressources dont il dispose comme capitaux ou comme crédit en banque, le temps et l'effort qu'il consent à consacrer à cette branche spéciale d'affaires. Ce sont cas d'espèce. Certains emploient d'ailleurs deux des méthodes conjointement, vendant en même temps à des exportateurs et à des maisons établies à l'étranger. Mais il est nécessaire de dissiper certains préjugés, de détruire des légendes qui se sont accréditées trop facilement, et de crier casse-cou à des gens qui pourraient se laisser entraîner à entrer dans une voie dangereuse, et à courir au-devant de cruels mécomptes.

Utilité des intermédiaires. — On entend souvent dire que le commissionnaire est un organisme « vieux jeu », un parasite. « Sus aux intermédiaires! » est le cri de guerre de certains milieux, qui préconisent l'exportation directe. Ce serait peut-être l'idéal, mais ne nous payons pas de mots, et pour éviter de lourdes désillusions, des expériences coûteuses et des découragements funestes, allons au fond de la question, et, sortant du domaine de la théorie, tenons-nous sur le terrain de la pratique et des réalités. Si le gros industriel ou producteur est capable, grâce à l'ampleur de son organisation, de ses capitaux, de son crédit, d'aller toucher lui-même la clientèle étrangère, de la suivre, de s'occuper des expéditions, des recouvrements, etc., etc., les autres ont déjà bien assez de tracas avec leurs affaires pour l'intérieur, et ne veulent ou ne peuvent pas s'astreindre à un travail et à des risques supplémentaires. Les syndicats d'exportation offrent une solution mixte qui peut rendre des services, et à laquelle on n'a peut-être pas assez recours en France. Toutefois, leur constitution est délicate, certains genres d'industrie auraient des difficultés à en établir, et le côté financier et bancaire de l'exportation est pour eux un problème assez ardu à résoudre.

Certes, on a pu reprocher bien des choses aux commissionnaires, aux nôtres particulièrement : timidité pour s'engager vis-à-vis de leurs clients, ou pour leur proposer du nouveau, âpreté au gain qui leur fait parfois charger par trop les commissions, les frais et les intérêts sur les avances, ou se réserver des escomptes extra, des bonifications et d'autres avantages qu'ils arrachent des fournisseurs, ce qui augmente les prix de revient pour les acheteurs de l'étranger, et les met en mauvaise posture vis-à-vis de leurs concurrents. Mais on a bien souvent exagéré tout cela, sans se rendre compte que le métier n'est pas si facile qu'il en a l'air, et que les risques courus nécessitent des bénéfices suffisants pour former un fonds d'assurance trop fréquemment absorbé par des sinistres inévitables. On oublie que malheureusement notre organisation bancaire n'est pas assez complète pour permettre à notre « commission » de se montrer plus libérale et plus audaciese. Il est vrai qu'elle a été envahie par l'élément teuton, et que même des maisons françaises se voyaient obligées depuis un certain nombre d'années d'aller acheter en Allemagne ou en Autriche pour exécuter les commandes de leurs clients d'outre-mer. Etait-ce uniquement de leur faute? Limitées par les prix que ceux-ci leur fixaient elles essayaient bien de trouver l'équivalent chez nous, mais n'y parvenaient pas toujours; et, en dehors de la question de prix, elles n'obtenaient parfois pas que les fournisseurs français observassent les recommandations de diverse nature faites par la clientèle, ni les délais de livraison fixés. Dans bien des cas, celle-ci passait ses commandes à Paris, sur le vu de catalogues allemands, imposant aux commissionnaires de s'adresser outre-Rhin, à telle maison désignée.

Et puis, vraiment, a-t-on le droit de leur jeter la pierre, alors que les étalages de nos grands magasins de nouveauté étaient bondés d'articles austro-germains, et que nous-mêmes nous nous laissions submerger dans presque tous les domaines, y compris celui de l'art, par le flot bourbeux et pesant qui déferlait à grandes vagues sur nos frontières orientales? Il leur fallait tout de même bien vivre, et ne pas rebuter leurs clients, au risque de les perdre. Combien de nos anciennes maisons d'exportation ont dû fermer leurs portes, parce qu'elles ne trouvaient plus d'aliments d'affaires productives en France!

Nos industriels et producteurs ne se sont guère prêtés, en général, à leur faciliter la besogne. Et s'ils trouvent des excuses à leur manque d'initiative, à leur routine dans les exemples venus de haut, ni l'Etat, ni les compagnies de navigation, ni les banques n'ayant fait à temps le nécessaire pour aider le commerce exté-

rieur, il faut aussi leur laisser leur part de responsabilité. Ont-ils toujours cherché à se mettre bien en contact
avec les exportateurs, et à donner à ceux-ci le moyen
de faire apprécier leurs produits et de les défendre à
l'étranger? Ils doivent, non pas attendre qu'on vienne
à eux, mais, au contraire, aller solliciter les ordres, insister pour qu'on transmette leurs propositions. Soit
directement, soit par des représentants ou agents spéciaux d'exportation, qui existent partout où il y a un
centre sérieux pour ce commerce, il faut qu'ils tiennent constamment en haleine leurs clients anciens,
qu'ils ne se lassent pas si, chez les éventuels, les résultats se font désirer — ne pas se décourager, c'est une
grande force en affaires... on ne le sait que trop, outre-
Rhin! — et, enfin, qu'ils se renseignent sur les agissements de la concurrence, sur les goûts des consommateurs étrangers, auxquels ils ont à se conformer, sans
chercher à imposer ceux de leurs compatriotes.

Il est essentiel qu'ils ne considèrent pas, à priori,
comme beaucoup sont trop portés à le faire, que les exportateurs sont des ennemis, qui veulent les exploiter,
en limant les prix à plaisir. Qu'ils fassent, au besoin, des
sacrifices d'amour-propre, de fierté, qu'ils sachent en
faire aussi de matériels pour s'introduire sur de nouveaux marchés, ou pour maintenir une situation bat-
tue en brèche par de nombreux concurrents de toutes
nationalités. On doit éviter de s'exposer, par crainte de
dépréciation d'une marque, à perdre tout un important
débouché; pour ne pas avoir voulu céder opportuné-
ment, nos producteurs se sont vus évincer de certains
marchés : le cas s'est présenté, entre autres, pour un
article français, supplanté au Brésil par la fabrication
danoise.

L'importance et la nécessité des intermédiaires de l'importation et de l'exportation sont évidentes. Leur ministère, tant au point de vue de l'organisation des affaires qu'à celui des crédits, est inévitable dans nombre de cas. M. Landry, député, l'a bien compris quand il a dit dans son très intéressant et documenté rapport sur le commerce d'exportation : « A un point de vue général, nous ne devons pas oublier qu'une portion considérable des affaires d'exportation sont faites par les commissionnaires; que ceux-ci sont un des grands rouages de notre commerce d'exportation, et qu'ils le demeureront. » Et l'on peut s'étonner que des hommes d'affaires français établis à l'étranger écrivent des phrases comme celle-ci : « ...il faut constater qu'aujourd'hui le commissionnaire est un obstacle à l'expansion de notre commerce d'exportation. » Ils devraient cependant apercevoir d'autant mieux les divers aspects du problème qu'ils sont à même de remarquer que les Allemands, eux aussi, traitent une grande partie de leurs opérations extérieures, grâce à la puissance de leurs grandes maisons de commission et de leurs riches négociants-importateurs-exportateurs.

Ils ne voient qu'un des côtés de la question, l'économie de la rémunération de l'intermédiaire : est-elle si capitale qu'elle le paraît?

En général, pour les fabricants de moyenne ou de faible importance, les frais de voyageurs, d'agents, de représentants ne feraient-ils pas supporter à la marchandise un impôt au moins aussi lourd? Ils oublient, d'ailleurs, que souvent le commissionnaire tire le plus clair de son bénéfice sur les affaires qu'il manipule bien plus de leur partie financière que de celle purement commerciale. C'est surtout le crédit qu'il fait à ses commettants, la commandite qu'il leur consent en marchandises, et quelquefois même autrement, qui sont d'un rapport sérieux pour lui. Et cela explique que seules des maisons travaillant avec de gros capitaux et de larges crédits en banque aient pu subsister, et que la plupart des commissionnaires qui n'étaient pas dans ce cas aient dû disparaître. D'autre part, combien de commerçants d'outre-mer seraient sérieusement embarrassés s'ils perdaient l'appui de leur correspondant européen, qu'ils ne retrouveraient certes pas chez les industriels avec qui ils traiteraient directement.

Et même si l'intermédiaire est coûteux, même si les producteurs et les acheteurs étrangers qui passent par ses mains ont à faire, les uns et les autres, un petit sacrifice apparent sur leur bénéfice, n'y a-t-il pas de larges compensations? Travailler avec une maison bien connue, établie dans son propre pays, avec qui l'on peut communiquer sans retards, aplanir rapidement et sûrement toute difficulté éventuelle, et surtout avoir la certitude d'être payé à date fixe, et dans un délai rapproché, ce sont là pour les premiers des avantages fort appréciables et même essentiels pour nombre d'entre eux; ils n'ont qu'à offrir leurs marchandises de la façon la plus avantageuse possible aux commissionnaires ou négociants qu'elles peuvent intéresser, et à suivre les conseils et les indications qui leur sont fournis par ces gens compétents, dont chacun est bien renseigné sur les besoins de la région avec qui il a l'habitude de travailler. « On n'est jamais si bien servi que par soi-même », objectent quelques-uns, et nos fabricants se plaignent de ne pas être très bien accueillis, quand ils font leurs offres de services aux commissionnaires, qui ne paraissent pas s'intéresser à pousser la vente de nou-

veaux articles et à étendre leur clientèle : il y a parfois
de bonnes raisons à cette attitude, et, si les reproches en
question sont aussi quelquefois justifiés, il faut avouer
que nos industriels ne sont pas généralement assez tenaces, assez souples dans leurs démarches, et se montrent
trop raides, trop absolus, trop traditionnels; ils ne docu-
mentent pas toujours suffisamment en catalogues ou
échantillons, et n'ont pas la patience que nécessitent
des pourparlers avec des clients en pays lointains; enfin, ils ne comprennent pas assez facilement que, sans
parler de tous les autres frais, ennuis et risques qui
leur sont épargnés, leur rôle est singulièrement sim-
plifié quand ils n'ont qu'à livrer leurs marchandises en
France même, et à se présenter à la caisse de leur acheteur à jour dit et proche pour toucher le montant de
leur facture.

Il y a d'ailleurs certaines autres considérations qui
justifient l'existence de l'exportateur spécialiste. Quiconque a eu l'occasion de jeter les yeux sur ces notes
de commande que les commissionnaires reçoivent de
leurs clients, aura pu en trouver quelques-unes atteignant des dimensions extraordinaires, composées d'un
nombre considérable de feuillets : ce sont celles qui pro-
viennent de maisons de détail, et qui sont ce qu'on appelle, en terme de métier, du réassortiment; s'il s'agit
de mercerie, par exemple, les lignes s'amoncellent au-
dessous des lignes, beaucoup d'entre elles s'appliquant
à une quantité minime d'articles à bas prix, qu'il faut
se procurer chez un certain nombre de fabricants différents. Voit-on de pareilles commandes passées directement à ces divers fabricants? Les frais de poste dépas-
seraient parfois la valeur de la marchandise; et l'emballage, l'expédition entraîneraient des complications et

des charges tout à fait ridicules. Le commissionnaire, par le groupage, évite tout cela. Il intervient aussi pour aplanir des difficultés qui peuvent se présenter, pour rectifier des erreurs, des oublis qui ont pu être commis, pour presser les livraisons, autoriser certaines modifications nécessaires; en un mot, il prend des responsabilités, au nom de son client, qu'il représente, pour assurer aussi bien que possible l'exécution des ordres.

Pour les affaires plus importantes, en général, que traitent les négociants-exportateurs, souvent par contrats, avec engagement de prendre en une année une quantité minimum, les producteurs n'ont-ils pas intérêt à s'assurer ainsi, d'un seul coup, une vente importante, à un prix peut-être un peu réduit, mais ferme, et sur laquelle ils peuvent régler leur travail? Ils donnent parfois le monopole de leur marque pour une région déterminée. Ils stipulent même des escomptes supplémentaires et progressifs pour le cas où le minimum serait dépassé dans telle ou telle proportion. On a pu voir jadis une maison allemande, qui avait contracté avec un fabricant de vin de champagne, suivant ce système, offrir à des exportateurs français la marque authentique à des conditions inférieures à celles qui étaient faites directement.

Nous avons déjà trop insisté sur ce sujet. Cependant il nous semble intéressant de signaler dans un rapport de M. Heilmann, attaché commercial de France aux États-Unis, publié en août 1915, et qui envisage plus spécialement l'exportation directe avec agents, représentants et voyageurs, ces lignes : « Le fabricant français... hésite donc souvent à ouvrir aux États-Unis une agence pour ses ventes et préfère s'adresser à des maisons de commission. Je ne nie pas l'utilité de ces maisons et les avantages qu'elles peuvent offrir dans certains cas... » Et l'on peut lire dans un autre rapport de M. Emile Jore, consul de France au Cap, paru en septembre 1915 : « Presque toutes les grandes maisons de commerce de l'Afrique du sud dépendent plus ou moins de leurs commissionnaires ou de leurs commanditaires à Londres, qui ont, seuls, le droit de faire leurs achats en Angleterre, en France, en Allemagne, etc., etc., selon leurs besoins ou leurs convenances. Il en résulte que les ordres pris dans ces maisons par les voyageurs venus en Afrique du sud doivent généralement être approuvés à Londres par ces commissionnaires avant d'être exécutés. Il appartient donc à nos négociants, lorsqu'ils connaîtront bien les besoins de l'Afrique du sud (par leurs voyageurs, si possible), de se mettre directement en relations avec les acheteurs de Londres, *qui sont les grands fournisseurs du marché sud-africain...* Nos négociants peuvent donc, en réalité, faire du commerce avec l'Afrique du sud en se mettant simplement en relations avec les grandes maisons de Londres qui sont les principaux fournisseurs du marché sud-africain, sans être obligés d'envoyer des voyageurs spéciaux dans l'Afrique du sud... »

Enfin, dans *La Banque en France*, que nous aurons encore l'occasion de citer plus loin, un Allemand remarque que « l'exportation des objets manufacturés rapporte des bénéfices plus élevés et d'un risque moindre en France qu'en Allemagne, où les bénéfices bruts très élevés, donnés par l'exportation aux pays exotiques, sont fréquemment absorbés par des pertes non prévues. » Et il attribue ce fait à l'intervention des maisons de commission.

Tout bien pesé, le commissionnaire ou le négociant-exportateur reste indispensable pour ceux — et ils sont la masse — qui n'ont ni le loisir, ni les moyens de faire de l'exportation directe, pour ceux qui ne veulent ou ne peuvent pas s'astreindre au travail et aux risques qu'elle entraîne, et pour tous ceux qui ont besoin d'être payés vite et sans complications.

Dans ce travail sommaire il n'est pas possible d'entrer dans les détails des nombreuses modalités que présentent les organismes du commerce extérieur. Nous ne voudrions toutefois pas terminer ce chapitre sans mentionner tout au moins, pour l'importation, les succursales, dépôts ou agences de maisons étrangères, les négociants, pour la plupart établis dans nos ports, qui, sans avoir de comptoirs à eux dans les pays de production, opèrent en grand, et achètent sur types, en *cf* ou *caf* (coût et fret, ou coût, assurance et fret); pour l'exportation, les acheteurs de maisons étrangères établis en France ou y venant régulièrement — traitant cependant quelquefois par l'intermédiaire d'un commissionnaire, dans ce dernier cas — les fabricants ou producteurs possédant des succursales ou des dépôts hors de France, ceux qui envoient leurs marchandises en simple consignation à des correspondants sur les marchés extérieurs, etc., etc.

Comme conclusion de ce qui précède, il conviendrait d'examiner quelle est chez nous la répartition de ces organes, et si elle répond bien à nos ressources et à nos facultés d'absorption et d'expansion. Mais nous réservons cette étude pour un autre chapitre, où nous essayerons de faire ressortir les améliorations les plus urgentes qu'on pourrait apporter au fonctionnement de notre commerce extérieur.

CHAPITRE II

LES AUXILIAIRES

A. — LES TRANSPORTS

Voie de terre et de fer. — Voie fluviale. — Voie maritime. — Assurances.

Dans tout commerce la question des transports est une préoccupation sérieuse, non seulement au point de vue des frais qu'ils ajoutent à ceux de production, mais encore en raison des délais qu'ils nécessitent, et des détériorations qu'ils peuvent occasionner aux marchandises. Mais tout cela s'exacerbe singulièrement dans le commerce extérieur, où les trajets sont longs et coûteux, et exigent presque toujours des manipulations, des transbordements en cours de route, par suite du passage de pays à pays, ou de l'emploi combiné des voies de terre, d'eau et de mer.

Voie de terre et de fer. — Si les chemins de fer ont enlevé au roulage l'importance qu'il avait autrefois, ils n'ont cependant pas détruit l'utilité des routes pour amener des lieux de production ou à ceux de consommation, quelquefois assez éloignés des gares, tout ce qui s'exporte ou s'importe. L'automobile a d'ailleurs considérablement augmenté le mouvement sur notre réseau de chemins de terre, considéré comme le modèle du genre, et entraîne une transformation, un renforcement, un entretien qui contraignent à une surveillance et à des dépenses nouvelles.

Il serait superflu d'exposer ici le système et le fonctionnement de nos voies ferrées. On a ardemment discuté au sujet des avantages et des inconvénients que présente leur exploitation par des sociétés privées. La politique prenant souvent le pas sur les intérêts financiers et commerciaux, on est arrivé à la constitution d'un petit réseau d'Etat, à côté des six grandes compagnies, puis au rachat de l'une d'elles, qui, jusqu'à présent, a donné des résultats fort onéreux pour le Trésor. En dehors de toute autre considération, un des arguments des partisans de la concession à l'industrie privée acquerra une force nouvelle quand on verra, après la victoire, les alliés contre les empires centraux trouver un gage tout indiqué et de haute valeur dans les chemins de fer allemands, propriété de l'Etat, pour l'acquittement de la formidable indemnité de guerre qu'ils auront à percevoir. Et le merveilleux succès de la mobilisation et de la concentration obtenu en août 1914 est tout à l'honneur de nos compagnies, qui ont su donner à l'état-major le concours entier qu'il avait à leur réclamer. Puis, **malgré les énormes difficultés qui se sont présentées, elles ont été assez souples pour répondre, en dépit de quelques lacunes évidemment regrettables, mais en somme excusables, à des besoins multiples et extraordinaires, militaires et commerciaux, et à un renversement, à un bouleversement complet du trafic normal.**

Elles ont, d'ailleurs, en tout temps, à supporter des charges très lourdes du fait de la cherté de la houille en France, et l'insuffisance de notre construction de machines et de matériel roulant les a obligées à s'adresser

à l'industrie étrangère pour une bonne part de leurs locomotives et de leurs wagons; l'administration des chemins de fer de l'Etat elle-même n'a pu éviter d'y recourir. En 1906, le tiers de l'exportation allemande de matériel de chemins de fer était absorbé par la France, le kilogramme-locomotive ainsi importé revenant à 0 fr. 30 de moins, transports et droits de douane compris, que fourni par nos constructeurs.

Depuis une trentaine d'années, le développement très grand de nos lignes n'a peut-être pas toujours été conçu de façon pratiquement commerciale : les influences locales ont trop souvent nui à l'intérêt général. C'est ainsi que de nombreux embranchements sont à peu près improductifs, alors que pour des parcours à grand rendement, comme celui Paris-Le Havre, il manque encore des voies de dégagement. La centralisation vers Paris de cinq des réseaux a aussi ses mauvais côtés: les communications directes entre des centres provinciaux même importants sont parfois très difficiles. On peut s'imaginer l'ahurissement d'un Allemand qui, ayant à se rendre de Hambourg au Havre, crut bien faire de prendre la voie Cologne-Tergnier-Amiens, et mit à faire ce trajet un temps interminable, avec de nombreux changements de train, des arrêts prolongés, et apprit à ses dépens qu'il aurait dû passer par Paris. La rareté des grandes voies transversales est une des causes qui détournent de la France le transit international.

Les retards que cette situation produit dans l'acheminement des marchandises ont certes des conséquences fâcheuses pour le commerce extérieur, mais les tarifs et le transit lui importent encore davantage. Déjà, lorsqu'il est nécessaire d'emprunter les réseaux de plusieurs compagnies de chemins de fer, les conventions entre elles ne sont pas toujours assez précises, assez pratiques; s'il y a usage successif de la voie de fer et de la navigation intérieure, aucune entente n'existant — le contraire est plutôt la règle générale — les complications s'aggravent; enfin, le passage de la frontière, soit dans une gare-douane, soit dans un port est une source de difficultés exagérées.

L'utilité de « tarifs communs » et de « tarifs réduits » étant reconnue, tant pour l'importation que pour l'exportation, qu'existe-t-il chez nous dans ces deux ordres d'idées? Des tarifs communs ont été établis entre les diverses compagnies de chemins de fer, et d'autres entre elles et des compagnies de navigation maritime; il y en a aussi de spéciaux pour l'exportation s'appliquant aux transports par plusieurs réseaux ferrés, ou encore combinant le voyage par des chemins de fer français et étrangers et le fret par mer. Ces derniers, qui permettent l'établissement immédiat du prix cf., puisqu'ils donnent automatiquement les frais depuis la gare de départ jusqu'au port de débarquement, ne sont en vigueur que pour certaines destinations du Sud-Amérique, du Levant, des Indes, de la Chine, du Japon et de l'Australie, *via Marseille:* c'est dire que seule la compagnie P.-L.-M. les admet: elle en a fait d'autres dits « de destination » assez réduits pour « les au-delà de Suez et de Gibraltar ». Des tarifs réduits non communs pour les marchandises destinées à être exportées par les ports sont aussi accordés par nos chemins de fer. Certains détaxent les matières premières ayant servi à préparer des produits exportés.

Mais tout cela est encore trop restreint, trop rudimentaire, surtout quand on le compare à ce qui se pratique en Allemagne, où l'intime connexion des chemins de fer et de la navigation maritime permet aux exportateurs de faire, dans certains cas, leurs expéditions sur connaissements directs depuis chez eux jusqu'au port de destination, sans avoir besoin d'un transitaire pour s'occuper du transbordement du chemin de fer au bateau, dans le port de départ, et avec de fortes réductions sur le transport par fer. Ces réductions de tarifs pour l'exportation y atteignent d'ailleurs des proportions inouïes, et vont parfois jusqu'à 80 %.

Voie fluviale. — La France est assez bien partagée en rivières et fleuves qui se dirigent à la mer dans trois sens différents, et la navigation intérieure y a toujours joué un rôle important. La construction de canaux, pour relier entre eux ces « chemins qui marchent » ou pour augmenter leur parcours utilisable, a commencé il y a fort longtemps, sous Henri IV; mais, sauf dans le nord et l'est, le système est très incomplet comme étendue et aussi comme homogénéité, les vieux canaux n'ayant ni assez de profondeur, ni des écluses suffisamment longues. La création des chemins de fer n'a pas détruit la navigation fluviale, qui reste fort employée, et a même pris une large extension pour le transport des matières lourdes de valeur relativement faible et non périssables, car elle est économique et présente même certains avantages pour le chargement et le déchargement. Malheureusement, on ne l'a pas assez favorisée chez nous pendant la seconde partie du xixe siècle, où l'influence prépondérante des compagnies de chemins de fer a peut-être été trop absolue. Lorsqu'on s'est ravisé, des erreurs ont été commises, et les efforts n'ont pas été toujours dirigés du côté où il était le plus urgent d'intervenir.

Des projets grandioses ont été présentés, tels que « Paris port de mer », la Loire, le Rhône, la Garonne navigables, et le canal des Deux-Mers, pour remplacer l'antique canal du Midi construit par Riquet, au temps de Colbert, et qui a été acheté par la compagnie des chemins de fer du Midi, afin d'étouffer toute concurrence. Il est, en effet, regrettable que trois de nos grands fleuves ne puissent rendre que des services modestes, et que le golfe de Gascogne ne soit pas relié à la Méditerranée par une voie d'eau évitant le grand détour par le détroit de Gibraltar.

Voie maritime. — Le transport sur notre territoire n'a souvent qu'une importance relative pour le commerce extérieur; celui qui s'effectue au-delà, et particulièrement par mer, est autrement intéressant, au point de vue des frais, et aussi à celui de l'intérêt national.

La marine marchande, pour un pays comme le nôtre, est un des grands éléments de prospérité et de force. L'étendue de nos côtes parsemées de ports excellents, la population qui les habite et qui, en grande partie, se compose de marins, dès leur enfance dressés par la pêche ou le cabotage, devaient fatalement provoquer un vif mouvement commercial maritime avec les pays voisins, puis avec de plus éloignés. Si nous n'avons pas développé cette branche d'activité autant que d'autres peuples, si les Portugais et les Espagnols d'abord, puis les Anglais et les Hollandais se sont adonnés plus que nous à la navigation, nous avons occupé cependant une place honorable dans l'histoire du commerce par mer.

Au milieu du xix⁰ siècle, notre flotte marchande était classée au troisième rang; mais nous n'avons pas suivi les progrès qui se sont réalisés par ailleurs, et, en 1875, nous étions descendus au cinquième, avec 1.028 milliers de tonneaux, l'Allemagne en ayant déjà 1.085, et l'Angleterre 6.088, les Etats-Unis 3.754, la Norvège 1.317. En 1900, nous sommes toujours à la même place, mais l'écart s'est accentué : nous n'accusons que 1.037 milliers de tonneaux, contre 1.508 pour la Norvège, qui a cédé le troisième rang à l'Allemagne, avec 1.942, 5.165 pour les Etats-Unis et 9.280 pour l'Angleterre. Enfin, en 1912, nous tombons au sixième rang, bien que nous ayons réussi à augmenter notre flotte de moitié dans ces douze années; mais le Japon s'est glissé dans le bataillon, et s'est intercalé entre l'Allemagne et la Norvège, avec ses 1.937 milliers de tonneaux. Nous sommes à 1.518 milliers de tonneaux, contre 1.646 pour la Norvège, 3.153 pour l'Allemagne, 7.714 pour les Etats-Unis et 11.878 pour l'Angleterre. Ainsi, de 1875 à 1912, les accroissements ont été les suivants : Allemagne 190 %, Etats-Unis 105 %, Angleterre 94 %, France 48 %, Norvège 25 %.

En 1912, nous possédions 17.670 navires, jaugeant ensemble 1.518.518 tonneaux net. La progression qui s'est heureusement effectuée dans la décade 1903-1912 est d'autant plus intéressante qu'elle est plus forte comme tonnage que comme nombre de bateaux, ce qui est un indice sérieux d'élévation de puissance : ce sont surtout les vapeurs, dont le nombre a passé de 1.383 à 1.857, avec respectivement 385.132 et 904.494 tonneaux, qui y ont contribué.

Notre marine marchande est donc, sinon en décadence, du moins en stagnation relative. Et si l'on examine sur le planisphère les itinéraires de nos lignes régulières de paquebots, on constate avec stupeur des lacunes invraisemblables. C'est ainsi que, même en Europe, nous n'avons aucun service direct pour la Suède, la Norvège et le Danemark, pour certains grands ports d'Angleterre, pour ceux italiens et autrichiens de l'Adriatique, que Rouen et Dunkerque seuls sont reliés avec Amsterdam et Rotterdam, et que nos ports du nord et de l'Atlantique ne peuvent pas échanger normalement, sans transbordement, des marchandises sous pavillon national avec la Grèce, la Turquie, la Bulgarie, la Roumanie et les ports russes de la mer Noire. Aux États-Unis, nos transatlantiques n'entrent qu'à New-York, et toute la côte occidentale de l'Amérique septentrionale, centrale et méridionale sur le Pacifique est sevrée de paquebots réguliers français; il en est de même de la région de l'Amazone, des États du sud du Brésil, de l'Afrique du sud et d'une bonne partie de l'Océanie.

Sur les lignes où nos steamers sont en concurrence avec ceux des autres grandes puissances maritimes, leurs voyages sont moins fréquents, ou, ce qui est beaucoup plus grave, ont une périodicité moins régulière. On leur reproche aussi, depuis une vingtaine d'années surtout, leur infériorité comme tonnage, vitesse et aménagements, tant pour passagers que pour marchandises.

Il fut un temps — et il ne faut pas être un vieillard pour s'en souvenir — où les passagers même étrangers donnaient la préférence aux paquebots français, parce qu'ils y trouvaient un accueil agréable, une table copieuse, soignée et même succulente, un confortable de bon goût, une société gaie et de bonne éducation, une sécurité aussi complète que possible, et une rapidité de voyage en rapport avec les derniers perfectionnements. Bon nombre de ces qualités ont subsisté, mais nos émules ont fait à peu près aussi bien dans certains cas, et même mieux dans d'autres. Tous ceux qui s'intéressent aux choses de l'Amérique du sud savent que si les Messageries Maritimes transportaient jadis l'élite des passagers entre l'Europe et le Brésil ou l'Argentine — les Anglais exceptés — leur clientèle a diminué sensiblement au profit des compagnies anglaises, italiennes, autrichiennes, mais surtout allemandes et hollandaises. Ces dernières ont établi des escales à Cherbourg et à Boulogne, et, non seulement ont attiré à elles les Brésiliens et Argentins venant en Europe, mais ont même transporté une partie des Français allant dans le Sud-Amérique. Les lignes allemandes pour New-York faisaient également escale à Cherbourg et y prenaient ou y amenaient de nombreux passagers séduits par les magnifiques bateaux qu'elles mettaient en service, et aussi par une réclame savamment machinée.

Pour les marchandises, le taux des frets de nos compagnies était bien souvent trop élevé, et des expéditeurs français trouvaient avantage à les faire charger à Anvers sur vapeurs étrangers. D'autres inconvénients se présentaient aussi. Des installations spéciales que nécessitent certaines marchandises manquaient parfois. En outre, le commerce déplorait sans cesse amèrement la « manière » plus administrative que commerciale de la plupart de nos compagnies. Au lieu de chercher à faciliter les affaires de leurs clients, en se mettant à leur disposition pour leur fournir des renseignements complets et précis, et pour tenter d'améliorer les services dans le sens qui était indiqué par les intéressés, elles se montraient trop souvent dédaigneuses et

superbes, et leur personnel se donnant l'allure du fonctionnaire semblait croire que le client était fait pour
lui, et non lui pour le client. Une organisation défectueuse leur faisait refuser de prendre des engagements
absolument indispensables aujourd'hui pour certaines
opérations, et la crainte de se compromettre leur faisait quelquefois perdre du fret avantageux. C'est ainsi
que, sur une demande câblée d'Amérique, un négociant parisien eut un jour à faire, également par câble,
une offre ferme cf d'une très grosse quantité de marchandise à prendre dans les docks du Havre, avec garantie d'expédition prochaine. La compagnie française
de navigation, dont les vapeurs partent du Havre, hé-
sita à réserver pendant vingt-quatre heures de la place
pour tel départ, tandis que l'agent d'une compagnie allemande qui ne fait qu'escale dans ce port prit immédiatement sur lui de donner satisfaction. Nous avons
vu des réceptionnaires français être contraints de demander, la mort dans l'âme, à une maison d'Amérique
de ne plus charger sur vapeur français, la compagnie
se refusant à remplir, à l'arrivée, des formalités de
douane, et soulevant des difficultés qui rendaient les
affaires impossibles, alors que le simple agent d'une
compagnie étrangère trouvait le moyen d'éviter tous
ennuis, frais et retards.

Les compagnies subventionnées par l'Etat pour les
services postaux étaient particulièrement rétives à une
exploitation pratique; là, ce n'était plus seulement
l' « Administration », mais le « Ministère » avec toutes
ses beautés, son calme, sa placidité, la torpeur, la routine, la force d'inertie des « Bureaux ». Manque d'initiative, peur des responsabilités, esprit étroit, absence
de prévoyance, voilà ce qui a nui au bon fonctionne-

ment de notre grand armement, qui s'est longtemps contenté de pouvoir distribuer à ses administrateurs et actionnaires de riches allocations et dividendes, dont l'Etat faisait en grande partie les frais, sans se soucier que, par sa nonchalance, il marchait à la ruine.

Les réformes les plus simples rencontraient une opposition puérile. La ligne Bordeaux-Brésil-La Plata ne trouvait pas un fret de retour suffisant, parce que le principal produit d'exportation du Brésil, le café, a Le Havre comme marché en France, Bordeaux n'en recevant que des quantités relativement insignifiantes. On suggéra jadis aux Messageries maritimes d'imiter les Anglais : la Royal Mail, dont le port d'attache est Southampton, ne pouvait non plus charger du café pour cette destination, mais elle avait eu l'idée de faire relever ses steamers pour Anvers, et même Le Havre ou Rotterdam, après débarquement des passagers et de la malle à Southampton, et elle avait ainsi un aliment de fret important. On aurait pu agir de même entre Bordeaux et Le Havre; mais il fut répondu que ce trajet supplémentaire ne laisscrait pas assez de temps aux officiers pour rester avec leurs femmes à Bordeaux, entre deux voyages au Sud-Amérique! Et les vapeurs ont continué à rentrer, les cales à peu près vides. La repopulation a pu y gagner, mais les intérêts financiers et commerciaux en ont quelque peu pâti. A tel point que l'exploitation de la ligne, devenue désastreuse, fut abandonnée, et qu'il fallut crér une nouvelle compagnie spéciale pour que le pavillon national flottât encore sur la route directe et rapide de France aux grandes républiques latines, qui dessert, au passage, notre belle colonie de l'Afrique occidentale.

Les conséquences attristantes de l'insuffisance de

notre marine marchande éclatent aux yeux quand on lit la statistique du mouvement des ports, en 1912. De France il est sorti 7.014 navires sous pavillon national, contre 13.461 sous pavillons étrangers (respectivement 6.827 et 16.463 milliers de tonneaux), tandis qu'en Angleterre la première catégorie comprend 30.730 navires contre 29.488 pour la seconde (37.398 et 24.637 milliers de tonneaux), et en Allemagne 66.176 contre 17.459 (15.197 et 6.869 milliers de tonneaux). Le tonnage des navires chargés (entrées et sorties réunies) dans différents pays est non moins instructif :

	PAVILLON FRANÇAIS	PAVILLON ÉTRANGER
	(milliers de tonneaux)	
Suède	10	429
Norvège	2	220
Danemark	11	124
Allemagne	191	4.505
Pays-Bas	196	2.104
Espagne	228	1.354
Autriche-Hongrie	0,036	323
Grèce	5	76
Egypte	3	344
Brésil	49	599
Pérou	15	351

Il faut reconnaître que, dans ces dernières années, des efforts avaient cependant été faits pour remédier à une situation qui devenait navrante. Certaines compagnies avaient essayé de sortir de l'ornière et cherchaient à modifier les vieux errements. Quelques beaux navires modernes avaient été construits, des améliorations avaient été apportées aux relations avec le commerce, une publicité intelligente avait été inaugurée; mais

l'avance prise par les concurrents étrangers était telle
que la lutte était bien difficile.

Les pouvoirs publics ont, de leur côté, donné leur
appui à notre marine marchande, qui avait évidemment à surmonter des obstacles assez sérieux, la construction navale étant plus coûteuse, en France qu'ailleurs, le prix du charbon augmentant lourdement les
frais d'exploitation, l'inscription maritime imposant à
nos armateurs des conditions onéreuses de recrutement
des équipages. Les lois successives des 29 janvier 1881,
30 janvier 1893, 7 avril 1902, 19 avril 1906 leur ont
accordé des avantages fort appréciables, et des milliards leur ont été distribués sous forme de primes à la
construction et à la navigation : en y ajoutant les subventions, l'Etat leur verse plus de soixante millions
par an. Ce protectionnisme extrême a donné quelques
résultats, mais nous n'en payons pas moins aux étrangers plus de trois cents millions de primes annuelles
par le fret que nous leur donnons. Et vraiment, comme l'a dit un de nos parlementaires, « nous n'en avons
pas eu pour notre argent! »

Assurances. — A la question des transports maritimes se rattache étroitement celle des assurances.

Nous devons constater que dans le second domaine
nous sommes restés aussi « vieux jeu » que dans le
premier. L'industrie de l'assurance, sous toutes ses modalités, qui a pris dans la plupart des pays, mais en Angleterre, aux Etats-Unis et en Allemagne principalement, une extension formidable, n'a pas eu, en France,
la même allure; elle a été longtemps entre les mains de
quelques compagnies puissantes, d'un groupe assez restreint de capitalistes; leur gestion a été éminemment

sage et prudente, en général, mais au moins autant dans l'intérêt des conseils d'administration et des actionnaires que dans celui de la masse des assurés. Il a fallu la concurrence étrangère pour les décider à sortir de leur absolutisme, à faire quelques pas en avant dans la voie du progrès, et à se montrer un peu plus libéraux. L'accumulation d'une partie des bénéfices, les réserves constituent une sécurité précieuse pour les clients, et les lois obtenues du Parlement pour exiger des garanties effectives et contrôlées nationalisant les opérations des compagnies étrangères en France peuvent avoir des effets heureux pour le public, mais ont donné aussi aux compagnies françaises plus de force pour retenir la clientèle alléchée par les conditions plus avantageuses pratiquées par ailleurs.

Mais, en se bornant à n'envisager que les assurances maritimes, on remarque que c'est dans cette branche que nous avons été le plus conservateurs. Elle est la plus fermée de toutes, son haut personnel ne se recrute guère que dans un monde très spécial, dans un clan étroit, où règne le népotisme, et d'où est énergiquement écarté tout intrus. Elle est encore soumise à des réglementations surannées, telles que l'institution des courtiers-jurés. C'est ainsi qu'à Paris huit « officiers ministériels » monopolisent la liaison entre assureurs et assurés, et touchent des courtages suffisants pour permettre à certains d'entre eux de céder, à prix fort, leur charge au bout de dix ans d'exercice, et de se retirer avec une fortune respectable. Et leur rôle consiste à aller personnellement visiter leurs clients, chaque jour pour les plus importants, à servir de truchements entre ceux-ci et les compagnies. Les grandes maisons ayant d'ordinaire des polices flottantes, une fois établis ces documents, il ne s'agit plus pour le courtier que de recueillir les déclarations d'aliments, de les transmettre aux assureurs, et de faire rédiger les avenants. Sauf le cas de règlement de sinistres et surtout d'avaries — et encore est-ce bien plutôt le Comité des assureurs qui s'en charge — le métier de courtier ne réclame pas des efforts très grands ni une responsabilité bien lourde. On peut estimer que la dîme que ces privilégiés prélèvent est, sinon une superfétation, au moins très exagérée.

Une partie notable des assurances des maisons françaises est faite par des compagnies étrangères qui partagent les risques avec les nôtres. Mais là où la prédominance appartient sans conteste à l'élément étranger, c'est dans la réassurance, pour laquelle les Austro-Allemands possédaient le quasi-monopole. Il en est résulté, en résulte et en résultera une situation extrêmement grave, qui a fait l'objet de discussions fort vives : des mesures radicales s'imposent.

B. — LA PUBLICITÉ

Son utilité. — Prospectus, catalogues. — Affichage, annonces. — Echantillons. — Expositions. — Agents, représentants. — Voyages. — Presse.

Son utilité. — Il est admis unanimement que, sauf dans des cas spéciaux, les industriels ou commerçants, qui veulent développer leurs affaires, ou même seulement maintenir leur chiffre, ne peuvent plus aujourd'hui attendre le client. Celui-ci, sollicité de tous côtés, épris de nouveauté, n'a plus la fidélité de jadis, et il est nécessaire de chercher constamment à élargir les débouchés. La publicité, sous toutes ses formes, a pris une extension considérable, et est indispensable au commerce d'exportation.

Et par publicité il faut entendre, non seulement l'affichage ou les annonces dans les journaux, les prospectus et catalogues, mais encore la visite de la clientèle ancienne ou éventuelle, les voyages, l'échantillonnage, les expositions, etc.

C'est par ces divers moyens que l'on peut se faire connaître sur les marchés étrangers afin d'y pénétrer. Pour certains produits, il y a intérêt à les employer tous; pour d'autres, un choix est à faire, mais une propagande quelconque reste toujours utile.

Prospectus, catalogues. — La plupart des industriels ont compris qu'il est bon de répandre dans le public des indications aussi complètes que possible sur les articles qu'ils fabriquent. De tout temps ils ont usé du prospectus. Mais, avec les progrès qui ont été réalisés dans les moyens de communication, dans les services postaux, dans l'imprimerie, la gravure, la photographie, on est arrivé à pouvoir donner à ce genre de réclame une allure beaucoup plus large que par le passé. Quand une maison fait une variété d'articles, ou dans le même des modèles ou des qualités différentes, le prospectus se transforme en catalogue.

Il est certain que, depuis quelques années, on a recours chez nous de plus en plus à ce mode de publicité; mais, sauf les magasins de nouveauté et quelques grands établissements, on ne s'est pas facilement décidé à prendre de la peine et à faire des frais pour présenter sous une forme attrayante, claire et complète ce qu'on était à même de fournir. Pour l'exportation, particulièrement, les efforts n'ont pas été suffisants à cet égard, et tandis que nos commissionnaires et les acheteurs à l'étranger sont inondés de catalogues allemands, anglais, américains et autres, rédigés dans toutes les langues, avec des précisions qui mâchent la besogne au client, il faut généralement en solliciter la remise de nos fabricants, qui n'en ont pas tous, ou qui n'en ont établi qu'en français, sans détails, avec des prix quelquefois très vagues, et, en tout cas, calculés seulement « gare de départ ».

Affichage, annonces. — Ouvrez un journal étranger, vos yeux seront attirés par des annonces nombreuses et adroitement rédigées de produits d'importation : les marques françaises n'y figurent pas, ou peu, et semblent ne pas oser affronter la concurrence En Amérique, nord et sud, où la presse a une influence énorme, des journaux quotidiens ont huit, dix, douze pages et plus, grand format, dont au moins la moitié d'annonces, où flamboient surtout des noms allemands, anglais, italiens et américains. Sur les murs, même pénurie de noms français. Annonces, affichage, tout cela est évidemment fort coûteux, mais ne l'est plus quand de premiers débours sont devenus productifs, ce qui demande un certain délai et de la persévérance dans l'action. Nous sommes trop impatients d'ordinaire, et, après n'avoir pas eu le courage souvent de nous engager à fond au début, nous nous arrêtons brusquement, quelquefois au moment même où un petit sacrifice supplémentaire aurait pu déclancher un premier résultat encourageant. En pareille matière, il ne faut pas faire les choses à moitié : se lancer dans la publicité sans programme large, bien défini, bien étudié, sans esprit de suite, et sans la détermination bien arrêtée d'aller jusqu'au bout, c'est jeter l'argent par les fenêtres.

Échantillons. — Le même esprit mesquin règne pour l'échantillonnage. Combien de fois a-t-on vu des représentants manquer des affaires, parce qu'ils ne pouvaient faire le sacrifice d'un modèle, qu'ils se contentaient de présenter, ou parce qu'ils ne disposaient pas d'une quantité suffisante de types. Tous les rapports consulaires ou autres signalent la parcimonie regrettable de notre industrie, et, par contre, la libéralité des Allemands passés maîtres dans ce genre de propagande, qui distribuent, même en prévision d'affaires insignifiantes, des collections complètes admirablement présentées et référencées, tentant ainsi l'acheteur, tout en facilitant le travail du commissionnaire ou du représentant.

Il y a certes des articles dont l'échantillonnage est

délicat, sinon impossible. Mais, avec de l'ingéniosité, on peut tourner la difficulté. Au cours d'une traversée, nous avons rencontré un jeune Hollandais allant au Brésil et en Argentine, comme représentant d'une faïencerie : dans ses malles étaient rangées des séries de plaques de carton gaufré et verni reproduisant en bas-relief et grandeur nature, avec coloris, les cuvettes, pots-à-eau et autres, services de table, etc., de sa manufacture.

Expositions. — Les expositions, qui sont un excellent procédé pour mettre sous les yeux de l'ensemble des acheteurs — industriels, commerçants et public — les produits de toute nature, se font, soit dans les pays exportateurs, soit dans ceux où l'on a le désir d'exporter, de façon, soit temporaire, soit permanente.

Universelles ou spéciales, nationales ou internationales, les premières ont été assez fréquemment organisées chez nous. On semble avoir renoncé, depuis la grande solennité de 1900, au type universel et international tout à la fois. On a laissé passer le délai de dix à douze ans qui avait été adopté comme intervalle entre chacune des grandes expositions de Paris. La tendance est plutôt à donner une forme plus commerciale, spéciale, et même nationale aux futures manifestations. La foire de Leipzig prise comme modèle — et elle n'est elle-même qu'une curieuse modernisation des anciennes foires, comme celle de Beaucaire, tombées en décadence — on avait tenté déjà une timide « foire de Paris » annuelle; et, pendant qu'on projetait de l'amplifier, Lyon a su en organiser une, en pleine guerre, qui a remporté un succès inespéré. Dans la même ville,

s'est tenue ensuite celle spéciale du « Livre » (1). Il a
existé, à Paris, et il existe encore, croyons-nous, une
exposition collective permanente d'échantillons des fabricants de jouets, qui permet aux acheteurs de voir
l'ensemble des modèles de cette industrie, de comparer
facilement, et de faire leur choix, sans déplacements
multiples.

Quant aux expositions à l'étranger, un comité s'occupe depuis un certain nombre d'années d'attirer nos
industriels à celles qui sont organisées officiellement.
On a expérimenté les expositions flottantes et une croi-
sière anglo-française a été effectuée, en 1915, dans les
ports de l'Amérique du sud.

Agents, représentants. — Tous ces procédés de pénétration dans les marchés étrangers ont besoin d'être
complétés par des démarches actives faites de vive voix
par les producteurs; elles sont, d'ailleurs, à double effet, car, en mettant en rapport direct et personnel vendeurs et acheteurs, elles permettent aux premiers d'acquérir la connaissance de ces marchés, grâce aux renseignements fournis par les seconds.

Qu'on fasse de l'exportation directe ou indirecte, il
ne suffit pas d'offrir sa marchandise par correspondance, par l'envoi de catalogues ou d'échantillons. Des visites, des entretiens sont la plupart du temps indispensables pour enlever une première affaire, pour inciter
un nouveau client à étendre ses ordres, pour éviter que
les anciens ne se laissent séduire par un concurrent, et
pour arranger tous malentendus, tous incidents qui
peuvent se présenter.

(1) Bordeaux et Le Havre en préparent, à leur tour, et l'on annonce,
pour mai 1917, celle de Paris, sur l'Esplanade des Invalides

Si le fabricant traite avec des commissionnaires ou des négociants-exportateurs qui résident dans la même ville que lui, ou dans les environs, il peut faire lui-même des tournées régulières chez les principaux d'entre eux, déléguer des employés chez les autres. Si ce n'est pas le cas, il charge un agent-représentant de faire les visites, et de défendre ses intérêts; mais il est bon que, de temps en temps, il se déplace personnellement, et accompagne son agent, surtout quand il s'agit de conclure une affaire d'importance, un contrat, ou de résoudre une question épineuse.

Celui qui se livre à l'exportation directe doit généralement avoir des représentants fixes à l'étranger; mais il lui sera utile d'envoyer sur place des voyageurs, des hommes de confiance, pour seconder le représentant, se tenir en contact plus intime avec lui et la clientèle, et se rendre compte *de visu et auditu* des besoins, des goûts et des usages du pays.

Le choix des représentants, l'éducation des voyageurs sont choses assez délicates. Nous ne sommes pas outillés à cet égard aussi bien que nos gros concurrents, les rapports, les études innombrables sur la question sont unanimes à déplorer l'infériorité en nombre et en qualité de notre personnel fixe et mobile chargé de soigner au loin les intérêts de notre production. Mais nos exportateurs n'ont pas non plus fait assez d'efforts et de sacrifices pour lui donner la puissance, la situation morale et matérielle qu'il devrait posséder.

Voyages. — Dans le rapport déjà cité de notre attaché commercial aux Etats-Unis, on lit cette phrase : « Les importateurs de produits français se plaignent souvent de ce que les chefs de maisons qu'ils représentent ne viennent pas les visiter et de la difficulté qu'ils ont, par suite, à leur faire accepter les idées qu'ils leur suggèrent lorsqu'il s'agit de produire un modèle, un dessin, une qualité nouvelle. Ils n'y parviennent pas toujours, et, quand ils y parviennent, c'est souvent après de longs mois de discussion, et lorsque le nouveau modèle paraît, il est déjà devancé par un modèle semblable venu d'ailleurs, ou même parfois est passé de vogue. »

Une observation identique se retrouve partout. De tous côtés, en Argentine, au Brésil, et même dans les pays d'Europe, on se plaint de ne presque jamais voir les patrons français, alors que les chefs de maison allemands, anglais et d'autres nationalités font des voyages personnels assez fréquents, ou réguliers, ou dans des occasions spéciales.

Presse. — Il nous faudrait, pour être à peu près complet, parler de nos journaux. Les grands quotidiens, les feuilles d'informations générales n'ont qu'une partie commerciale très restreinte : les cotes des marchandises qui ont des marchés réglementés, communiquées par les agences, quelques renseignements officiels, parfois des articles économiques, mais plutôt théoriques que pratiques, voilà tout ce qu'on y trouve d'habitude. A une ou deux exceptions près, ils ne s'occupent guère de ce qui se passe à l'extérieur, en dehors de la politique pure ou des beaux-arts, et le public français reste très ignorant de l'évolution du commerce mondial. Une presse spéciale existe bien, mais elle fait plutôt œuvre de publicité que d'information technique pour le commerce extérieur.

Cependant, depuis le début de la Grande Guerre,

une tendance nouvelle s'est fait jour : on a vu quelques-uns de nos organes élargir la place réservée jadis au commerce, et d'autres lui ouvrir leurs colonnes; des écrivains célèbres n'ont pas dédaigné d'aborder des sujets qui leur étaient peu familiers, et l'on peut excuser certaines inexactitudes et même les quelques hérésies qu'ils ont commises, en leur tenant compte de la bonne volonté qu'ils ont témoignée et de l'attention qu'ils ont contribué par le prestige de leur signature à exciter dans le grand public en faveur de questions trop négligées auparavant.

Les directeurs qui ont inauguré ou étendu la rubrique commerciale ont pu s'apercevoir qu'elle ne nuisait pas au succès de leur journal, bien au contraire. Il y a toute une classe de lecteurs pour de la copie de ce genre, et, même en dehors des professionnels, il semble que nombre de Français intelligents et curieux sont de plus en plus enclins à se tenir au courant de l'économie politique appliquée, et à lire avec intérêt des articles bien documentés, écrits par des hommes compétents.

La presse a un grand rôle à jouer dans la préparation et dans la réalisation de notre victoire économique.

C. — L'ÉTAT

*Son intervention. — Travaux publics : les ports. — Douanes. —
Corps diplomatique. — Attachés commerciaux. — Missions. —
Consulats. — Conseillers du commerce extérieur. — Chambres de
commerce. — Office national du commerce extérieur.*

Son intervention. — L'initiative privée ne saurait
s'exercer fructueusement dans le commerce extérieur,
comme dans tout autre ordre de choses, si les pouvoirs
publics ne s'ingéniaient pas à lui faciliter la tâche en
légiférant, en appliquant lois et règlements, et en amé-
liorant sans cesse l'outillage national dont la charge lui
revient.

Les travaux publics, routes, chemins de fer, rivières et canaux, ports, doivent être l'objet d'une préoccupation constante. Le régime douanier, les tarifs,
les traités de commerce soulèvent des problèmes d'une
complexité et d'une gravité telles que des études appro-
fondies, des remaniements sont exigés par les fluctuations des rapports entre les différents peuples. L'Etat,
qui a la responsabilité de ces rapports, exerce sa souve-
raineté, après avoir pris avis des commerçants, et a encore la haute direction des corps diplomatique et consulaire, dont l'attitude importe essentiellement aux affaires avec l'extérieur.

Travaux publics : les ports. — A propos des transports, nous avons suffisamment indiqué quelle est la
situation de nos travaux publics. Toutefois, il y aurait à
insister sur l'état de nos ports. De grandes dépenses ont
été faites pour leur accroissement, mais pas toujours
avec assez de discernement ou de prévoyance : il y a eu
trop de dispersion des efforts, et alors que la tendance

générale était plutôt à la concentration, en France, on
a éparpillé les forces. Non seulement on a voulu donner
à chacun des anciens ports une part des crédits votés
par le Parlement, mais on a même créé de toutes pièces
de nouveaux havres dans des lieux où le besoin n'en
était pas urgent.

Les ressources n'ont pas été suffisantes pour faire
largement et rapidement ce qui eût été nécessaire pour
mettre deux ou trois de nos grands ports au niveau du
progrès et en mesure de concurrencer ceux de nos voisins. Les discussions parlementaires, les jalousies d'administrations, les intérêts locaux ou particuliers ont
retardé les décisions, puis même leur exécution, et l'on
a continué à être en infériorité.

C'est ainsi que Gênes avait pu un moment disputer
à Marseille la suprématie sur la Méditerranée, que
Trieste devenait dangereux, et que, malgré les énormes
travaux qu'on s'était décidé à effectuer au Havre —
après quelles polémiques et hésitations! — l'entrée à
toute heure de nos transatlantiques y était difficile :
ils étaient obligés d'attendre sur rade la marée, et
avaient besoin de remorqueurs et de manœuvres lentes
et scabreuses pour entrer au bassin d'accostage. Pendant ce temps, Anvers, Rotterdam, Hambourg prenaient un développement fantastique, Londres, Liverpool, Copenhague s'outillaient de mieux en mieux. On
a pu dire que, si nous capturions un des plus modernes
transatlantiques allemands, nous n'aurions pas de port
assez profond où le faire entrer. Et pour avoir une idée
des lenteurs, des obstacles auxquels se butent les réformes, les tentatives de rajeunissement dans les méthodes de travaux et d'exploitation de nos ports, il n'est
qu'à relever ce fait récent : une loi a été promulguée le

5 janvier 1912 leur accordant l'autonomie, mais elle prévoyait, pour être exécutable, un règlement d'administration publique; ce n'est que le 14 mars 1916 que celui-ci a paru à l'*Officiel*. Pendant plus de quatre ans l'effet d'une loi qui avait déjà demandé des années d'enquêtes, de délibérations a été suspendu, tant était forte la résistance des « Bureaux » à une innovation que les intéressés jugeaient urgente et que le législateur avait adoptée!

Douanes. — Les tarifs de douane semblent avoir plus d'influence sur l'importation que sur l'exportation; en réalité, les deux branches du commerce extérieur sont affectées par la politique douanière : bien que les matières premières nécessaires à l'industrie soient admises souvent en franchise, le principe de la réciprocité, les représailles dont usent les autres pays peuvent être une gène pour l'exportation de certaines de nos productions.

Depuis que les traités de commerce du second Empire, et notamment celui de 1860 avec l'Angleterre, ont été remplacés par le système protectionniste de 1892, avec le tarif général, qui n'a guère d'application, et le tarif minimum, nos marchandises ont été frappées également de droits assez élevés par diverses nations. Le traité de Francfort et sa clause réciproque du traitement de la nation la plus favorisée, sans conditions, a été d'ailleurs pour nous un lourd boulet à traîner, quoiqu'on ait soutenu que, dans certains cas, il nous avait été favorable; l'Allemagne a su en jouer habilement et peu loyalement, compenser les droits dont nous frappions ses marchandises par ses primes d'exportation et son *dumping*, et, grâce à des spécifications plus qu'abusives, se faire accorder des avantages par des pays, à qui elle offrait, en échange, des faveurs qu'elle nous refusait sur les mêmes produits.

Sans entrer dans la grande discussion entre libre-échangistes et protectionnistes, on peut constater qu'il n'a pas été possible de renoncer complètement aux traités de commerce, et que, dès 1893, la France en signait un avec la Russie concernant les huiles minérales, complété depuis par un nouveau pour dix-huit articles, qu'elle en a conclu également avec la Suisse, avec la Roumanie, et en aurait avec l'Espagne si nos viticulteurs n'avaient fait échouer, en 1910, des négociations très avancées.

Corps diplomatique. — Pour discuter et résoudre ces délicates questions, la diplomatie a besoin d'être très exactement renseignée sur le mouvement commercial, et son rôle à cet égard devient toujours plus important; d'aucuns inclinent à penser qu'il est même aujourd'hui au moins égal à celui purement politique. Cela paraît être quelque peu le sentiment aux Etats-Unis, où ce ne sont pas les consulats qui sont chargés des intérêts commerciaux à l'extérieur, mais bien les ambassades, dont un attaché, dépendant toutefois du ministère du commerce, les gère spécialement.

Attachés commerciaux. — Une loi du 7 décembre 1908 a créé des attachés commerciaux auprès de certaines de nos ambassades; ils font partie du personnel du ministère des affaires étrangères. Jusqu'à présent, ils ne sont que six, alors que l'Angleterre en possède huit, et l'Allemagne une vingtaine, et il en manque dans des régions avec lesquelles nos relations sont intéressantes, comme l'Amérique du sud. Ces fonctionnaires suivent de près les affaires entre le pays où ils sont accrédités et la France, étudient les moyens de les développer, renseignent nos commerçants et industriels sur les débouchés qu'ils peuvent espérer, s'efforcent de faire apprécier nos produits par la consommation locale, et de préparer des transactions nouvelles.

Missions. — Des missions spéciales sont confiées, en outre, par le ministère des affaires étrangères à des personnalités chargées de faire des enquêtes, ou de négocier avec des gouvernements, au sujet d'intérêts commerciaux ou financiers. Certes, il est bon que des hommes qualifiés aillent représenter au dehors notre patrie, se mettre en rapports directs avec les autorités et les populations étrangères, étudier sur place les conditions particulières de la contrée. Le passage de ces *missi dominici* laissera toujours des traces au moins morales. Du point de vue exclusivement commercial, les hommes politiques à qui sont souvent réservées les délégations de ce genre n'y sont peut-être pas préparés suffisamment : des professionnels leur ont été parfois adjoints; mais, d'ordinaire, ces voyages rapides se passent en réunions plutôt d'apparat que de travail, en banquets, où de brillants discours sont échangés, et où des sympathies peuvent se créer ou s'amplifier, sans que des résultats réellement pratiques et tangibles en découlent. Les impressions rapportées sont superficielles, basées sur de brèves conversations bien plus que sur une observation personnelle et contrôlée, et quelquefois même inexactes ou trop absolues. « Toutes les Françaises sont rousses », a dit l'excursionniste anglais, après avoir passé une journée à Boulogne, et avoir seulement aperçu la serveuse du bar, unique lieu qu'il eût fréquenté.

Consulats. — C'est aux consuls qu'incombe, même là où il existe un attaché commercial, le soin de veiller, à l'étranger, aux intérêts de notre négoce et de renseigner la mère-patrie. Mais ils sont surchargés de besognes administratives, qui absorbent le plus clair de leur temps. Faisant fonctions à la fois d'agent diplomatique, d'officier d'état-civil, de receveur des finances, de préposé au recrutement militaire, de notaire, de contrôleur de la navigation dans les ports, et même de juge quelquefois, ils n'ont guère le loisir de donner à la partie commerciale de leurs attributions l'attention qu'elle mériterait. Dans des endroits où nous n'avons pas de consul de carrière, des négociants sont nommés agents-consulaires, et parfois on est obligé de confier ce poste à des étrangers, la colonie française ne comportant pas de personnalité offrant une surface suffisante.

Le recrutement du corps consulaire se fait, en partie, au concours, après des études avant tout juridiques et administratives. Une fois entrés dans la « Carrière », les jeunes élus considèrent leur situation sous un angle assez étroit; par tradition, ils sont plus portés à envisager le côté honorifique et représentatif de leur fonction que sa forme commerciale, qui naguère était regardée chez nous comme secondaire. Un certain nombre de consuls sont d'ailleurs nommés par le Ministre en dehors du cadre fourni par les concours : les hommes ainsi investis sont des publicistes, d'anciens parlementaires, des fonctionnaires d'ordre varié, mais n'ayant généralement pas d'antécédents commerciaux. L'avancement ne se fait pas sur place, et les différents postes présentent des différences très sensibles d'agrément et de sécurité; il en résulte qu'il y a constamment des mutations, et que les séjours de nos consuls dans les mêmes pays ne sont pas assez prolongés pour leur en donner une connaissance qui leur permettrait d'y faire œuvre complète. Enfin, la situation matérielle n'est pas assez brillante, et ceux qui ne possèdent pas de fortune personnelle sont souvent bien gênés, ne peuvent tenir dans le monde la place qu'ils devraient, et l'on en a vu se laisser aller à des compromissions nuisibles à leur prestige et à celui de la France qu'ils représentaient.

Il y a longtemps que les voyageurs ont pu faire la différence entre nos consuls et ceux d'autres puissances. Un Français, qui faisait une tournée d'études dans le Levant, muni de lettres d'introduction de tous genres, avait pris le parti, en arrivant dans chaque ville, de se présenter tout d'abord à son consul, avec qui il avait une agréable conversation banale, et de passer ensuite au consulat anglais ou allemand pour se procurer des renseignements pratiques.

Mais il ne faut ni généraliser, ni regarder trop en arrière : des améliorations notables ont été réalisées dans ces derniers temps. Notre corps consulaire a modifié quelque peu sa mentalité, et la lecture des rapports qu'il adresse au ministère est singulièrement plus instructive qu'autrefois. On y sent la préoccupation de ne plus s'en tenir à une phraséologie académique, et à des répétitions d'une documentation qui a traîné partout, mais de fournir des avis précis, des chiffres recueillis à des sources compétentes, en dehors des statistiques officielles, et des conseils éclairés aux compatriotes de la métropole. Malheureusement, on a pu dire avec

quelque vérité que ces rapports, publiés comme ils le
sont, lus surtout à l'étranger, servent plus à nos concurrents qu'à nous-mêmes.

Conseillers du commerce extérieur. — Une institution sur laquelle on avait fondé de grandes espérances,
et qui n'a pas rendu jusqu'ici ce qu'on en attendait, est
celle des conseillers du commerce extérieur. Le décret
du 21 mai 1898 qui a donné naissance à cette nouvelle
fonction, d'ailleurs gratuite, les décrets successifs des
22 avril 1900, 7 avril 1903, 16 décembre 1910 et 3 avril
1912, qui ont essayé de lui apporter plus de lustre et
surtout plus de valeur réelle, ont voulu former un
corps d'informateurs, d'experts en matière d'importation et d'exportation servant de correspondants au ministère du commerce et à l'Office national du commerce extérieur. Ils sont choisis parmi les Français de
la métropole, des colonies ou de l'étranger s'étant plus
spécialement occupés d'affaires internationales, et un
comité les représentant centralise leurs efforts.

Chambres de commerce. — Les chambres de commerce jouent leur partie dans l'ensemble des organisations qui prêtent leur concours à l'expansion nationale
au dehors; peut-être est-il à regretter que la principale,
celle de Paris, ne comprenne pas plus de spécialistes du
commerce extérieur. Des négociants français établis à
l'étranger ont formé également sur diverses places des
chambres qui, à l'exception de quelques-unes, n'ont pas
l'envergure ni les moyens d'action qui seraient désira-
bles. Une union entre elles a été tentée sans grand succès, et des vœux ont été émis par le Congrès de 1912 en
faveur de ce groupement et d'une augmentation des

subventions de l'Etat. Il semble que l'Office national du commerce extérieur pourrait facilement servir d'agent de centralisation, et qu'il y aurait avantage à ne pas multiplier à l'infini des organismes tendant au même but, et à ne pas disperser les forces par des doubles emplois.

Office national du commerce extérieur. — Nous possédons, en effet, dans l'Office national du commerce extérieur un établissement qui a déjà rendu de grands services et pourra en rendre encore davantage. La loi du 4 mars 1898 qui l'a créé déclare, dans son article 2, qu'il « a pour mission de fournir aux industriels et négociants français les renseignements commerciaux de toute nature pouvant concourir au développement du commerce extérieur et à l'extension de ses débouchés dans les pays étrangers, les colonies françaises et les pays de protectorat ». Autonome, il relève cependant du ministère du commerce et sert de pont entre ce ministère, celui des affaires étrangères et le monde des affaires. Il est subventionné par l'Etat et par la chambre de commerce de Paris, dont plusieurs membres font partie de son comité de direction.

Peut-être l'ignore-t-on un peu trop dans certains milieux, et ne recourt-on pas assez fréquemment à lui: d'aucuns lui reprochent, il est vrai, d'inciter outre mesure à l'exportation directe. Toujours est-il que, depuis quelques années, après une période de tâtonnement, d'hésitation, l'industrie et le commerce, mais surtout en province, ont appris à s'en servir. Et il est curieux, soit dit en passant, que seuls les patentés du département de la Seine soient frappés d'un quart de centime

additionnel pour permettre à la chambre de commerce
de Paris de le subventionner.

Ses quatre services avaient été sensiblement élargis
et améliorés, lorsque la guerre est venue jeter le trou-
ble là comme ailleurs. Cependant, avec un personnel
réduit par la mobilisation et une organisation de fortune, il a pu conserver une activité relative, et, s'adaptant aux circonstances, s'attacher surtout à l'action contre le commerce austro-allemand. La publication du
Moniteur officiel du commerce et de la feuille hebdomadaire d'*Informations* suspendue, les *Dossiers commerciaux* ont continué à paraître, et, depuis octobre
1914, plus de deux cent cinquante notices, dont quelques-unes forment de respectables brochures, contiennent toute une littérature du plus haut intérêt sur la
concurrence à faire à nos ennemis dans toutes les parties du globe.

A l'étranger, l'Office est apprécié. Dès 1908, le di-
recteur-gérant du Musée autrichien du commerce, étudiant les organisations similaires dans les divers pays,
déclarait que l'Office français peut servir de modèle, et
que, du reste, l'Allemagne aspirait à ce moment à
créer un établissement analogue.

Mais son caractère officiel ne lui permet pas de faire
toute la besogne utile. Pour ne citer qu'un exemple, les
renseignements qu'il est à même de fournir sur les firmes de l'étranger ne peuvent être que de « notoriété et
honorabilité », et c'est ailleurs qu'il faudrait pouvoir se
procurer ceux concernant le crédit matériel et financier.

D. — LE CRÉDIT

Son utilité. — La banque pour le commerce extérieur. — Diversité des banquiers. — Banques de commerce. — Banques d'affaires. — La banque française. — Notre banque et le commerce extérieur. — Spécialisation et confusion des risques. — Caractère particulier de la banque pour le commerce extérieur. — Intervention des banques étrangères. — Objections de notre banque.

Son utilité. — Le monde des travailleurs, les multiples organes qui coopèrent aux transactions avec l'étranger s'agiteraient dans le vide si la question financière n'avait pas, au préalable, été soigneusement réglée. L'argent — le nerf de la guerre — est aussi celui du commerce, et sa manipulation, sa mobilisation sont particulièrement délicates dans le commerce extérieur.

L'exportateur, plus que tout autre commerçant, a besoin de l'appui du banquier, car il n'a généralement pas un capital suffisant pour attendre le retour de ses fonds, après payement par le client. La vente au comptant même comporte des délais de voyage de la marchandise, qui atteignent souvent plusieurs mois, qui s'augmentent de ceux de dédouanement, de livraison, et, la plupart du temps, il faut accorder aux acheteurs étrangers un crédit souvent assez long.

C'est dans l'exportation directe par l'industriel ou le producteur — isolé ou groupé en syndicat — que le besoin d'un agent de mobilisation pour le renouvellement des capitaux engagés se fait le plus sentir. Mais le commissionnaire ou le négociant-exportateur doit pouvoir escompter ses traites sur ses clients, ou obtenir des crédits et des avances documentaires. D'autant mieux que sont bien rares en France les maisons ou sociétés possédant des capitaux très considérables fournis par leurs associés, commanditaires ou actionnaires.

Et l'importation, de son côté, ne peut guère se faire sur une large échelle sans l'intervention du banquier, qui n'est, en somme, qu'un loueur de capitaux, ou mieux un marchand de crédit.

La banque pour le commerce extérieur. — Le commerce extérieur nécessite une foule d'opérations de banque, dont les principales sont : l'escompte des traites documentaires (avec facture, connaissement et police ou avenant d'assurance attachés, livrables contre acceptation ou contre payement), l'escompte des traites libres, des warrants, les avances sur marchandises, les crédits à découvert, les crédits confirmés, les encaissements, les remises par câble, le change.

Quel est notre outillage pour effectuer tout cela?

Diversité des banquiers. — En principe, il y a deux grandes catégories de banques : celles de commerce et de dépôts, et celles de placement ou de spéculation, dites aussi d'affaires.

Banques de commerce. — Les premières font l'escompte du papier de commerce, les recouvrements, les avances sur titres ou marchandises, le change, ouvrent des crédits de divers genres, des comptes courants, et reçoivent des dépôts à vue, à préavis ou à échéance, sans ou avec intérêt. Elles travaillent avec leur capital, leurs réserves, les crédits que leur ouvrent des confrères et aussi avec les fonds qu'elles ont en dépôt de leur clientèle. Et il leur est indispensable de distribuer leurs engagements proportionnellement aux provenances des capitaux dont elles disposent. Il leur faut scrupuleusement veiller à ce que les dépôts à vue ou à court terme — qu'elles ne sauraient laisser improductifs — soient employés de telle manière que leur liquidité reste permanente, c'est-à-dire qu'à tout moment et rapidement il soit possible de faire face à des demandes de remboursement, même en temps de crise, et en présence d'un *run* des déposants. L'escompte, le portefeuille réescomptable — à la Banque de France, chez nous — est le type le plus sérieux d'emploi des dépôts à vue.

Banques d'affaires. — Les secondes s'occupent plus particulièrement de commanditer le commerce et l'industrie, soit directement, soit indirectement. Elles doivent donc travailler à peu près exclusivement avec leurs propres capitaux, ou avec ceux de gens consentant à leur en fournir pour être immobilisés pendant de longs délais, et seulement exigibles à échéances lointaines.

Les unes et les autres, sociétés par actions ou maisons particulières, ne sont qu'un agglomérat de capitalistes désireux de faire fructifier les fonds qu'ils mettent à la disposition du commerce et de l'industrie.

Les banques d'émission — avec monopole ou non —, et les banques hypothécaires, qui sont sous le contrôle de l'Etat, ont un caractère spécial. Par « banques d'émission » il faut entendre celles qui ont le privilège d'émettre du papier-monnaie, et non pas, comme on le fait souvent à tort, les établissements qui placent dans le public, pour leurs compte et risques, ou simplement comme intermédiaires à la commission, des titres d'Etat ou industriels.

La banque française. — En France, la Banque de France a le monopole de l'émission, et fait l'escompte, les avances sur titres, etc. Le groupe de nos grands établissements de crédit comporte, par rang d'ancienneté, le Comptoir d'Escompte (reconstitué, après un krach retentissant), le Crédit industriel et commercial, le Crédit Lyonnais et la Société Générale. La « Haute-banque », composée de quelques rares maisons particulières, emploie les capitaux de leurs associés et d'une clientèle spéciale, dont elle gère la fortune, à des opérations financières de divers ordres. Une autre catégorie de maisons forme ce qu'on dénomme parfois la « Première banque », et un certain nombre de sociétés de crédit travaillent encore assez largement, à côté des quatre principales. Les « Escompteurs » sont spécialisés, ou à peu près, dans la mobilisation, la circulation, ou mieux la transformation des capitaux du commerce et de l'industrie. Tous ces éléments font surtout de la banque de commerce. Et une foule d'autres maisons ou sociétés, dont quelques-unes à gros capital et de grande envergure, se livrent à la banque d'affaires.

Mais la division n'est pas absolue, les cloisons ne sont généralement pas étanches entre les opérations commerciales et celles de placement ou de spéculation. Nos grandes sociétés de crédit, qui sont des banques de dépôts, donc des banques de commerce, n'observent cependant pas rigoureusement les principes. Elles s'engagent dans des affaires qui immobilisent une partie des dépôts à vue de leur clientèle. Sans quoi, elles n'eussent pas été contraintes, en juillet 1914, de solliciter un moratorium, derrière lequel elles se sont retranchées pendant cinq mois. Evidemment, elles sont peut-être plus prudentes à cet égard que les établisse-

8

ments allemands. Mais certains s'étonnent de l'emploi qu'elles font parfois et de celui qu'elles refusent de faire des capitaux énormes dont elles disposent, de l'influence prépondérante qu'elles ont acquise sur le public, et de leur puissance de drainage de la fortune nationale.

Un ouvrage allemand, *La Banque en France*, du docteur E. Kaufmann, qui date de 1910, et dont la traduction française a paru en 1914, contient de fort judicieuses remarques. Il est regrettable qu'il faille aller chercher outre-Rhin une étude de ce genre : l'auteur dit lui-même que nos écrivains spécialistes évitent d'aborder de tels sujets dans leur souci « de conserver de bonnes relations avec les établissements financiers ». Il constate la centralisation de l'industrie des banques chez nous, qui ne permet pas aux industries ou commerces peu florissants et ayant des capitaux insuffisants de trouver du crédit, et qui laisse sans l'appui nécessaire les exportateurs, les débutants et les inventeurs. Il marque, il est vrai, que cette attitude correspond à l'esprit général de notre peuple, et à notre faible natalité. Mais sa conclusion est que, le jour où une évolution nouvelle se dessinerait en France, une transformation de notre système bancaire se ferait aussitôt.

Notre banque et le commerce extérieur. — La Banque de France escompte maintenant du papier sur l'étranger, motivé par des opérations françaises, mais seulement avec trois signatures, et à échéance dans les quatre-vingt-dix jours. En dehors d'elle, les sociétés de crédit et quelques banquiers particuliers prêtent un concours restreint à nos exportateurs et importateurs. De nos deux grandes banques de dépôts possédant un

certain nombre de succursales au delà de nos frontières, une s'intéresse spécialement au commerce extérieur, a créé un réseau d'agences outre-mer — mais
dans une région limitée — et a participé à la constitution de la Banque d'Indo-Chine. Cette filiale a prospé-
ré, mais il ne faut pas oublier que le monopole de l'é-
mission du papier-monnaie dans notre grande colonie
extrême-orientale lui donne un caractère tout particulier, et lui procure une bonne partie de ses bénéfices.
Parmi nos rares autres banques spéciales, celle de l'A-
frique occidentale, qui fait d'excellentes affaires avec
un faible capital, est dans le même cas. La Banque
Argentine et Française est correspondant de la Banque
Française du Rio de la Plata, en reconstitution. La Banque Française et Italienne pour l'Amérique du sud,
filiale de la Banque de Paris et des Pays-Bas et de la
Banca Commerciale italiana, est internationale. Trois
banques françaises ou franco-brésiliennes n'ont pu successivement se maintenir au Brésil.

Spécialisation et confusion des risques. — Si l'on
n'a pas, en France, réussi à distribuer bien nettement
les rôles entre les banques — et cela y sera sans doute
encore longtemps difficile — en Angleterre, au contraire, le travail est très divisé. Il y a spécialisation très
marquée : les *Joint stock banks*, qui reçoivent des dépôts à vue, ne font que des opérations leur en laissant
la disponibilité. Mais, en Allemagne, où la banque a
pris depuis 1871 une allure fort vive et a été d'une hardiesse inouïe, on n'a même pas essayé d'éviter la confusion des risques; les grandes sociétés sont, comme
l'a dit Schaeffle, des « banques à tout faire ». Et là gi-
sait un danger sérieux.

Caractère particulier de la banque pour le commerce extérieur. — Toutefois, pour ce qui concerne le commerce extérieur, les Allemands ont adopté une sorte de système mixte, après avoir abandonné celui des succursales directes à l'étranger de leurs grands établissements de crédit. Grâce aux sociétés filiales géographiquement spécialisées qu'ils ont créées pour toutes les parties du monde, avec capital souscrit en partie par la ou les banques mères, mais en plus forte partie par sa ou leur clientèle, ils ont réalisé la diffusion des risques dans cette branche; et leurs exportateurs obtinrent des facilités telles qu'ils offrirent aux acheteurs des conditions de crédit de plus en plus tentantes, pour se les attirer et se les réserver.

Ils ont compris que la banque pour le commerce extérieur a un caractère tout particulier, ce qui avait été reconnu depuis longtemps, depuis toujours, pourrions-nous dire, en Angleterre. Leurs industriels et commerçants sont unanimes à se louer des services que leur rendent les banques. Chez nous, par contre, ce ne sont que plaintes sur les difficultés que le commerce extérieur rencontre pour mobiliser les capitaux engagés. Les maisons secondaires se heurtent trop souvent à des guichets fermés ou seulement entre-bâillés. Conditions trop onéreuses, manque de souplesse, intransigeance, insuffisance du personnel au point de vue commercial, voilà les reproches qu'on entend adresser à notre banque, et particulièrement à nos sociétés de crédit.

Intervention des banques étrangères. — Les banques étrangères se sont empressées d'offrir leurs services à nos compatriotes. Une grande partie des affaires françaises est allée se financer au dehors, où on n'a pas regretté de les avoir accueillies, puisque des succursales, agences ou filiales plus ou moins avouées de banques anglaises ou allemandes n'ont cessé de s'installer en France, pour les solliciter de plus en plus. Mais, s'il est fâcheux que les bénéfices de ces opérations passent en mains étrangères, il y avait de sérieux inconvénients à de telles pratiques : dévoiler le secret de nos affaires, et faciliter l'espionnage qu'un de nos concurrents ne se faisait aucun scrupule de cultiver n'en était pas le moindre.

Objections de notre banque. — Notre banque se défend naturellement contre les plaintes et reproches qu'on lui adresse. Certains de ses arguments ont de la valeur, mais d'autres appelleraient de faciles contradictions. Le plus sérieux peut-être est basé sur l'organisation défectueuse de notre commerce et de notre industrie pour l'exportation, et sur les idées et les habitudes françaises, qui ne permettent pas d'obtenir des garanties matérielles et morales suffisantes, et ne facilitent pas le crédit. Nous reviendrons plus loin sur tout cela.

Certes, nos banquiers ont depuis une dizaine d'années amélioré leurs services, et quelques-uns ont participé au mouvement qui s'est dessiné en faveur du développement de nos relations commerciales avec l'étranger. Prenons acte du désir qu'ils expriment de persévérer dans cette voie, mais demandons-leur encore un peu plus de courage et de bonne volonté, dont ils profiteront finalement, avec de la patience et de la persévérance.

———————

CHAPITRE III

LE PERSONNEL

Composition du personnel. — Les chefs de maison. — Les états-majors. — Les subalternes. — Représentants, agents, voyageurs. — Éducation. — Culture générale. — Spécialisation. — Enseignement technique. — Écoles commerciales. — Apprentissage pratique. — Émigration. — Les Français aux colonies et à l'étranger.

Composition du personnel. — Il reste à jeter un coup d'œil d'ensemble sur le personnel qui travaille, tant à la métropole qu'aux colonies et à l'étranger, dans nos maisons françaises faisant du commerce extérieur, commissionnaires, négociants, industriels et producteurs.

Ce personnel se compose des chefs de maison, des états-majors (directeurs, gérants, fondés de pouvoirs souvent intéressés), des subalternes, et enfin des représentants, agents et voyageurs.

Les chefs de maison. — Beaucoup des hommes qui étaient à la tête des maisons françaises de commission ou d'exportation-importation à la fin du siècle dernier avaient débuté jeunes par l'émigration; certaines contrées de la France avaient fourni sous le second Empire des contingents assez sérieux de jeunes gens, qui avaient été chercher fortune au loin. D'Alsace et de Lorraine particulièrement on partait volontiers pour le Brésil ou les Etats-Unis, et, lors de la fièvre de l'or à San-Francisco, il y eut un exode de quelque importance; les Basques se rendaient au Brésil et dans l'Argentine; les habitants des environs de Barcelonnette s'étaient spécialisés pour le Mexique. La plupart de ces émigrants n'avaient qu'une instruction élémentaire; ils s'engageaient à l'étranger comme employés, puis montaient un petit commerce, ou voyageaient dans l'intérieur comme colporteurs. Certains, après avoir amassé quelque pécule, revenaient en France, mais d'autres s'installaient dans une ville du pays, et y dirigeaient encore pendant quelque temps des affaires de commission ou de négoce, surtout dans les ports, et souvent en association avec ceux qui avaient déjà regagné la mère-patrie. Ils formaient des élèves, à qui ils laissaient ensuite la gérance, lorsqu'à leur tour ils rentraient au bercail. D'autres éléments renouvelèrent l'effectif des commissionnaires ou négociants, quelques fils ou parents ayant pris la suite des fondateurs, des employés étant devenus associés, ou s'étant établis à côté de leurs anciens patrons. Quelquefois des parents ou amis — avec des apports de capitaux — venaient s'installer tout de go dans le cabinet directorial, et, sans apprentissage préalable, s'improvisaient chefs de maison. Ainsi le niveau s'élevait peut-être comme instruction générale, mais ne s'améliorait pas au point de vue de l'expérience commerciale et de la connaissance des pays avec qui l'on opérait.

Il existait, à Paris et dans diverses autres villes de France, particulièrement dans les principaux ports et dans les centres de grandes productions spéciales, des commissionnaires ou négociants s'occupant d'exportation et d'importation, établis, les uns anciennement, les autres plus récemment, et qui s'étaient créé des relations avec les colonies ou les pays étrangers, soit par des séjours dans ces pays, soit par des voyages, soit même parfois par simple correspondance. Enfin, un certain nombre de maisons étaient la propriété d'étrangers, ou de naturalisés de date plus ou moins fraîche.

Quant à nos industriels et producteurs, il faut bien reconnaître que la plupart d'entre eux n'avaient, il n'y a pas encore bien longtemps, que des notions très vagues sur le commerce extérieur et sur la façon de traiter les affaires dans les pays étrangers, spécialement dans ceux d'outre-mer. Et, lorsque certains voulurent faire de l'exportation directe, ils rencontrèrent de telles difficultés que beaucoup renoncèrent, bien heureux encore quand par leurs agissements maladroits ils n'avaient pas fermé les marchés à leurs produits, et pouvaient continuer à traiter au dehors, en revenant aux intermédiaires.

Les états-majors. — Les états-majors — et nous entendons par là les fondés de pouvoirs des maisons mères, les gérants ou directeurs de succursales — étaient peut-être la partie la plus faible du personnel. Dans les maisons d'une certaine importance, où le travail, sous la haute direction des patrons, doit fatalement être divisé, où les divers services doivent être menés en sous-ordre par des hommes capables, ayant de l'initiative, et à qui l'on peut laisser une part des responsabilités, et surtout dans celles qui possédaient au loin des comptoirs entre les mains de gérants, il n'y avait d'ordinaire pas suffisamment d'employés de valeur, avec une situation morale et matérielle raisonnable.

Les subalternes. — Le personnel subalterne, qui devait servir de pépinière pour la formation de ces états-majors, se recrutait un peu au hasard. En France, la plus grande partie des débutants étaient de très jeunes gens, que leurs parents plaçaient par relations ou autrement, au sortir de l'école primaire ou des écoles supérieures et spéciales, dans la commission, comme ils l'auraient fait dans toute autre branche du commerce, si l'occasion s'en était présentée. Beaucoup, sans idées bien arrêtées, sans vocation, abandonnaient, pour un motif quelconque, ce genre d'affaires pour entrer dans des maisons de genre très différent; d'autres s'y adonnaient plus tard, après avoir travaillé déjà de divers côtés à des besognes variées. Des élèves des écoles supérieures de commerce et quelques-uns de l'enseignement secondaire ou classique — certains avec le diplôme de bachelier — entraient un peu plus âgés dans le commerce extérieur. Enfin, des fils ou parents de chefs de maison faisaient leurs débuts dans les bureaux, après s'être livrés à l'étude du droit ou des sciences, et, gradués de Facultés ou ingénieurs, ne dédaignaient pas, comme tant d'autres dans le même cas, de se livrer au négoce familial. Ceux-là ne faisaient d'ordinaire que traverser les postes subalternes pour se mettre un peu au courant, et passaient vite dans les états-majors. Il faut signaler encore les nombreux employés étrangers, allemands surtout, qui, à titre de volontaires ou autrement, s'étaient introduits de plus en plus dans nos firmes, à Paris, dans les villes industrielles et dans les ports.

Le grand public français est fort peu initié aux questions commerciales vues de haut, avec largeur et ensemble. Pour lui — et même dans sa partie la plus éclairée, la plus instruite, la plus intellectuelle — commercer consiste uniquement à acheter le meilleur marché et à vendre le plus cher possible, quand il ne s'ajoute pas à cette opinion un sentiment de défiance, de suspicion pour tout ce qui est négoce, qui comporte, à ses yeux, tromperie, fraude, manœuvres déloyales et agissements méprisables. Il n'aperçoit guère que le boutiquier, le détaillant, ou le grand faiseur, le brasseur d'affaires, le chevalier d'industrie. Il ne se rend pas compte que l'évolution s'est faite dans cette forme de l'activité humaine comme dans les autres, peut-être plus rapidement et plus violemment encore, et il ne sait pas faire la distinction entre le mercanti, le détaillant honnête spécialisé ou le négociant en gros, le grand bazar à réclames tapageuses, et ce qu'on désigne sous le nom de « haut commerce », organe essentiel et de première importance pour l'expansion de notre production, de notre industrie, pour la satisfaction de besoins que les ressources propres de notre pays ne sauraient remplir, et aussi pour le prestige de notre patrie, pour son influence politique dans le monde. On en est un peu trop resté à Monsieur Jourdain. Un illustre professeur de mathématiques, dont un fils, capitaine d'infanterie coloniale, est tombé glorieusement sur la Marne, destinait jadis son cadet au haut commerce... et le plaça comme vendeur dans un magasin de nouveauté! Il ne savait pas, le pauvre grand homme!

Aux colonies et à l'étranger, le recrutement était encore bien plus aléatoire et désordonné. Les maisons françaises éprouvaient les plus grandes difficultés à cet égard. Celles qui, depuis 1870, avaient résolu de ne plus employer d'Allemands, et étaient restées fermes dans leur résolution, étaient obligées bien souvent d'avoir recours à des Suisses, des Belges, des Italiens, des Levantins, ne trouvant pas parmi leurs nationaux des éléments suffisants en quantité et en qualité. Et il est pénible de constater qu'elles étaient victimes de leur sentiment honorable de patriotisme, car il les plaçait en infériorité vis-à-vis de concurrents d'autres nationalités ou compatriotes moins scrupuleux, qui disposaient dans les colonies allemandes partout nombreuses d'un choix d'employés bien préparés, travailleurs, souples jusqu'à la platitude, disposés à accomplir toutes les besognes, patients et assidus, et, quoique ambitieux, se contentant provisoirement de situations matérielles et morales très modestes.

Comme recrutement local, il y avait seulement pour les firmes françaises quelques fils de Français déjà établis dans le pays, et qui, pour une raison ou pour une autre, ne pouvaient ou ne voulaient travailler à côté de leur père, et, en dehors des étrangers de nationalités diverses, des indigènes en nombre plus ou moins important, suivant les contrées. Ceux-ci rendaient quelquefois des services appréciables, mais, dans bien des cas, leur éducation, leur mentalité ne permettaient pas de leur confier tous les emplois; dans certaines grandes nations de l'Amérique du sud, par exemple, la partie cultivée de la population autochtone, des descendants des premiers colonisateurs européens, se tenait à l'écart du commerce, se dirigeait plutôt vers les carrières dites libérales, et fournissait des avocats, des médecins, des hommes politiques, des journalistes, des fonctionnaires, des ingénieurs, des soldats, quand elle ne se contentait pas de rester propriétaire-exploitant des plantations qui avaient enrichi ses ancêtres.

Représentants, agents, voyageurs. — En plus du personnel intérieur des maisons de tous genres qui touchent au commerce extérieur, il existe tout un monde de travailleurs plus ou moins indépendants qui leur servent de représentants, d'agents ou de voyageurs, les uns à poste fixe, les autres ambulants.

En France même, les industriels, fabricants et producteurs sont répartis sur toute la surface du territoire. Soit pour l'exportation, soit pour l'importation, ils ne sont pas souvent en contact direct et immédiat avec les négociants ou commissionnaires généralement établis à Paris, dans les grands ports ou dans quelques villes. Les affaires ne pouvant pas toujours se traiter seulement par correspondance, il faut donc avoir des représentants. De très gros industriels chargent ainsi quelquefois de leurs intérêts un homme qui n'opère que pour leur seule maison; mais c'est l'exception, et le cas est beaucoup plus fréquent d'un agent représentant à la fois un certain nombre de commettants. A Paris, d'assez nombreuses personnes pratiquent ce métier, et une Chambre syndicale des agents-représentants pour l'exportation y a été instituée. D'ordinaire, il y a spécialisation et groupement dans une agence de marques ou de sources de marchandises de la même catégorie, alimentation, tissus, etc.

Les commissionnaires ne possédant pas de succursales à l'étranger, et surtout les industriels ou producteurs faisant de l'exportation directe, soit isolément, soit en syndicats, doivent généralement, nous l'avons vu, posséder dans les pays pour qui ils travaillent des représentants fixes; en tout cas, s'ils ne vont pas personnellement visiter leur clientèle de temps à autre, il est utile de faire faire des tournées par des voyageurs.

Toutes ces fonctions demandent des hommes actifs, bien au courant et des articles qu'ils vendent, et de la façon de procéder de la clientèle à laquelle ils s'adressent.Elles sont occupées la plupart du temps par d'anciens employés de la « Commission ».

Education. — Culture générale. — Spécialisation. — Il a été beaucoup parlé et écrit au sujet de l'éducation de la jeunesse se destinant aux carrières commerciales et industrielles. On a discuté à perte de vue sur les avantages de la culture générale ou de la spécialisation. Jadis, on ne s'inquiétait pas de ces questions, et les débutants savaient quelquefois tout juste lire, écrire et un peu compter. Il était attaché souvent plus d'importance dans les bureaux à une jolie écriture qu'à tout autre bagage, et l'empirisme régnait en maître. Rares étaient ceux qui entraient dans les « affaires » avec une instruction plus que primaire. Mais l'élévation du niveau moyen, le progrès et l'évolution des choses et des idées ont imposé la nécessité d'une instruction préparatoire plus intense. Le problème s'est alors posé de choisir entre des études générales, avec des notions et des vues larges sur l'ensemble des connaissances humaines, et la spécialisation, avec le travail poussé, fouillé, complet sur les sciences intéressant plus intimement la future carrière. La tendance vers ce dernier système est celle qui a prévalu chez nous, un peu sous l'influence de l'Allemagne.

Enseignement technique. — Ecoles commerciales. — On a voulu organiser un enseignement technique pour le commerce et l'industrie. Cela n'a pas été sans difficultés de divers ordres. Il y a eu — naturellement

— d'abord la grande lutte entre les ministères, les « bureaux » de l'Instruction publique refusant de céder à ceux du Commerce des prérogatives séculaires. Et les Finances avaient à dire leur mot. C'était encore bien heureux que les Colonies ne fussent pas intervenues! Les chambres de commerce aidant, on a élargi ce qui existait déjà, et créé d'autres organismes plus ou moins coordonnés. Le résultat a été — bien entendu — toute une administration nouvelle, avec Direction et trois bureaux au ministère du commerce, Conseil supérieur et Inspection de l'enseignement technique, qui contrôlent une Ecole normale, des écoles professionnelles, des écoles pratiques de commerce et d'industrie et des écoles supérieures, dont douze en province, et trois ou quatre à Paris : l'Ecole supérieure pratique de commerce et d'industrie, l'Institut commercial actuellement fermé, et qui, dit-on, ne rouvrira pas, et l'Ecole des Hautes-Etudes commerciales, de caractère tout spécial et unique en France (1). Pour être complet, on peut encore mentionner les deux écoles commerciales de la Chambre de commerce de Paris, et divers établissements libres, quelques-uns subventionnés, et enfin les nombreux cours publics et gratuits de la ville de Paris et de plusieurs associations d'enseignement post-scolaire qui ont des sections commerciales.

Mais, laissant à part et ces cours et aussi l'Ecole des Hautes-Etudes commerciales, tout ce vaste et compliqué système donne-t-il des produits très différents de ceux qui sortent des écoles primaires ordinaires ou supérieures et des classes de l'enseignement moderne des lycées et collèges? Les programmes indiquent bien des

____

(1) On a récemment inauguré l'Ecole pratique des Hautes-Etudes commerciales et une Ecole commerciale pour jeunes filles.

matières qui ne figurent pas, ou à qui est réservé moins
de temps dans ceux des établissements non techniques;
mais, en général, il n'est guère possible de les étudier
d'une façon approfondie et réellement pratique en
classe. On a dit que les enfants à l'école apprennent
surtout... à apprendre. Une spécialisation trop hâtive
a ses inconvénients.

D'ailleurs, même dans les écoles supérieures de commerce, et à l'Ecole normale de l'enseignement technique, les professeurs ne sont pas d'ordinaire des professionnels du commerce. Ils ne peuvent que faire de la
théorie, d'après les ouvrages des économistes, ou les
renseignements qu'ils ont recueillis auprès des gens du
métier. Et souvent, dans leur zèle à bien faire, ils en-
combrent le cerveau de leurs élèves de principes suran-
nés — tant est rapide aujourd'hui la transformation
des méthodes et des usages dans la pratique des affaires
— ou de détails superflus sur des cas exceptionnels ou
trop compliqués, qui ne se présentent que rarement
dans la réalité, et qu'on résout par le bon sens et l'expérience dans le courant d'une carrière.

Ce n'est pas à dire que les écoles commerciales soient
inutiles; elles forment des jeunes gens instruits comme
les autres, et ont l'avantage d'orienter plus nettement
une partie de la jeunesse vers des situations qui ont été
trop peu visées en France pendant longtemps. C'est
peut-être à ce point de vue que leur développement est
le plus heureux, et si elles ont pu contribuer à détour-
ner du fonctionnarisme une sensible portion des dernières générations, il y a lieu de s'en féliciter.

Apprentissage pratique. — L'école, quelle qu'elle
soit, ne pourra jamais éviter au débutant l'apprentis-

sage pratique. Les diplômes et certificats ont, certes, leur valeur : ils dénotent chez leur porteur une certaine culture intellectuelle, et un réceptacle bien amendé pour recueillir la semence qu'y projetteront chaque jour les conjonctures, pour la faire germer et fructifier. Mais l'instruction, même technique, donnée hors du bureau, du comptoir, du magasin ou de l'atelier ne saurait que préparer cette réceptivité aux leçons de l'expérience. Et l'on a pu constater parfois que des sujets dont l'esprit a été développé par des études générales, par les humanités de l'enseignement secondaire et classique complet sont beaucoup plus souples pour acquérir les premièes notions pratiques d'un métier que ceux qui ont été aiguillés auparavant vers ce métier par un enseignement théorique spécial, et qui, se croyant déjà quelque peu experts, dédaignent de porter leur attention et leurs soins sur certains détails qui ont leur importance.

Un grand négociant-banquier, à qui un bachelier frais émoulu de Sorbonne faisait part de son désir d'entrer dans une maison de commerce, lui disait : « Vous n'avez naturellement pas appris la comptabilité? Savez-vous, au moins, ce que signifient « Doit » et « Avoir »? — Oui. — Eh bien! mon ami, vous connaissez toute la comptabilité. » Et le jeune homme, sans avoir jamais ouvert un traité, sans avoir eu d'autres leçons que les indications d'un patron bienveillant, tenait, quelques mois après, les livres d'une affaire assez importante, et a formé par la suite toute une série de comptables, parmi les employés de la maison dont il était devenu fondé de pouvoirs.

Pour le commerce extérieur, cet apprentissage pratique doit se faire en partie dans la métropole, en partie dans le pays avec lequel on travaille. Mais le recrutement du personnel offrait, en France, d'assez grandes difficultés. Cependant, depuis que notre empire colonial s'était étendu, depuis qu'un mouvement sérieux avait commencé à se produire vers la renaissance de nos relations économiques avec l'étranger, on trouvait plus d'éléments pour constituer les effectifs nécessaires. Des jeunes gens instruits, se laissant moins hypnotiser par le mirage souvent bien trompeur des carrières libérales, ou dédaignant les situations sûres, mais à horizon très limité et à mesquines préoccupations de l'« Administration », voulurent voler plus haut et plus loin, et prirent le parti de voir du pays, et de mener une existence plus large et plus active, quoique plus absorbante et plus aventureuse.

Ils font un stage, soit à Paris, soit dans une ville maritime française, dans des maisons de commission ou chez des négociants, et partent ensuite à l'étranger ou aux colonies continuer leur apprentissage. Ces hommes, au bout de quelques années, deviennent ainsi des pionniers expérimentés de l'influence française, et sont capables de s'occuper sérieusement, en sous-ordre d'abord, plus tard comme chefs de maison, comme agents ou voyageurs, des affaires entre la mère-patrie et les diverses contrées du globe.

Emigration. — Les Français aux colonies et à l'étranger. — La France n'est pas un pays de grande émigration. La natalité y est très réduite, et la population n'a augmenté que dans des proportions infimes depuis déjà longtemps; certaines des dernières années ont même donné un excédent de décès sur les naissances, bien que la mortalité eût diminué, particulièrement sur les nouveau-nés, et que l'immigration de nombreux étrangers eût fourni un appoint sérieux. Le système dominant de deux enfants par famille écarte tout accroissement, et le manque de bras, surtout pour l'agriculture, est un mal endémique dans bien des provinces, où les campagnes se dépeuplent. L'éducation de nos enfants, l'ambiance et les idées générales, la douceur et les agréments de la vie dans notre patrie n'étaient pas faits pour amener un fort courant vers le dehors. L'industrie, la richesse prenant une extension sensible ont contribué à retenir sur le sol natal la jeunesse qui ne donnait pas ce trop-plein que d'autres nations avaient constamment à déverser au delà de leurs frontières. Il est d'ailleurs à remarquer que l'Allemagne, d'où partaient dans toutes les directions, mais surtout aux Etats-Unis et au Brésil, jusqu'à 200.000 émigrants dans une année vers 1880-83, n'exporte plus de ses nationaux qu'environ le dixième de ce chiffre depuis qu'elle s'est industrialisée et enrichie. D'autre part, des craintes commençaient à se faire jour, lorsque la guerre actuelle a éclaté, sur la diminution de l'accroissement de la population que les dernières statistiques décelaient, alors que la politique de l'empire était tout à l'expansion mondiale, à la colonisation intensive et à la puissance maritime.

Toujours est-il que les colonies françaises à l'étranger sont relativement très peu nombreuses, et font maigre figure à côté de celles de diverses nations européennes, l'Angleterre, l'Allemagne et l'Italie spécialement. Même dans nos propres colonies et dans les pays de protectorat, l'élément d'origine purement française était faible, et n'a pris plus d'importance que depuis le commencement de ce siècle. En Algérie, si près de chez nous, il a fallu l'arrivée de colons alsaciens-lorrains, après la guerre de 1870-71, pour donner plus de corps à nos nationaux dans une contrée où nous nous étions implantés depuis quarante ans, et où s'étaient installés tant d'Espagnols. Au Tonkin, les affaires étaient en grande partie entre les mains des Chinois, et la plus forte maison européenne était allemande, il n'y a pas encore bien longtemps.

Dans l'Amérique du sud, au Brésil notamment, où durant un temps s'étaient portés de préférence les Français de certaines régions, ils avaient été submergés par le flot toujours croissant d'émigrants d'autres nationalités. Sans parler des Portugais, qui se considèrent toujours là comme un peu chez eux, les Anglais y étaient venus nombreux, et y avaient créé des maisons importantes, des entreprises et des banques. Mais les Allemands et les Italiens y pénétrèrent en telle quantité que, dans deux Etats du sud, les premiers sont groupés en villes et villages exclusivement germaniques, et que, dans l'Etat de Sao-Paulo, les seconds forment une bonne part de la population. Quant aux Français, après y avoir eu une situation assez brillante, ils l'avaient perdue en partie, quoiqu'ils fussent des principaux fournisseurs de capitaux.

Cependant cet état de choses était en voie d'amélioration sensible, des entreprises importantes et sérieuses avaient été organisées dans nos colonies et à l'étranger par des éléments français, et il semblait que l'avenir nous réservait de grandes destinées. La catastrophe qui s'est abattue sur le monde civilisé a interrompu ce mouvement. Il devra reprendre.

TROISIÈME PARTIE

CE QUI NOUS MANQUE
CE QU'ON POURRAIT FAIRE

PRÉLIMINAIRES

Lacunes de notre organisation. Moyens d'y remédier. — Parallélisme de la force économique et de la puissance politique. — Expansion économique des puissances secondaires. — Comparaison entre les diverses nations. — Etude des procédés qui ont réussi ailleurs. — Les nécessités inéluctables. — Adaptation de notre outillage à nos facultés et à notre mentalité.

Lacunes de notre organisation. Moyens d'y remédier. — Au cours des observations faites jusqu'ici, nous avons été conduit par la force des choses à des allusions aux insuffisances de notre organisation et à des comparaisons avec celle de nos concurrents. Un tableau d'ensemble, sinon complet, du moins composé dans un ordre méthodique, et en tenant compte des valeurs, au sens artistique du mot, fera mieux saisir l'importance relative des nombreuses lacunes, et l'intérêt que présentent les procédés employés par ailleurs.

En évitant autant que possible les doubles emplois, les redites, il nous paraît logique de reprendre chacun des trois chapitres concernant respectivement les organes, les auxiliaires et le personnel du commerce extérieur, de constater sans parti pris, mais avec conscience et équité ce qui nous manque, et de chercher ce que nous pourrions faire pour y remédier, après avoir étudié pourquoi et comment les autres ont mieux réussi que nous.

Parallélisme de la force économique et de la puissance politique. — L'historique comparé de l'expansion commerciale marque un certain parallélisme entre la force économique et la puissance politique des peuples. L'Espagne et le Portugal, pour ne pas remonter plus haut, étaient aux premiers rangs des nations trafiquant à l'extérieur, alors qu'ils avaient pu acquérir une situation privilégiée pendant que le reste de l'Europe était déchiré par des luttes extérieures et intérieures qui l'occupaient trop et l'appauvrissaient en hommes et en ressources matérielles. Mais la décadence commerciale vint en même temps que l'autre, et l'Angleterre prit leur place, quand elle eut su habilement écarter la concurrence de la France un instant menaçante, et constituer son empire colonial et son influence prépondérante, à la fin du XVIIIe siècle, et surtout au commencement du XIXe. Ce n'est que beaucoup plus tard que l'Allemagne a pu se mettre en ligne, son unité une fois réalisée, grâce aux coups de force tolérés par une Europe égoïste et imprévoyante. Son appétit inextinguible, ses prétentions d'hégémonie ont fini par ouvrir les yeux des plus insouciants, et sa position économique établie sur des bases quelque peu artificielles, soutenue par le prestige des armes, par la timidité de ceux qui n'osaient s'opposer assez énergiquement à ses empiétements, dans la crainte de voir surgir de graves complications, devra diminuer considérablement lorsque, enfin unis devant le danger commun, ils auront pu anéantir ce militarisme tout puissant.

Expansion économique des puissances secondaires. — Toutefois, il y a des exemples de peuples qui, sans posséder de grande situation politique, ni même de ressources naturelles propres bien sérieuses, ont réussi cependant par leur énergie, par leur travail, par leur habileté à se créer un commerce extérieur actif et productif. La Hollande, la Belgique, la Suède, la Norvège, le Danemark, la Suisse, la Grèce sont dans ce cas, mais avec des différences assez sensibles dans les causes de leur prospérité et dans les moyens employés.

Les Pays-Bas avaient eu leurs moments de grandeur et de gloire : ils s'étaient adjoint de nombreuses et riches colonies; mais peu à peu démembrés ils s'étaient trouvés, après 1830, confinés sur le morceau de terre qui, aux bouches du Rhin et de la Meuse, doit être constamment disputé à l'envahissement de la mer, et qui n'offre que des ressources agricoles. Mais ils avaient réussi à conserver une partie de leurs possessions d'outre-mer, et à entretenir un vif commerce et une flotte imposante, qui leur ont permis de s'enrichir, et de remplir un rôle extrêmement fort dans les transports et le transit.

Depuis qu'elle est devenue un Etat indépendant, la Belgique s'est trouvée dans une situation spéciale : la neutralité garantie par les grandes puissances, et qui ne devait être violée si outrageusement et cyniquement qu'après soixante-quinze ans, lui a évité des préoccupations et des charges, et lui a laissé le loisir de s'adonner intégralement aux œuvres pacifiques. La fertilité de son sol, la richesse de son sous-sol en houille, la forte densité de sa population prolifique, la facilité des communications par terre, fer et eau dans la plus grande partie de son territoire, sa position maritime et terrestre entre plusieurs pays à grand commerce, tout cela a favorisé une intensification remarquable de l'industrie, du commerce et de l'agriculture.

Les Scandinaves ont toujours sillonné les mers et entretenu des relations suivies avec les pays lointains. Depuis les invasions des Normands, ils n'ont pas cessé, malgré leurs vicissitudes politiques, de commercer largement, et de posséder une marine marchande nombreuse qui transportait, non seulement leurs propres produits et ceux qu'ils importaient, mais aussi ceux que d'autres nations échangeaient entre elles. En ces derniers temps, l'industrie de la Suède et de la Norvège a pris une sérieuse extension, grâce à l'emploi judicieux de la houille blanche, que des chutes d'eau puissantes et abondantes fournissent à bon compte; au Danemark, la coopération agricole a donné des résultats merveilleux dans l'élevage et l'exportation de tous ses dérivés.

Si la Belgique, bien que maritime, ne possède presque pas de flotte, et n'est que depuis une époque récente colonisatrice, la Suisse, elle, n'a aucun point de contact avec la mer. Neutralisée aussi, et, plus heureuse que sa congénère, jusqu'à présent inviolée, elle a trouvé le moyen de développer sa production industrielle, malgré l'absence de houille, de matières premières, et de faire de l'exportation, non seulement avec ses voisins européens, mais avec le monde entier. Ses enfants sont répandus un peu partout, et il est même curieux de voir une des grandes firmes travaillant avec les Indes anglaises être dirigée par une maison mère installée à Winterthur.

Enfin, la Grèce, dont les fils ont été depuis la plus haute antiquité d'excellents marins et négociants, n'a pas d'industrie, son agriculture est rudimentaire; mais elle profite cependant du mouvement commercial international par sa flotte, et aussi par les nombreux et importants établissements qu'ont fondés ses nationaux à l'étranger.

Comparaison entre les diverses nations. — Il y a donc de multiples éléments à envisager lorsqu'on se propose de juger si un peuple a atteint le maximum de ce qu'il est capable de rendre comme expansion économique, et l'étude des procédés mis en œuvre par les uns ou par les autres ne peut aboutir à des conclusions absolues et générales. Dans chaque pays se présentent des circonstances différentes dépendant soit de la nature, soit des habitudes, des traditions de ses habitants, soit encore de l'attitude de ses dirigeants, et ce qui est possible dans l'un ne l'est pas dans un autre.

Toutefois, il est utile de se livrer à des comparaisons, et de s'efforcer de mettre dans chaque plateau de la balance tout ce qui lui revient légitimement. De semblables pesées sont assez délicates évidemment, elles ne peuvent jamais être rigoureusement et scientifiquement exactes, et les résultats s'en trouveront même parfois sensiblement modifiés, suivant l'époque à laquelle le travail aura été fait. Mais ce n'est pas une raison pour ne pas l'entreprendre, au moins de temps en temps, par périodes, ni tenter d'arriver à l'approximation. Il est toujours bon de regarder autour de soi et de se renseigner sur les agissements des voisins — nous n'y sommes pas assez habitués, en France — et il est des moments où, si cela n'a pas été fait suffisamment et à temps, on doit jeter d'abord les yeux en arrière pour les fixer ensuite en avant et s'élancer dans une nou-·velle voie. Nous sommes incontestablement dans un pareil moment.

Étude des procédés qui ont réussi ailleurs. — Des esprits clairvoyants ont toujours eu la curiosité de sur-veiller ce qui se passait au delà de nos frontières, et en faisaient part à leurs concitoyens; mais ils n'étaient pas assez écoutés, ou bien ils l'étaient trop. Chez nous, deux tendances opposées se manifestaient surtout : les uns se refusaient systématiquement et obstinément à prendre des modèles à l'étranger, et se réfugiaient dans un na-tionalisme farouche et exclusif; les autres, au contraire, s'engouaient aveuglément de tout ce qui avait un par-fum d'exotisme, l'acceptaient en bloc et sans examen préalable. Une minorité seulement estimait que nous pouvions avoir à apprendre bien des choses de l'étran-ger, mais que la réciproque était vraie, qu'il s'y com-mettait aussi des erreurs, des négligences ou des im-prudences, et qu'en tout cas il eût été dangereux d'imi-ter servilement tout ce qui s'y faisait, dont partie n'é-tait pas assimilable pour nous.

Cela a été enfin compris généralement depuis que les évènements ont apporté le bouleversement dans les faits et les idées. Contempteurs et admirateurs outran-ciers ont à la fois baissé pavillon, et le juste-milieu a pris sa revanche.

Pour ce qui est du commerce extérieur, comme pour diverses autres questions, l'Allemagne avait réalisé de tels progrès en quarante ans, et principalement dans les dix dernières années, qu'elle semblait détenir la recette-type. Et c'est de ce côté que tous les regards convergeaient pour prendre des leçons. Des travaux sérieux ont été publiés qui ont exposé les méthodes de nos ennemis, en distinguant parmi elles ce qui est à admirer, et ce qu'on peut mépriser et rejeter comme déloyal, dangereusement artificiel, exagéré, ou inapplicable chez nous.

C'est en opérant de cette façon qu'on a chance d'arriver à un résultat vraiment pratique. Après avoir examiné de sang-froid comment s'y sont pris ceux qui ont réussi — les Allemands et d'autres encore — et en comparant notre organisation à la leur, ce qui nous manque ressort avec évidence. Il ne s'agit plus alors que de nous efforcer à faire comme eux, dans la mesure où cela nous est permis par les conjonctures matérielles ou morales, en nous gardant toutefois de tout excès, de toute imprudence, en répudiant la mégalomanie, et les manœuvres louches et hors nature qu'elle entraîne derrière elle.

Les nécessités inéluctables. — La France possède de grands avantages comme situation, comme production, comme capitaux, comme valeur intellectuelle de sa population. Elle est, par contre, privée de quelques éléments utiles, comme l'abondance de charbon et de main-d'œuvre, nous y avons déjà insisté suffisamment. Sachons donc regarder en face les nécessités inéluctables; mais, sans avoir des visées trop hautes, des ambitions démesurées qui nous prépareraient de cruels désenchantements, nous avons le droit et le devoir de travailler tous, chacun dans sa sphère et dans la limite de ses moyens, à profiter des immenses ressources naturelles dont dispose notre patrie.

Au surplus, une au moins des principales causes de l'infériorité de notre grande industrie est destinée à s'atténuer dans un avenir assez proche, sinon à disparaître. On fonde de larges espoirs sur la houille blanche et l'électricité : déjà l'on a commencé à utiliser la force considérable restée improductive des chutes d'eau de nos montagnes. Comme cela se pratique couramment en Suisse, en Suède, en Norvège et ailleurs, nos vallées alpestres se couvrent d'usines d'électro-chimie où la force motrice est empruntée aux torrents régularisés. La transmission de la puissance électrique à longue distance, qui a fait et fera sans doute encore de si beaux progrès, fournit le moyen d'alimenter les usines situées dans d'autres régions, à proximité des lieux de production ou d'importation des matières premières. D'autre part, on a songé à faire appel également à la houille verte, et le vieux moulin à aubes détrôné par les minoteries industrielles va peut-être retrouver, sous la forme modernisée des turbines, son ancienne splendeur, le long de nos rivières.

Il sera plus difficile de remédier à la rareté de la main-d'œuvre, conséquence de notre faible natalité. Des essais d'introduction de travailleurs indigènes de nos colonies ont réussi : des Kabyles commençaient à être employés par notre industrie; peut-être trouvera-t-on les renforts nécessaires dans l'inépuisable réservoir d'hommes que sont plusieurs de nos grandes possessions africaines ou asiatiques. De nombreux ouvriers étrangers seront d'ailleurs à notre disposition.

Ce sont là des obstacles à l'intensification de la production industrielle. Nous nous trouvons en présence d'un autre qui nuit à la vente des articles français à l'étranger. L'émigration restreinte de nos compatriotes fait que nous n'y sommes pas représentés par un nombre suffisant de négociants poussant particulièrement les produits nationaux, et nos colonies n'y sont pas assez denses pour former un premier noyau sérieux de clientèle, dont l'influence peut entraîner parfois les consommateurs indigènes à s'approvisionner à la même source que lui. Les Allemands sont parvenus à former presque une nation dans les nations où ils se sont faufilés : tel le cas du sud du Brésil; aux Etats-Unis — et c'est encore M. Heilmann qui le relève — il y a environ onze millions d'habitants immigrés austro-allemands ou nés de parents immigrés, soit plus de 11 % de la population totale, qui forment avec la seconde génération, encore imbue de la tradition allemande, une clientèle de quinze à vingt millions d'individus pour les produits de leur ancienne patrie. Et leur groupement en agglomérations particulières, qui leur procure la majorité dans plusieurs villes, augmente encore leur influence, car ils y donnent le ton et détiennent le commerce.

Mais, si nos ouvriers sont relativement rares, ils sont plus habiles qu'ailleurs. Si nous ne sommes pas aptes à exporter aussi bien que d'autres du lourd, de la masse, de l'encombrant, du bon marché, le génie de création, le fini de la fabrication, le goût français nous donnent encore assez facilement des avantages pour les articles de choix et de luxe. Nous pouvons, si nous nous y prenons bien, relever notre situation pour les marchandises moyennes. Quant à la camelote, ce sera plus dur, et beaucoup estiment qu'il y aurait peut-être intérêt à la laisser à ceux qui la cultivent.

Adaptation de notre outillage à nos facultés et à notre mentalité. — Sachons profiter intégralement du bouleversement que la guerre aura provoqué dans les rapports commerciaux de peuples à peuples. Inspirons-nous des exemples que nous avons eus sous les yeux, mais opérons avec prudence et sagesse. Proportionnons nos ambitions à nos ressources. Cherchons seulement à faire ce qui est naturel, légitime et possible. Nous n'aurons jamais la prétention monstrueuse d'être les maîtres du monde, et d'imposer notre volonté et nos produits à ceux qui entendent jouir de leur liberté.

Notre tâche sera suffisamment vaste de mettre au point, en l'adaptant à nos facultés et à notre mentalité, l'outillage qui nous est nécessaire pour tenir le rang qui nous revient parmi les nations honnêtes et laborieuses.

CHAPITRE PREMIER

ORGANES

Commis-voyageurs et direction centrale. — Les capitaux. — L'argent français ne se porte pas assez vers le commerce extérieur. — Diversité des procédés, suivant la nature, l'origine ou la destination des marchandises. — Elargissement de la « Commission ». — Développement des négociants exportateurs-importateurs. — Service spécial d'exportation et d'importation chez les industriels et producteurs. — Syndicats. — Agences de représentation.

Commis-voyageurs et direction centrale. — « C'est le maître d'école allemand qui a remporté la victoire. » Nous a-t-on assez servi et resservi cet aphorisme, après 1871! S'il a pu contribuer au développement de notre instruction publique, et aider à l'établissement de la gratuité et de l'obligation — par malheur appliquée trop mollement — son auteur mérite, en vérité, quelques louanges, auxquelles toutefois se mêlera une critique assez sévère, si, ne se fiant pas aux apparences et aux vues superficielles traduites en phrases lapidaires, on va au fond des choses pour remonter des effets aux causes, et ne pas se contenter de mots improvisés. Le « Herr Professor » a eu, certes, son rôle dans la préparation lente et tenace des générations successives à la revanche d'Iéna, mais il a été singulièrement secondé par la diplomatie brutale et hypocrite tout à la fois d'un Bismarck et par les minutieuses méthodes militaires d'un Moltke.

Actuellement, on a reconnu que la lutte entre l'esprit de domination des Teutons et la conception de libéralisme dont s'honorent d'autres peuples a un but avant tout économique. La gloire et le panache, la liberté, les grandes idées morales n'ont jamais été le mobile des prises d'armes germaniques, mais plutôt des appétits matériels, des concupiscences sensuelles, où le coffre-fort et l'estomac sont seuls en jeu. Le maître d'école n'est plus l'unique grand ouvrier de la puissance éphémère et abusive contre laquelle s'est soulévé tout ce qu'il y a de généreux, de sain et d'honnête dans le monde : le commis-voyageur le domine, et une nouvelle légende est en train de s'établir, aussi fausse que l'autre, et qui peut avoir les mêmes conséquences fâcheuses.

Que la *Kultur* ait eu son influence sur la mentalité des Allemands, et en 1870 et en 1914, cela est hors de doute. Que, dans le domaine économique, la technique et son enseignement aient aidé à l'essor de l'industrie et du commerce plus peut-être outre-Rhin qu'ailleurs, cela peut se soutenir. Que leur personnel plus nombreux, plus armé, plus discipliné, plus actif, plus acharné, et aussi plus audacieusement dénué de fierté et de scrupules ait été pour beaucoup dans les succès obtenus dans les cinq parties du globe, ce n'est pas discutable.

Mais l'exclusivisme, les formules toutes faites, la généralisation prime-sautière et parfois aveugle où se complaît notre caractère vif et enthousiaste ne résistent pas à un examen plus sérieux que, le premier emballement passé, nous nous décidons à faire avec la logique, le bon sens, la précision qui sont, malgré tout, des qualités essentiellement françaises.

Si nous prenons la peine d'envisager les divers aspects de la question, nous nous apercevrons que le commis-voyageur est, en somme, un exécutant qui ne fera bien sa partie dans le concert que sous l'impulsion du chef d'orchestre. Celui qui vient d'Allemagne n'est pas toujours très supérieur aux autres — nous y reviendrons. Sa force, il la puise dans l'admirable outillage fourni par la maison qui lui a mis en mains les meilleurs éléments de succès. C'est bien plutôt dans la puissante et intelligente direction des affaires qu'il faut aller chercher le secret de la réussite.

Les capitaux. — Puissante, avons-nous écrit : elle l'est par les capitaux investis dans le commerce, et particulièrement dans celui d'exportation. Et, comme l'eau va à la rivière, le crédit des banques vient encore augmenter cette puissance. En Allemagne, comme en Angleterre, d'ailleurs, beaucoup de grosses fortunes sont employées, au moins en partie, dans les affaires: il n'est pas rare de voir des familles entières figurer dans les actes de société : des gens de professions libérales, l'aristocratie la plus haute même commanditent fréquemment des négociants. Le commerce extérieur y est bien connu et très recherché. C'est une spécialité, alors que, chez nous, on l'a toujours plutôt considéré comme un à-côté, une sorte de hors-d'œuvre. A Londres, à Liverpool, à Hambourg, à Brême, des maisons extrêmement importantes, des sociétés par actions largement constituées s'adonnent aux affaires d'importation et d'exportation, soit comme commissionnaires, soit comme négociants. Il en est de même à Amsterdam, à Rotterdam et ailleurs encore.

L'argent français ne se porte pas assez vers le commerce extérieur. — En France, ce n'étaient certes pas les capitaux qui faisaient défaut. Si la fortune n'y est pas aussi considérable qu'en Angleterre, elle est bien plus divisée et mieux répartie. La progression constante de la richesse ressort des déclarations de succesions, dont les chiffres ont à peu près doublé en quarante ans; mais sa diffusion extrême, qui a ses avantages, est une des causes qui ont détourné nos compatriotes de l'expatriation et du commerce extérieur. L'achat de valeurs mobilières à rendement fixe et aussi sûr que possible, quelquefois avec lots, est beaucoup plus répandu chez nous que dans les autres pays. Le commerçant, l'industriel eux-mêmes épargnent sur leurs bénéfices, et, au lieu de les employer à étendre leurs affaires, « mettent de côté » pour se retirer comme rentiers vers la cinquantaine. Nulle part on ne voit autant de petits rentiers qu'en France. Il en résulte un état d'esprit général chez l'industriel, le négociant, le capitaliste et le banquier peu propre à exciter l'initiative, l'entreprise et l'expansion. M. Ribot, notre grand argentier, l'a dit excellemment à la Chambre : « Ce n'est pas l'idéal pour un pays que de placer ses économies comme un rentier. »

Il serait à désirer que l'argent français se portât plus volontiers vers le commerce. Toute une propagande est à inaugurer afin de diffuser dans le public la notion de l'intérêt vital et supérieur pour le pays d'un renforcement prompt et solide des établissements qui s'occupent d'exportation. Nous n'avons pas assez de grandes maisons, de sociétés, anonymes ou en commandite, travaillant avec de très gros capitaux, fournis par leurs associés, commanditaires ou actionnaires, à répandre de tous côtés nos produits nationaux. Les plus importantes ne sont rien, à cet égard, en comparaison de celles qui, nombreuses, opèrent en Angleterre, et aussi en Allemagne, avec l'univers entier.

Celles qui existaient jadis, et qui ont fait la fortune de leurs chefs, n'ont pas suivi le mouvement qui s'est manifesté à la fin du dernier siècle, et qui s'est accentué de façon si violente. Elles n'ont pu, en général, soutenir la concurrence qui leur était faite de plus en plus activement par les anciennes firmes d'autres nationalités, et qui s'aggravait sans cesse de l'apparition des nouveaux compétiteurs ambitieux, audacieux, savamment et puissamment armés qu'étaient les Allemands lancés à la conquête du monde. Beaucoup ont disparu ou ont dû modifier leurs conditions de travail, abandonnant des articles qui donnaient lieu jusqu'alors à des affaires sérieuses et lucratives, ou se voyant obligées d'aller acheter hors de nos frontières pour satisfaire la clientèle d'outre-mer qui leur était restée fidèle, le tout au grand dam de la production française.

Mais, puisqu'il a été prouvé par les faits qu'avec de l'énergie, de l'activité, de la confiance, malgré tous les vices et toutes les faiblesses de notre organisation, malgré tous les avantages que nous avions laissé les autres prendre sur nous, nous pouvions relever notre situation, il semble que, pour profiter intégralement de la profonde altération qui adviendra fatalement dans les rapports internationaux, nous ne devons pas hésiter à faire campagne afin d'attirer une partie des capitaux disponibles vers le commerce extérieur.

Ils auront, certes, leur emploi facile et fructueux dans la reconstitution de tout ce qui a été détruit par la guerre; ce serait cependant une politique financière sage et prévoyante que d'en affecter une portion raisonnable à l'élargissement ou à la fondation de maisons ou de sociétés solides qui, à l'aide de comptoirs dans les colonies et à l'étranger, donneraient une nouvelle impulsion à l'importation et à l'exportation françaises.

Diversité des procédés, suivant la nature, l'origine ou la destination des marchandises. — Pour apprécier sainement le rôle des divers organes du commerce extérieur, et pour répartir judicieusement le travail entre chacun d'eux, il ne faut pas perdre de vue qu'il peut être pratiqué très différemment suivant les pays auxquels on s'adresse. Autre chose est d'opérer avec une nation européenne voisine, autre chose de le faire avec une contrée éloignée d'outre-mer. On n'éprouvera pas les mêmes difficultés dans des régions à développement économique avancé que dans celles encore primitives ou arriérées. Les affaires ne se traiteront pas de façon identique en Angleterre et au Congo. Il y a toute une série de circonstances qui appellent l'emploi de procédés spéciaux, non seulement d'après la nature des marchandises, mais encore d'après leur origine ou leur destination.

Elargissement de la « Commission ». — Les commissionnaires peuvent avoir comme clients des maisons de gros, de détail, ou même de simples particuliers: ils expédient des articles soit confectionnés, soit destinés à être encore transformés, ou même des matières premières. Il y en a de spécialisés dans certaines marchandises, d'autres qui font un peu de tout. La diversité est donc très grande dans les façons de travailler, mais pour tous l'essentiel est de se former une clientèle sérieuse, de connaître ses besoins, de la tenir bien renseignée sur la production qui l'intéresse.

Nous avons déjà expliqué combien restent utiles

dans nombre de cas ces intermédiaires, malgré tous les progrès qui ont facilité l'exportation directe. Leur intervention au point de vue financier est particulièrement intéressante. Et si de plus importants capitaux étaient mis à la disposition de maisons françaises, si elles trouvaient un crédit plus large en banque, elles pourraient sans doute développer leurs affaires, comme le faisaient les trop nombreuses firmes allemandes qui, en plein Paris, accaparaient peu à peu la commission, et ne laissaient subsister que quelques-uns de nos établissements de premier ordre.

Le commissionnaire conserve un triple rôle dans le maniement des affaires d'exportation, qui exigent trois principaux facteurs : la connaissance des marchés étrangers, la pénétration dans ces marchés et le crédit. Généralement, il a résidé plus ou moins longtemps dans les pays avec qui il travaille; il a été et est encore en relations directes et personnelles avec les hommes qui sont devenus ses clients, dont il a pu apprécier le caractère, les goûts, la valeur morale et matérielle. Cette expérience des choses et des gens est autrement efficace que tous les renseignements fournis par des tiers, que ce soient des consuls, des attachés diplomatiques, des associations spéciales, ou même des banques. Les maisons qu'il alimente peuvent être dirigées par des compatriotes ou par des indigènes : dans les deux cas, elles ont tout intérêt à augmenter leur chiffre d'affaires en poussant les articles qu'il leur propose ou leur expédie, et elles sont avec lui des agents de publicité tout indiqués. Enfin, il est devenu bien souvent le banquier ou le commanditaire de ses clients, qui dépendent parfois complètement de lui. C'est ainsi que peuvent s'établir et prospérer à l'étranger des maisons créées par des immigrants sans fortune personnelle. C'est de cette façon que les Anglais, et encore bien plus les Allemands ont pu couvrir le monde de leurs comptoirs ouverts d'ordinaire par des jeunes gens, avec l'appui financier des riches commissionnaires de la métropole.

Voilà ce qu'on devrait voir et comprendre. L'élargissement de notre commission est une des plus indispensables œuvres à entreprendre, et ce n'est peut-être pas la plus difficile, si tout le monde y met de la bonne volonté, si l'on veut bien abandonner de vieux préjugés, ne pas se fier à des propos en l'air inspirés par l'incompétence, l'absence de réflexion ou des intérêts particuliers mal compris. Il est bien entendu que cet élargissement n'irait pas sans une modernisation, un rajeunissement, une organisation plus pratique qui pourraient se réaliser, à la condition que chacun consente à se tenir à sa place, mais en l'occupant consciencieusement.

Le commissionnaire disposant de capitaux plus forts, trouvant chez ses fournisseurs plus de confiance, de souplesse, de largeur d'idées, d'esprit commercial à longue portée, et pouvant compter sur l'appui réellement pratique et intelligent des pouvoirs publics, des entreprises de transports et de la banque, sera plus entreprenant et plus hardi pour chercher à étendre ses relations, et pour exciter sa clientèle habituelle à augmenter l'importance de ses commandes, à tenter d'ajouter des articles nouveaux à ceux qu'elle traitait jusqu'alors. Il continuera évidemment à opérer avec prudence, il saura proportionner à la capacité d'absorption de ses correspondants l'intensité de sa propagande, et se tiendra dans une juste mesure pour ne pas les conduire sur la voie dangereuse pour eux et pour lui des affaires trop forcées, de la surcharge des stocks, de l'avilissement des prix, qui aboutissent tôt ou tard à la crise et à la ruine. Il sera mieux que quiconque à même de faire un dosage conscient de ce que peut supporter chacun d'eux, et, régulateur autorisé de la pression à leur faire subir, il leur rendra service, et, du même coup, évitera de graves soucis et des embarras pénibles aux industriels ou producteurs, à lui-même et à ses banquiers.

Il devra trouver une *collaboration* — insistons sur le mot — de la part des fabricants qui chercheront des débouchés par son entremise, et qui n'auront pas plus de risques en faisant de l'exportation sur ce mode qu'en vendant à l'intérieur. Ceux-ci auront à se faire connaître, à ne pas attendre placidement la note de commission ou la visite de l'acheteur, à prendre l'initiative d'offrir leurs marchandises aux maisons qui travaillent avec les divers pays qu'elles peuvent intéresser, en donnant les renseignements les plus circonstanciés, en faisant les sacrifices nécessaires pour enlever une première affaire, et allant, au besoin, jusqu'à un petit envoi d'essai gratuit. Ils écouteront attentivement les conseils, les observations de gens au courant de ce qui est vendable sur tel ou tel marché, et s'efforceront d'en tenir compte pour modifier leur fabrication, pour s'adapter exactement aux desiderata exprimés par les interprètes des consommateurs, même s'ils leur paraissent ridicules ou puérils. La mévente est parfois la résultante d'infiniment petits riens qui s'enflent démesurément par suite de conjonctures locales que seuls apprécient ceux qui sont sur place. Il nous souvient avoir assisté, dans un pays tropical, au déballage d'un envoi d'ombrelles à bon marché d'un fabricant parisien. La mode était alors ici aux teintes effacées, neutres. Et le marchand de nouveautés se désespérait en constatant que, parmi les négresses ou mulâtresses à qui elles étaient destinées, il ne s'en trouverait pas une pour acheter de ces ombrelles de très bon goût peut-être, mais pas assez voyantes et de couleurs peu en rapport avec l'éclat de la lumière ambiante.

Cette collaboration ne pourrait-elle pas s'étendre encore, devenir plus intime? Et nous pensons là à un emploi combiné du commissionnaire et du commis-voyageur, du représentant, pour user d'un terme plus noble et mieux approprié. N'y aurait-il pas un accord à tenter entre le producteur faisant lui-même sa publicité par ses propres moyens et à ses frais et le commissionnaire qui conserverait son rôle de bailleur de fonds, de centralisateur des ordres, de contrôleur de leur exécution et des livraisons, d'expéditeur? Les voyageurs agiraient suivant les instructions concertées des deux parties intéressées, et ils pourraient représenter à la fois plusieurs maisons désireuses de vendre sur les marchés visités. Le commissionnaire qui possède des succursales ou agences à l'étranger serait, d'autre part, bien placé pour recevoir des consignations de marchandises qu'il offrirait à ses clients comme simple représentant du producteur. D'autres systèmes seraient encore à étudier pour concilier tous les intérêts.

Mais n'oublions pas qu'en dehors de ses autres fonctions le commissionnaire est — qu'on excuse l'expression — une sorte de sous-banquier et pour le producteur et pour l'acheteur étranger. C'est précisément cette pénétration réciproque, cet entrelacement étroit du crédit et du commerce dans l'exportation — avec souvent prédominance du premier — qui la rend si délicate pour nombre de gens, qui justifie et nécessite un organe intermédiaire, non seulement entre vendeur et acheteur, mais même entre vendeur et banquier. Cela explique qu'en Angleterre la banque pour le commerce extérieur s'exerce généralement en premier ressort par les *general merchants* qui la pratiquent conjointement avec les opérations sur les marchandises. Le « ducroire » des banques spéciales allemandes et certains de leurs procédés que nous décrirons plus loin sont encore des combinaisons qui se rapprochent bien plus du métier de commissionnaire que de celui de pur banquier.

Il y aurait également lieu de donner plus d'ampleur aux maisons qui mettent en rapport les expéditeurs étrangers et les acheteurs français. Les consignataires qui, dans nos ports, ouvrent des crédits contre les marchandises qu'on leur adresse, et qu'ils vendent, soit en caf., soit flottantes, soit en disponible, après arrivée, par lots entiers ou en les détaillant, sont loin d'avoir l'importance que le chiffre de nos importations autoriserait. Nous sommes, de ce fait, obligés d'aller nous pourvoir sur les marchés anglais, belges, hollandais et même allemands, au grand détriment de nos intérêts. Là aussi, la question bancaire a une grande influence, et une organisation financière plus souple, plus forte permettrait sans doute de faire mieux, tant en transit qu'en commerce spécial.

Développement des négociants-exportateurs-importateurs. — Mais les plus grands efforts devraient être dirigés du côté des négociants-exportateurs-importateurs, qui constituent l'organe-type du commerce extérieur, et qui, sous diverses formes, sont les véritables pionniers de l'expansion économique au dehors.

Pour bien saisir le caractère de leurs fonctions, voyons comment ils se répartissent. Le modèle du genre est la maison mère installée dans la patrie de ses propriétaires, avec succursales dans le pays avec qui elle travaille, gérées par des associés ou des fondés de pouvoirs. Elle achète ferme des marchandises qu'elle expédie à ses comptoirs, qui les écoulent dans la consommation locale. Par contre, ceux-ci lui envoient des produits du pays où ils opèrent. Ce double trafic entraîne des opérations de banque, de change qui ne sont pas la partie la moins sérieuse du fonctionnement de ces établissements. A l'exportation, ils font aussi bien les produits alimentaires que les matières premières, les machines, le vêtement et tous autres objets fabriqués. Toutefois, ils se spécialisent souvent dans une ou plusieurs branches, et quelques-uns s'en tiennent aux produits qui se traitent par masse; d'autres, au contraire, encore plus spécialisés, ne font qu'un article, ou un genre très particulier, et leurs succursales sont des maisons de détail vendant directement au consommateur. A l'importation, les marchandises sont expédiées, soit pour compte et risques du négociant lui-même, qui les revend ensuite en gros ou en détail, soit déjà vendues avant départ, généralement en cf. ou caf. D'aucuns ne se livrent qu'à l'exportation, d'autres importent seulement.

Il est facile de comprendre que de tels organismes, lorsqu'ils sont activement et habilement dirigés, tant dans la métropole qu'aux colonies ou à l'étranger, jouissent d'une liberté d'action autrement plus grande que le simple commissionnaire qui n'a pas l'initiative des achats, qui doit se conformer aux ordres de ses clients, et perdre souvent un temps précieux en correspondance avant de pouvoir prendre des décisions.

Ils présentent le grand avantage de supprimer, en réalité, un intermédiaire, et de mettre en présence le producteur et la maison même qui s'occupe dans le pays de consommation du placement des marchandises. Les affaires s'en trouvent simplifiées, élargies. Les gérants des succursales, dont les intérêts sont connexes avec ceux des chefs de la maison mère, renseignent sur la situation du marché, sur ses tendances, et, par une correspondance régulière, suivie, par des avis télégraphiques câblés chaque fois qu'il y a quelque urgence, une communion constante s'établit entre les uns et les autres. Ces négociants achètent d'ordinaire par grosses quantités, lorsqu'ils jugent le moment favorable, soit qu'ils aient eux-mêmes preneurs immédiats assurés, soit qu'ils veuillent se créer des stocks à l'avance. Ce sont eux qui, plus facilement que d'autres, font des contrats pour livraisons successives dans des délais parfois assez longs, et peuvent prendre des monopoles de droit ou de fait, devenant ainsi les propagateurs, les défenseurs d'une marque.

Ils sont en terre étrangère les représentants autorisés et influents du commerce de leur pays; c'est parmi eux que se recrutent les agents consulaires, ceux des compagnies de navigation et les consignataires de navires.

Enfin, ils deviennent fréquemment les commanditaires de maisons de demi-gros ou de détail, et arrivent à posséder ainsi sur les diverses places de la contrée qu'ils desservent tout un réseau de filiales rattachées à eux par des liens plus ou moins étroits, qui leur donnent la haute main sur les affaires. C'est ainsi que des maisons anglaises ou allemandes arrivent à presque accaparer le commerce de quelques régions. Il n'est pas rare de voir des firmes de Londres ou de Hambourg ouvrir dans une colonie ou dans une république du Sud-Amérique un comptoir, sous leur raison sociale ou sous celle d'un protégé, au centre de chaque ville ou village de quelque importance.

A tous ces comptoirs sont distribuées les marchandises reçues de la maison mère proportionnellement aux besoins de leurs clientèles respectives. Ils détiennent toujours un stock de celles qui sont de vente courante, et, pour les autres, ils prennent des commandes sur les catalogues, ou mieux sur les échantillons des fournisseurs européens déposés en permanence chez eux. Ils constituent quelquefois — et les Allemands ont réalisé des prodiges à cet égard — des expositions pour ainsi dire universelles, où l'indigène peut à tout moment faire son choix, et se ravitailler en objets les plus hétéroclites.

Nous avons, en France, un certain nombre de ces négociants, mais leur effectif avait plutôt diminué jusqu'à ces dernières années, et de vieilles maisons, qui travaillaient avec des pays où le commerce français avait tenu longtemps une place honorable, avaient dû fermer leurs portes. Cependant il s'en est créé de nouvelles, à Paris, à Lyon, et dans d'autres centres, sous forme de sociétés en nom collectif, de sociétés anonymes ou de syndicats d'un genre particulier. Au moment où l'Etat avait accordé de vastes concessions en Afrique équatoriale, de nombreuses sociétés s'étaient formées pour les exploiter, qui toutes n'ont pas réussi. Mais notre empire colonial s'est encore agrandi et consolidé, et l'on est en droit de penser qu'après la guerre il se trouvera dans des conditions de sécurité nouvelles. La concurrence allemande qui s'y exerçait très vivement sera, il faut l'espérer, écartée, et l'on ne verra plus sans doute reparaître au Tonkin, par exemple, la fameuse maison ennemie — actuellement sous séquestre — qui, avec siège principal à Paris, y faisait une grande partie des affaires.

Dans le sens de l'importation, il est d'un grand intérêt que ce soient des négociants français ayant des comptoirs d'achat à l'étranger qui fassent les expéditions des marchandises dont nous avons besoin. Il est vraiment triste de constater qu'il n'y a plus une seule firme française pour s'occuper du café dans les ports du Brésil, d'où part chaque année, à destination du Havre, qui en est un des grands marchés européens, de Marseille, de Bordeaux, pour environ cent cinquante millions de ce produit, que nous devons acheter là-bas par l'entremise d'Allemands et d'Anglais.

Souhaitons qu'on parvienne bientôt à remettre en marche régulière les établissements existants, à leur donner une vigueur nouvelle. Mais il y a encore plus à faire : dès que les circonstances le permettront, on devra examiner avec soin les perspectives que nous offriront les alliés, amis ou neutres au point de vue des relations commerciales, étudier leurs différents marchés, relever ceux sur lesquels il manque une succursale de négociant français — on en trouvera malheureusement trop ! — et en susciter la création là où l'on aura reconnu des éléments d'affaires fructueuses. Il y aura des difficultés à vaincre, c'est évident, et de grosses : nous n'en sommes plus à redouter les difficultés: en débutant modestement, avec la résolution bien arrêtée d'être patients, tenaces, et de ne pas nous laisser décourager par des échecs inévitables, mais réparables, nous parviendrons, au moins dans quelques-unes des contrées visées, à installer et à faire prospérer ces cômptoirs qui contribueront si efficacement à notre expansion commerciale.

Service spécial d'exportation et d'importation chez les industriels et producteurs. — Ce n'est pas à dire que l'exportation directe soit à abandonner, ni à négliger. Elle peut se pratiquer utilement dans plusieurs cas, d'abord par les gros industriels ou par des producteurs spéciaux, mais aussi par d'autres unissant leurs forces, pour certaines destinations, et à défaut de commissionnaires ou de négociants possédant des relations ou des succursales là où des débouchés sont possibles.

Elle nécessite des connaissances, une organisation qui ne s'improvisent pas du jour au lendemain, et qui, chez nous, se trouvent peut-être plus difficiles à acquérir et à réaliser qu'ailleurs. Les idées régnantes dans l'industrie, le commerce et la banque, les horizons relativement restreints que les Français étaient accoutumés de contempler, l'administration intérieure de leurs établissements à allure un peu trop mesquine, vieillotte et surannée ne cadraient guère avec le genre du commerce extérieur moderne, rendu encore considérablement plus excentrique par l'exagération systématique que les Allemands avaient introduite dans sa pratique.

Nos industriels, et surtout ceux qui, ingénieurs sortis des grandes écoles scientifiques, ont reçu une instruction technique sérieuse, mais une éducation qu'on peut qualifier d'anti-commerciale, précisément par son absolutisme et sa rigidité mathématiques, sont peu préparés à la souplesse, au libéralisme, au fléchissement des principes sacrés et des règles réputées immuables, que les contingences des affaires avec l'étranger exigent fréquemment. Très absorbés par la direction technique de leurs établissements, non seulement ils sont souvent obligés de négliger le côté commercial, mais ils ne sont pas assez disposés à s'adjoindre des hommes capables d'assumer la charge de cette partie de leur exploitation. Une des forces de l'industrie allemande, c'est cette dualité du personnel dirigeant presque générale, l'ingénieur à l'atelier ou au laboratoire, le directeur commercial au bureau.

Soit pour l'achat des matières premières importées, soit pour la vente de la fabrication à l'extérieur, la nécessité d'un service spécial devient encore plus impérieuse chez l'industriel qui veut se passer d'intermédiaires *ad hoc*. Tout un travail bien différent de celui que comportent les affaires ordinaires avec la clientèle nationale lui est imposé : voyages souvent de longue durée effectués par lui-même ou par des hommes de confiance expérimentés, choix d'un personnel de représentants, d'agents à poste fixe sur les places où il tente de s'introduire, recherche des débouchés nouveaux, étude des clientèles, des conditions particulières à chaque pays, tout cela demandant du temps et des frais assez lourds. Puis, lorsque cette organisation est prête et commence à fonctionner, c'est la correspondance avec les agents ou représentants, quelquefois avec les clients eux-mêmes, bien souvent par voie télégraphique — à l'aide de codes pour les contrées d'outre-mer — les arrangements à prendre avec les banquiers, les multiples complications des expéditions, transits, frets, assurances. Une pareille besogne ne peut convenir qu'à des éta-

blissements importants ayant la perspective de traiter
de grosses affaires, dont les bénéfices couvriront les dépenses engagées et seront en proportion avec la somme
d'efforts fournie.

Si l'exportation directe sous sa forme élémentaire
peut, à la rigueur, se pratiquer communément pour les
pays proches, elle devient déjà beaucoup plus délicate
pour ceux éloignés d'outre-mer. Des métiers de caractère spécial, tels que la mode, la librairie et quelques
autres l'admettent encore assez volontiers; même dans
ce cas, elle se fait souvent grâce à des succursales installées sur les places étrangères où existe une clientèle
suffisamment nombreuse; mais le vaste et puissant système de commissionnaires et de syndicats pour l'industrie du livre qui fonctionne à Leipzig et rayonne sur le
monde entier est une indication de la préférence que
les Allemands accordent au recours à des organismes
spécialisés et au groupement pour l'exportation.

Syndicats. — C'est, en effet, par le groupement en
syndicats que les industriels et producteurs qui veulent
s'affranchir de l'intermédiaire, mais ne se sentent pas
le courage ou la force de créer des services d'exportation individuels, peuvent essayer d'étendre leurs affaires, sans exposer chacun des frais trop considérables et
sans s'astreindre à une besogne supplémentaire à laquelle ils ne sont pas préparés. Et c'est dans ce sens que
les apôtres de l'exportation directe devraient, de préférence, aiguiller leur propagande, et faire l'éducation
nationale. Mais il faut bien prendre garde de ne pas
considérer le syndicat comme une panacée universelle,
et éviter une généralisation inconsidérée.

Il peut se constituer plus ou moins pratiquement.

suivant les genres d'industrie. S'il est relativement facile de grouper des fabricants de produits chimiques ou pharmaceutiques ayant chacun une ou plusieurs spécialités ne se faisant pas concurrence entre elles, il faudrait recourir au dosage savant, complexe et quelque peu arbitraire du cartel allemand pour parvenir à une union complète entre industriels faisant les mêmes articles. Une semblable institution répugne au caractère français, et ne serait guère populaire chez nous. Mais on a déjà fait des essais, dont certains avec résultats favorables, de syndicats plus modestes, où entrent quelques maisons de nature similaire appartenant, par exemple, à l'alimentation, aux tissus, et qui, versant chacune une part des frais communs, nomment un directeur d'exportation qui centralise le travail, choisit les voyageurs, représentants, agents, conduit leurs opérations, et veille à la bonne exécution des commandes, aux expéditions, et aux recouvrements.

Bien entendu, de telles organisations ne pourront se développer qu'à la condition d'être appuyées par une participation plus active de notre banque et par le concours d'un personnel extérieur très sérieux.

Agences de représentation. — On a d'ailleurs préconisé le rajeunissement, l'amplification des agences de représentation à l'étranger, et nos consuls, nos chambres de commerce dans plusieurs pays ont proposé des combinaisons diverses à cet effet. Si l'on veut étendre l'exportation directe, c'est certainement là, en même temps que dans la réforme bancaire, qu'il s'agit de réaliser les améliorations, les transformations les plus radicales. Qu'ils opèrent isolément ou en syndicats, nos producteurs doivent pouvoir trouver sur les principaux marchés du globe des offices gérés par des Français ayant une situation bien établie, et la connaissance tout à la fois du marché où ils sont installés, et des articles qu'ils se chargent de vendre.

L'Office national du commerce extérieur a un répertoire constitué en vue d'indiquer des adresses d'agents aux maisons françaises qui en réclament, et il a déjà été ainsi utile à nombre d'entre elles; mais, à cet égard, comme au point de vue des renseignements financiers, il est tenu par son caractère officiel à quelque réserve, et à une imprécision parfois volontaire. Des associations privées dans le genre des *Exportve-reine* pourraient faire beaucoup mieux, en soignant pour le compte de leurs adhérents la publicité à l'étranger, en choisissant, en établissant, au besoin, des agents compétents et honorables, et en dirigeant des tournées de représentants.

Des agences de représentation bien outillées avec sièges doubles, en France et à l'étranger, ne seraient-elles pas souhaitables? Elles seraient ici en rapport direct avec les producteurs, les renseigneraient sur ce qu'ils ont à faire pour s'introduire sur les marchés les intéressant; elles soigneraient leurs expéditions, et, sauf pour la question financière, les affranchiraient de bien des tracas.

La diversité des procédés qui peuvent être employés par l'exportation correspond, nous le répétons, à la variété des produits exportables, du genre des producteurs, des pays de destination. Il y a toute une gamme, dont chaque touche a sa valeur; l'essentiel est de savoir frapper juste sur celle qui rendra le son voulu, à condition que le mécanisme de l'instrument ait été bien réglé par avance.

CHAPITRE II

———

AUXILIAIRES

A. — TRANSPORTS

Chemins de fer. — Tarifs réduits, communs et soudés. — Batellerie. — Marine marchande. — Primes à la construction et à la navigation. — Subventions. — « La marchandise suit le pavillon ». — Les relations avec nos colonies. — La hausse des frets pendant la guerre a peu profité à l'armement français. — Les tramps et les paquebots anglais. — La concentration et l'expansion des compagnies allemandes. — Les services français à créer. — Devoirs de l'Etat et des compagnies vis-à-vis du commerce. — Multiplication des lignes; départs fréquents et réguliers; aménagements des bateaux. — Organisation pratique des agences; engagements de fret. — Connaissements. — Passagers. — Voiliers. — Centralisation des services de la marine marchande. — Assurances.

Par sa situation géographique unique en Europe, la France se trouve dans des conditions très spéciales pour les transports des marchandises qu'elle importe ou exporte. Limitrophe de cinq pays dont les rails se soudent aux siens, elle possède des ports sur quatre mers, dans le voisinage immédiat de trois d'entre eux; les trains passeront certainement avant peu sous le détroit qui la sépare encore de l'Angleterre. Elle peut donc combiner les deux modes de transport, chemins de fer et canaux, jusqu'à ses frontières soit avec les voies ferrées étrangères d'une seule nation, soit avec la voie maritime, dans nombre de ses relations européennes. Il y a là un grand avantage dont elle devrait profiter largement, et qui n'a pas été assez exploité jusqu'à présent.

L'étude de la liaison plus intime de nos chemins de fer et de notre batellerie, d'une part, de nos services de transports intérieurs avec ceux des chemins de fer étrangers et des compagnies de navigation maritime, d'autre part, devra être une des grandes préoccupations de demain

Chemins de fer. — Nos compagnies de chemins de fer ont sans doute marché sérieusement de l'avant, et ont réalisé de grands progrès dans le matériel roulant, dans les travaux, dans les tarifs et dans l'exploitation. Une seule était restée quelque peu en retard pour des motifs bien connus, mais l'État qui l'a dépossédée devait faire de son réseau le modèle du genre : le temps a manqué pour exécuter toutes les améliorations projetées. Il reste beaucoup à faire pour donner à la ligne Paris-Havre, qui intéresse particulièrement le commerce extérieur, la capacité de trafic qu'elle devrait avoir. Le doublement en est décidé, et l'agrandissement des gares du Havre et de Rouen, le perfectionnement de leur matériel permettront enfin l'accélération et la bonne manutention réclamées depuis si longtemps. Dans d'autres directions, il y aurait aussi pour les diverses compagnies à faciliter les communications avec les ports et avec les gares-frontières par des doublements de lignes à voie unique, des élargissements de gares de triage, un accroissement de matériel roulant. Des lignes transversales bien outillées seraient nécessaires, qui favoriseraient un transit plus actif dans nos ports : des marchandises à destination de la Suisse ou en provenance de ce pays, par exemple, qui sont débarquées ou embarquées à Gênes, Anvers ou Rotterdam, passeraient par Le Havre, Dunkerque, Saint-Nazaire.

Bordeaux ou Marseille, si les communications étaient rendues plus pratiques entre ces points et Bâle, Vallorbe ou Genève. L'Alsace-Lorraine redevenue française fournira à nos ports et à notre flotte marchande un aliment fort intéressant d'affaires, si nous savons la desservir aussi bien que les Belges ou les Hollandais.

La rapidité et la sécurité dans les transports ont, certes, leur valeur : il y a presque toujours intérêt à abréger autant que possible la durée des voyages, et à éviter des transbordements nuisibles à l'état de la marchandise. Mais l'économie des frais est primordiale, et la question des tarifs joue un rôle prépondérant. Il est, en outre, très utile de simplifier le travail et les calculs des exportateurs et importateurs par l'établissement de prix comprenant l'ensemble du transport depuis le point de départ jusqu'au lieu d'arrivée, en supprimant toutes les charges accessoires de l'intervention toujours très onéreuse des transitaires, et tous les ennuis qu'elle procure.

Tarifs réduits, communs et soudés. — Les tarifs ordinaires de nos chemins de fer gagneraient à être mis plus à la portée du public qui s'y reconnaît aussi peu que dans le maquis de la procédure. Mais, lorsqu'on doit passer par plusieurs réseaux, et aborder les tarifs communs, cela devient d'une complication telle que seuls des spécialistes peuvent s'y retrouver, et encore pas toujours sans hésitations. Si l'on a besoin d'être fixé sur les délais de livraison, la lecture des conditions est un véritable casse-tête chinois, et leur application est une source de discussions, de procès interminables. Il semble que tout cela pourrait être sensiblement clarifié; si nos compagnies étaient plus sûres d'elles, si leurs moyens d'action étaient plus larges, plus souples, si leur entente était mieux réglée, elles ne chercheraient pas à se réfugier derrière des imprécisions, des ambiguïtés, des réserves vagues qui frisent parfois l'incohérence, et qui sont une gêne considérable pour le commerce.

Nous avons vu plus haut ce qui a été fait, en France, pour l'exportation et l'importation; c'est relativement fort peu de choses à côté des ingénieux et très libéraux avantages que d'autres pays ont concédés avec empressement. Des combinaisons multiples, tarifs réduits, communs entre les chemins de fer nationaux et les armateurs, entre ces deux éléments et les chemins de fer étrangers ou les entreprises de navigation fluviale, tarifs de pénétration, etc., sont d'un usage courant en Belgique, en Hollande, en Suisse, en Italie, pour ne pas toujours parler de nos ennemis.

D'autant mieux qu'en Allemagne, où les tarifs spéciaux d'exportation ont atteint des proportions tout à fait invraisemblables, ils font partie de tout un système de protection qui n'a son pareil nulle part, et qui est appelé à subir de rudes assauts, si les nations qui en ont été victimes savent, à l'avenir, mieux se défendre par des ententes économiques énergiques. Le *dumping* en est le principe, et ils sont un moyen indirect et hypocrite de tourner les conventions douanières, de subventionner les compagnies de navigation, d'aider au développement des ports, de favoriser certaines industries, et même, ce qui paraît paradoxal, de lutter contre des transporteurs étrangers. La conception étatiste de la Prusse étendue à l'Empire s'y épanche sans restriction, et avec cette audace qui se retrouve dans ses autres manifestations.

Nous n'irons pas jusque-là. Mais nous pouvons demander à nos chemins de fer de contribuer par quelques sacrifices, qui seront vite couverts par un accroissement de trafic rémunérateur, à l'extension de notre commerce extérieur. La généralisation de tarifs réduits et communs, soigneusement établis, sans trop de spécialisations, de réticences, avec des délais de livraison bien définis, de façon à ce que l'expéditeur puisse être certain que ses marchandises arriveront à temps au port d'embarquement pour y être chargées sur tel vapeur pour lequel il aura arrêté le fret. D'autres tarifs communs avec les chemins de fer étrangers dont les rails continuent les nôtres. Et une entente avec les compagnies de navigation pour que des connaissements directs puissent être signés dans toutes les directions, et que le prix du transport complet par fer et par mer soit fixé globalement. Voilà des desiderata qui n'ont rien d'excessif, et dont la réalisation ne demanderait qu'un peu de bonne volonté.

Peut-être y aurait-il lieu d'accorder des ristournes annuelles et proportionnelles au tonnage atteint aux exportateurs réguliers de certaines marchandises. D'autres facilités pourraient encore être étudiées par la suite.

Batellerie. — Des tarifs communs entre les chemins de fer et des entreprises de batellerie rendraient de signalés services, dans bien des cas. Mais la coopération des voies ferrées et des voies d'eau a rencontré jusqu'à présent une opposition irréductible de la part de nos grandes compagnies qui n'ont rien fait, tout au conraire, pour aider à un emploi combiné des deux modes de transport. Elles ont toujours travaillé à étouffer ce qu'elles considéraient comme une concurrence dange-

reuse, ne voulant pas admettre — c'est pourtant un
fait prouvé par l'expérience — que la multiplication
des moyens de locomotion entraîne fatalement une
augmentation de la circulation, qui souvent dépasse
rapidement les prévisions les plus optimistes, et profite
à la fois aux uns et aux autres. La Compagnie du Nord,
dont le réseau est le plus concurrencé par un système
de canaux très étendu, n'en est pas moins celle qui obtient les meilleurs résultats de la branche « marchandises ». Et l'usage très large des péniches pour amener la houille de Rouen à Paris, et même plus loin, ne
fait pas tort aux chemins de fer de l'Etat qui se voient
tellement encombrés parfois qu'ils refusent des wagons,
et font subir des retards sensibles aux expéditions sur
leur ligne parallèle à la Seine.

On a bien remarqué que les chemins de fer allemands ont, eux aussi — au moins ceux dépendant de
l'Etat — fait une certaine opposition à la navigation
intérieure, et refusé de constituer avec elle la coopération officielle. Mais des réseaux locaux ont cependant
consenti à construire ou à laisser construire des gares
d'eau, où se fait la jonction des deux voies. Non seulement le Rhin et l'Elbe sont sillonnés par des convois de
puissantes péniches qui portent les produits de toute
leur vallée à Rotterdam et Hambourg, ou qui amènent
ceux venus d'outre-mer, mais des canaux transversaux
à grande section relient les fleuves parallèles qui con-
duisent à Rotterdam et Brême, d'une part, à Hambourg
et aux ports de la Baltique, d'autre part. Des villes comme Mannheim sont devenues de véritables ports intérieurs, à tel point que les négociants y ont la prétention
d'opérer exactement dans les mêmes conditions que
ceux des places maritimes.

Nos compagnies — et l'Etat pourrait leur donner l'exemple sur son réseau — trouveraient peut-être intérêt à tenter dans certaines directions une organisation commune avec la batellerie, qui, tout en donnant satisfaction au commerce, éviterait une lutte susceptible d'être préjudiciable aux deux parties.

En tout cas, dans l'intérêt général, des travaux s'imposent pour donner à la navigation fluviale toute l'importance qu'elle devrait avoir chez nous. C'est aux pouvoirs publics qu'incombe l'initiative des mesures à prendre.

Marine marchande. — L'insuffisance de notre marine marchande appelle encore plus vivement l'attention : la commission spéciale de la Chambre des députés s'en préoccupe, et étudie les moyens de lui donner, après la guerre, une allure tout autre que celle vraiment déplorable qu'elle avait prise, et que nous avons essayé d'exposer succinctement. Le problème est d'autant plus ardu que la situation va se trouver compliquée du fait de la complète désorganisation des flottes de nos armateurs par la réquisition, et de la puissance acquise par ceux des pays neutres et d'un pays allié, grâce aux bénéfices fantastiques réalisés sur les frets. Il serait enfantin de se dissimuler que l'Allemagne même vaincue cherchera, dès la conclusion de la paix, à reprendre son trafic extérieur, et qu'elle aura peut-être même alors à sa disposition une partie des nombreux bateaux et équipages immobilisés pendant les hostilités, dans ses ports et dans ceux des nations neutres, pour transporter dans les deux sens les stocks de marchandises qu'elle a, dit-on, accumulés chez elle et de divers côtés.

Mais ce n'est pas une raison pour se décourager et

pour négliger de préparer résolument un programme pratique, afin de faire face aux circonstances et d'activer énergiquement la rénovation de notre marine marchande. Un double travail est à effectuer à cet effet : l'Etat et les armateurs ont des efforts simultanés à faire, qui intelligemment réunis, sans arrière-pensée, et après abandon de cet esprit de méfiance mutuelle ou de marchandage qui a trop longtemps régné, devront amener une entente loyale et favorable à la fois au pays et à l'armement.

Il est certain que celui-ci a besoin d'être soutenu. C'est une industrie annexe qui ne peut se considérer comme les autres industries, dont elle dépend essentiellement, en subissant les fluctuations. Elle est soumise à des réglementations étroites, tant pour le recrutement de son personnel que pour son exploitation. On a pu dire que si une marine marchande est nécessaire pour faire vivre un grand pays, elle ne peut prospérer que sous l'égide d'une marine de guerre. Les Allemands l'ont bien compris, qui, pour fournir des équipages à leurs paquebots réclamant 70.000 marins, et pour établir leur prestige dans les contrées d'outre-mer, ont créé une flotte employant un effectif de 65.000 hommes, sur le pied de paix, à peu près le chiffre de toute la population masculine de leurs côtes.

Primes à la construction et à la navigation. — Le système des primes à la construction et à la navigation, qui a été en faveur chez nous, a ses partisans et ses détracteurs. Il a coûté fort cher et n'a pas donné d'excellents résultats. Des abus se sont produits : on a vu des navires gagner suffisamment à se promener à vide sur les mers, et ne servir en rien à notre commerce. D'autre part, il est de bonne politique d'enrichir l'armement pour qu'il devienne plus fort et puisse développer sa construction et son activité. Des discussions, des délibérations qui s'ouvriront à nouveau, après enquêtes auprès des gens compétents, sortira un régime plus efficace, sans doute. Des primes proportionnelles au tonnage transporté versées sous une forme ou sous une autre ne seraient-elles pas logiques et équitables? Elles auraient l'avantage d'exciter les armateurs à rechercher le fret avec plus de zèle encore, et à ne rien négliger pour attirer les chargeurs à eux.

Subventions. — Les subventions aux compagnies chargées d'un service postal régulier ont donné lieu également à de nombreuses polémiques, à des interprétations contradictoires, et à des litiges judiciaires. On a reproché à certains concessionnaires de s'être endormis un peu trop sur la sécurité que leur offrait la subvention, de ne pas avoir fait ce qu'ils auraient dû pour donner à leurs services l'ampleur qu'ils étaient susceptibles d'acquérir, et de s'être laissé peu à peu écraser par la concurrence étrangère. Il faut remarquer que les subventions dites « postales » ne représentent pas seulement le prix du transport de la malle; elles sont bien plutôt des primes qu'accorde l'Etat aux armateurs soumis à un itinéraire déterminé, à des départs réguliers à dates fixes, et à d'autres stipulations contenues dans un cahier des charges. Lorsqu'on procède à la rédaction de ce document, chaque ministère vient, à son tour, réclamer quelque avantage, depuis celui du commerce, jusqu'à ceux de la guerre, de la marine et des colonies; si bien que les Chambres dociles ne votent les conventions qu'après avoir imposé toute une série de conditions annexes pour lesquelles il faut bien accorder des compensations, sous forme de majoration des subventions.

A ces procédés trop administratifs et simplistes qui entraînent fatalement les compagnies de navigation à se croire elles-mêmes chargées d'un service public officiel et, comme telles, à dédaigner par trop les tactiques et les usages commerciaux, il serait bon de substituer des méthodes plus rationnelles. L'Etat et les armateurs doivent agir en commerçants dans l'établissement des contrats qu'ils négocient entre eux. S'il est reconnu nécessaire de subventionner certaines lignes d'intérêt national qui ne peuvent prospérer autrement, qu'on le fasse; mais que les cahiers des charges ne contiennent pas de superfluités, prétextes à augmentation des exigences des compagnies, qu'on ne leur demande que ce qui est vraiment utile, et qu'on ne paye que les services réellement rendus.

Les Allemands se vantaient d'avoir pu créer une marine marchande extraordinairement forte sans primes ni subventions, et cela rapidement, puisqu'en 1870 ils ne possédaient que 640.000 tonneaux et qu'ils étaient arrivés en 1914 à près de cinq millions de tonneaux de jauge brute, avec des paquebots de 50 à 60.000 tonnes, et même de 65.000, comme le *Bismarck!* En effet, seules quelques lignes postales reçoivent de faibles subventions, mais la protection de l'Etat ne s'exerce pas moins et très large, quoique indirecte, par l'application des tarifs soudés, avec la réduction accordée sur le transport par fer, qui va parfois jusqu'à la gratuité, et par les procédés scandaleusement habiles qui drainent l'émigration de l'Europe orientale vers les compagnies allemandes. Et elles n'ont pas à obéir à un cahier des charges, en échange de ces subventions déguisées.

Il semble difficile, pour ne pas dire impossible, de recourir, en France, à des moyens obliques de ce genre. Toutefois, les tarifs réduits des chemins de fer généralisés seraient un premier pas dans cette voie, surtout s'ils étaient réservés aux marchandises destinées à être embarquées sur navires français ou en provenant; d'autres mesures sérieusement étudiées permettraient de protéger notre armement mieux et de façon moins onéreuse pour l'Etat que par des primes et subventions inconsidérément distribuées et — l'expérience en est faite — d'une efficacité tout à fait insuffisante. Il est inadmissible que nous continuions à faire bénéficier l'étranger des centaines de millions annuelles que représente le fret des produits que nous exportons et importons, et qui devraient tomber dans la caisse de nos propres armateurs, pour profiter à l'ensemble de la nation, puisque l'argent gagné par eux se dépenserait dans le pays, en majeure partie.

« La marchandise suit le pavillon ». — L'axiome « la marchandise suit le pavillon », qui n'est pas absolu — la Belgique lui donne un démenti — contient cependant une bonne part de vérité. En général, l'apparition fréquente et régulière des couleurs d'un pays dans les ports étrangers est une excellente réclame pour sa production; elle atteste sa puissance, son activité, son désir de se mettre en relations avec le reste du monde; elle apporte un peu de son ambiance, et finit par créer une influence indéniable; elle comporte un personnel fixe d'agents qui deviennent des propagateurs pour l'industrie nationale, et dans ce rôle les Allemands font merveille, se servant des indications que leur procurent les envois confiés à leurs bateaux par des chargeurs étrangers pour aller débaucher la clientèle de ceux-ci. On a dit que, chez eux, « la création des lignes de navigation ne suit pas le commerce, qu'elle le précède ». C'est l'application du même principe que dans la banque, malgré l'affirmation d'un de nos éminents économistes : « c'est le commerce qui est le premier pionnier et qui appelle la banque ». Dans un sentiment commun de prévoyance et d'organisation préalable, des compagnies de navigation et des banques allemandes s'étaient entendues déjà depuis plusieurs années pour être prêtes à fonctionner, dès l'ouverture du canal de Panama, sur la côte américaine du Pacifique, depuis le Canada jusqu'au Chili, tant à l'importation qu'à l'exportation, y compris le service d'émigration qu'elles outillaient adroitement pour satisfaire aux exigences des lois spéciales et restrictives des États-Unis, et pour donner des facilités de payement aux passagers nécessiteux.

Il va sans dire que les chargeurs trouvent généralement des avantages à expédier leurs marchandises par des navires de leur propre nationalité, et les Allemands, outre les économies que leur procurent les chemins de fer et la batellerie, jouissent de conditions de faveur sur leur flotte : c'est ainsi qu'on a signalé que le fret de Hambourg à Buenos-Aires est meilleur marché sur un même bateau que celui de Cherbourg ou de La Pallice.

Alors que les prix d'origine, de production des Allemands ne sont pas d'ordinaire, comme on le croit trop, plus bas que les nôtres, c'est la différence énorme des frais que supporte la marchandise durant le voyage qui réduit leurs prix caf., et leur fait obtenir la préférence des acheteurs d'outre-mer.

Les relations avec nos colonies. — Un empire colonial très étendu comme celui que nous avons réussi à constituer aurait dû provoquer une extension sensible de notre marine marchande. Malheureusement, tel n'a pas été le cas. Certaines de nos grandes colonies sont encore fort mal desservies par des services annexes peu fréquents, peu confortables, assez lents, assez chers, et avec des aménagements pas toujours propres aux produits du pays. On est obligé de constater que, là aussi, les Anglais et les Allemands sont les grands transporteurs, et, par suite, fatalement de gros fournisseurs, et même d'importants réceptionnaires : Hambourg est devenu le marché de produits coloniaux français, dont ses armateurs ont su accaparer la conduite en Europe.

Fait inouï et qui serait à peine croyable s'il n'avait été cité par un ancien sous-secrétaire d'Etat des Postes et Télégraphes, une compagnie allemande a eu, il y a quelques années, l'aplomb d'offrir ses services pour le transport de la poste française à Bizerte!

La hausse des frets pendant la guerre a peu profité à l'armement français. — En accordant la protection au pavillon, avec des ménagements calculés pour ne pas nuire au commerce, ne pas attirer des représailles, ne pas imposer au Trésor des charges trop lourdes, et ne pas tuer tout esprit d'initiative chez les armateurs, on peut espérer que notre marine marchande se relèvera rapidement. Sa faiblesse vient de faire perdre à notre pays des ressources très considérables; bien que la maîtrise de la mer ait été conservée par nos alliés, les Anglais, et nous, au détriment de la marine allemande annihilée, il ne nous sera revenu qu'une très faible partie des énormes bénéfices que la hausse des frets a procurés. La réquisition, l'obligation où étaient, de par leur cahier des charges, certaines compagnies de continuer leur service sur des itinéraires peu productifs pour le moment ont empêché la disponibilité de nombreux navires; il ne nous en est resté que fort peu pour naviguer sur l'Atlantique et ailleurs où la demande de fret était inextinguible. Ce sont les marines anglaises, hollandaises, scandinaves, américaines et grecques qui ont recueilli presque tout le profit de la situation : on sait quels dividendes formidables ont distribués à leurs actionnaires des compagnies de navigation, et l'on a calculé qu'un vapeur avait pu dans un seul voyage toucher comme fret plus que sa valeur.

Les « tramps » et les paquebots anglais. — Il est vrai qu'en ce qui concerne l'Angleterre, ses *tramps* lui ont admirablement servi en l'occurrence; mais on a dit que la prospérité de sa marine n'était qu'apparente avant la guerre. La trop grande quantité de ces navires qui parcouraient les mers du monde entier à la cueillette du fret provoquait une baisse dans les cours : ils représentaient environ 12 millions de tonneaux, contre 7 à 8 millions de tonneaux pour les lignes régulières. Les actions, généralement d'une livre sterling, placées comme billets de loterie à de nombreux souscripteurs ne leur rapportaient souvent pas grand'chose; les *managers* et les actionnaires-constructeurs des bateaux seuls y trouvaient d'ordinaire leur compte. Des grandes compagnies exploitant les lignes régulières seule la *Peninsular* donnait jusqu'à 9 % de dividende, les autres ne dépassaient guère 4 à 4 $\frac{1}{2}$ %. Ce sont là des résultats médiocres pris en eux-mêmes, mais qui n'ont qu'une importance relative, si l'on considère celle de l'industrie et du commerce que le mouvement maritime entretient en Angleterre et dans ses colonies.

La concentration et l'expansion des compagnies allemandes. — Au contraire, c'est la concentration dans quelques compagnies plus ou moins dépendantes de deux grandes, la *Hamburg-Amerika* et le *Norddeutscher Lloyd*, aujourd'hui syndiquées, qui a été la règle en Allemagne. N'ayant pas réussi comme elles l'auraient voulu dans leur projet de trust de l'Océan, elles se sont entendues entre elles et avec l'Etat — le kaiser a prêté personnellement son autorité pour les favoriser — et, sans hésitation, sans se soucier des dépenses énormes qu'elles engageaient, des déficits d'exploitation des paquebots monstres à vitesse toujours plus accélérée, des pertes que laissaient certains services, elles les ont multipliés sur toutes les mers, et ont fait de plus en plus grand. Suivant les mêmes principes que l'industrie et la banque, elles ont toujours cherché à anticiper sur les besoins, à les faire naître en offrant par avance de les satisfaire. Elles ont construit sans cesse, toujours mieux, amortissant largement leur matériel, le modernisant constamment, procurant ainsi à leurs fournisseurs par la continuité des commandes une sécurité avantageuse, dont elles profitaient par contre-coup, et attirant la clientèle par les commodités qu'elles offraient avant les autres. Certes, les choses n'ont pas toujours marché tout droit : il y a eu des moments difficiles. Les paquebots-palaces coûtent fort cher à construire et à entretenir, l'accroissement des vitesses ne

s'obtient qu'avec une dépense de combustible non pas
proportionnelle, mais en progression beaucoup plus vive, les nouvelles lignes improductives pendant quelque
temps absorbent les bénéfices réalisés sur les autres, la
concurrence amène des guerres de tarifs — et il en a
éclaté de violentes. Mais toutes les crises ont été surmon-
tées. Les émigrants, qui ne rapportent pas gros indivi-
duellement, ont servi cependant par leur masse à couvrir une bonne part des frais d'exploitation des paquebots, la fréquence et la régularité des passages, les bonnes conditions pratiquées ont séduit les chargeurs, et
l'intensité du fret recueilli a permis l'emploi simulta-
né et lucratif de steamers moins rapides et de cargo-
boats. La *Hamburg-Amerika* est arrivée, avec ses 68
lignes, à desservir tous les ports américains et à atteindre l'Extrême-Orient par le Pacifique. Elle possède avec
sa sœur de Brême 40 % de la flotte marchande nationale, dont 80 % sont consacrés aux lignes régulières.

Pas plus en cette matière que dans d'autres, on ne
saurait songer à faire exactement chez nous ce qui a
été réalisé en Angleterre ou en Allemagne. Mais, lorsque les pouvoirs publics auront adopté une méthode
judicieuse d'assistance à notre marine marchande, armateurs et constructeurs auront à montrer, à leur tour,
de l'activité et de l'ingéniosité pour répondre aux exigences du commerce moderne.

Les services français à créer. — L'examen des directions dans lesquelles il manquait des lignes françaises
fera l'objet d'un premier travail. Elles ne sont que trop
nombreuses, et il conviendra de les sérier pour satisfaire tout d'abord les besoins les plus urgents.

Beaucoup de nos colonies ne sont pas reliées à la

métropole par des services suffisants. Madagascar, le Tonkin, par exemple, méritent mieux que ce qu'on a fait pour eux. L'Afrique, où nous avons des possessions au nord, à l'ouest, au sud-ouest, à l'est et au nord-est, devrait être contournée par des steamers réguliers français faisant circuit dans les deux sens, comme elle l'était par les Allemands qui n'y avaient cependant d'établissements que sur trois points. Notre Guyane à peine exploitée, alors que celle appartenant à l'Angleterre et à la Hollande est prospère, restera dans le même état tant qu'on ne se sera pas décidé à la desservir de façon moins ridicule que jusqu'à présent. En Océanie, où nous avons planté notre pavillon de-ci, de-là, la Nouvelle-Calédonie, Tahiti et les autres archipels ne reçoivent que de loin en loin, ou même pas du tout la visite de nos paquebots. Et l'on s'étonne que nous n'en tirions pas le même profit que d'autres nations ont su obtenir de leurs colonies voisines et similaires!

En Europe même, nous avons relevé les trous qui existent dans les itinéraires. Les circonstances nouvelles nous feront un devoir impérieux de les boucher. La Russie, et subsidiairement la Suède, la Norvège, le Danemark et la Hollande ne pourront rester plus longtemps sans être reliés à nos ports principaux par des lignes directes bien outillées, et la Russie aussi bien par la voie méridionale que par la Baltique; le Levant, où tant de bouleversements vont s'opérer, sera à soigner tout spécialement, et l'on n'oubliera pas l'Italie.

En Amérique, le Canada et toute la côte du Pacifique finiront sans doute par être abordés par nos compagnies. Peut-être verrons-nous l'une d'elles ouvrir un service de circumnavigation — que le canal de Panama rendra plus facile — dans le genre de celui que depuis longtemps une compagnie anglaise avait organisé en double vers la Nouvelle-Zélande, via Suez ou via détroit de Magellan, avec retour via détroit de Magellan ou via Suez.

Devoirs de l'Etat et des compagnies vis-à-vis du commerce. — C'est toute une étude d'ensemble et de grande envergure qui est à entreprendre avec la collaboration de l'Etat et des armateurs. Lorsqu'il sera jugé utile de subventionner une ligne, le cahier des charges sera établi avec le souci dominant de faciliter le commerce, et non pas dans des buts mesquins de contrôle administratif ou de bénéfices particuliers insignifiants scrupuleusement arrachés, après une savante élaboration des bureaux des divers départements ministériels.

Les compagnies ont évidemment à rémunérer leurs capitaux; on ne saurait les blâmer quand elles se montrent prudentes et circonspectes. Mais elles ne peuvent oublier tout de même qu'elles ont une grande responsabilité dans l'évolution économique du pays, et qu'elles sont en quelque sorte les dispensatrices d'une partie des forces qui contribuent à la fortune publique. La protection que la nation leur accorde, les sacrifices très lourds qu'elle a si libéralement, si prodiguement faits en leur faveur, les subventions, qui créent pour elles des privilèges, des monopoles de fait, leur imposent des devoirs correspondants, et les obligent à songer au moins autant à l'intérêt général qu'à celui très respectable sans doute de leurs actionnaires ou administrateurs. Elles sont doublement coupables lorsque par une gestion imprévoyante ou par manque d'initiative, dans la crainte excessive de compromettre une ancienne situation, elles se refusent à toute audace, et se réfugient dans une inertie qui finit par devenir au moins aussi dangereuse pour elles, et bien plus préjudiciable pour le pays.

Entraînés par le mouvement qui se dessine heureusement et qui ne s'arrêtera pas, nos grands armateurs vont certainement redoubler d'efforts pour offrir au commerce extérieur, dans un délai aussi court que possible, les moyens d'action qui lui sont indispensables.

Multiplication des lignes; départs fréquents et réguliers; aménagements des bateaux.— On leur demande de tous les côtés des services nombreux touchant dans les ports avec lesquels il se fait ou pourrait se faire un commerce français d'une certaine importance, la multiplication des lignes, de préférence directes, avec des départs fréquents et réguliers, qui sont pour les chargeurs encore plus avantageux que la grande vitesse de steamers trop espacés ou dont le passage n'est pas assuré à dates fixes. Ils retrouveront ainsi une clentèle qui leur échappait, et seront à même d'abaisser le taux de leur fret, de le maintenir plus uniforme, plus stable. Des cargo-boats, des bateaux à marche moyenne n'entraînant pas des dépenses de construction et de charbon excessives et doublant les grands paquebots à voyageurs suffiront, en général, pour assurer les services de ce genre, à la condition qu'ils soient aménagés convenablement pour l'arrimage des marchandises fournies par les pays desservis : on a signalé ce fait qu'un seul des bateaux français se rendant dans l'Amérique du sud pouvait recevoir plusieurs automobiles! Le marché de certains produits s'est établi en Allemagne, où nous devions aller les acheter en seconde main, parce que nos bateaux ne pouvaient les amener en bon état, alors que ceux des compagnies allemandes avaient reçu des installations *ad hoc*. On sait que nous manquons de navires frigorifiques pour le transport des viandes, qui a pris et prendra encore une extension considérable; nous n'en avons pas non plus, comme les Anglais ou les Américains, pour certains fruits, comme les bananes, qui se vendent à Londres sensiblement meilleur marché qu'à Paris, et y ont pris une grande place dans l'alimentation populaire.

Organisation pratique des agences; engagements de fret. — Une organisation plus pratique des agences serait désirable pour la recherche du fret, tant aux points terminus que dans les escales. Des courtiers, des rabatteurs pourraient rendre des services, et l'on s'étonne qu'ils ne soient pas davantage utilisés. On se plaint aussi fréquemment des difficultés que font nos compagnies pour engager du fret à l'avance, ce qui est indispensable pour certaines affaires, et est pratiqué beaucoup plus libéralement par la concurrence étrangère. Peut-être serait-il possible de réduire les formalités et la paperasserie qui absorbent l'attention et le temps du personnel des administrations centrales, des agences et du bord : il faut avoir vu un commissaire descendre à une escale et apporter à l'agence, puis en ramener les documents innombrables, qui passent par le visa du représentant de la compagnie et du consul, pour avoir une idée du travail méticuleux, compliqué, souvent fastidieux et puéril que des traditions vétustes imposent à la navigation, et qui serait susceptible, semble-t-il, d'être allégé.

Connaissements. — En tout cas, les clauses et conditions des connaissements sont à modifier, pour rendre plus équitable, plus claire la formule du contrat de transport entre armateurs et chargeurs, que le droit commun suffirait à régler, sans qu'il soit besoin de toutes ces stipulations restrictives qui forment un texte infini couvrant en caractères microscopiques le verso des feuilles de connaissements; personne ne les lit, et elles n'ont d'ailleurs qu'une valeur très relative, puisque la jurisprudence peut parfois déclarer léonines certaines d'entre elles. Comme pour les polices d'assurances, il serait bon de fixer un texte bref, officiel et général ne prêtant à aucun abus, à aucune ambiguïté, à aucune interprétation arbitraire, ne semblant pas donner presque tous les droits à une des parties et en laisser fort peu à l'autre.

Si l'on arrive à l'entente complète entre les compagnies de navigation et celles de chemins de fer pour les tarifs communs et soudés, avec connaissements directs, de très grands ennuis et frais seront évités aux exportateurs et importateurs, qui pourront généralement se passer de transitaires; mais il sera nécessaire d'aller jusqu'au bout, et de faire, à l'importation, aussi bien que les agents de lignes allemandes, qui se chargeaient de remplir les formalités de douane, à l'arrivée dans nos ports, et même d'avancer le montant des droits, qu'ils faisaient suivre, en remboursement, pour être encaissé par la gare destinatrice, en même temps que le fret, quand l'expédition, sous plomb de douane, dans un entrepôt intérieur n'était pas possible.

Un esprit nouveau finira-t-il par s'introduire dans les relations entre le commerce et les compagnies de navigation françaises? La plupart de celles-ci auraient

fort à gagner en se montrant beaucoup moins imbues
de leur omnipotence, qui a d'ailleurs bien diminué
par la force des choses. Leur personnel, du haut en bas,
a un caractère trop administratif, trop financier, quelquefois trop politique, et pas assez commercial.

Passagers. — Le transport des marchandises est la
partie la plus importante, et d'ailleurs la plus rémunératrice de l'exploitation des services maritimes, comme
il l'est pour les chemins de fer. Cependant le voyageur
n'est pas à dédaigner : même en laissant de côté l'intérêt qu'il y a pour un pays, tant au point de vue moral
qu'à celui matériel, à promener un peu partout des
échantillons de sa puissance, de son génie, de son industrie, de son goût, de ses agréments, sous forme de
majestueux, confortables et luxueux navires, avec tout
ce qu'ils contiennent en matériel et en hommes, l'at-
trait d'un voyage agréable lui amènera un fort contingent d'étrangers, touristes ou gens d'affaires. La traversée d'aller leur donnera déjà un avant-goût de ce
qu'ils trouveront sur la terre dont le steamer est un pro-
longement, et où ils arriveront préparés à en apprécier
les charmes et la production; celle de retour les main-
tiendra un peu plus longtemps dans l'ambiance où ils
auront vécu quelque temps, et qu'ils ne quitteront qu'au
moment de mettre le pied sur le sol natal, rapportant à
leurs compatriotes des impressions encore toutes fraî-
ches et que rien n'aura pu dénaturer.

On embarquera toujours de préférence sur des navires de fort tonnage, à grande vitesse, aménagés avec
tout le confort moderne, un luxe de bon goût, comportant toutefois des prix variés pour les divers genres de
passagers — et à cet égard il y aurait peut-être lieu d'a-

dopter le système anglais qui, pour la première classe, a des tarifs gradués, suivant la grandeur, la situation des cabines. Les étrangers, et même les Français désertaient nos paquebots qui, sur plusieurs lignes, étaient, en grande partie, toujours ceux d'il y a vingt ans et plus — certains atteignant la quarantaine — et qui étaient hors de toute comparaison avec ceux que faisaient sortir constamment nos concurrents. Nous n'avions que quelques spécimens de la construction moderne, sur des itinéraires privilégiés.

Par la création d'une flotte nouvelle assez nombreuse, pourvue d'installations perfectionnées et d'un personnel polyglotte bien dressé et prévenant, avec des voyages rapides et réglés de façon à ce que l'aller et le retour puissent s'effectuer sans attente inutile pour ceux qui n'ont qu'un court séjour à faire, nos compagnies aideront puissamment aux relations personnelles entre nos industriels et commerçants et la clientèle d'outre-mer. Il leur faudra bien trouver le moyen de la constituer, si elles veulent vivre et remplir leur fonction naturelle.

Voiliers. — Il n'a été jusqu'ici question que des vapeurs. Le commerce fait encore usage assez largement de la navigation à voiles, qui est économique pour des marchandises non périssables, dont l'arrivée n'est pas urgente. La longueur du trajet présente même parfois des avantages, car elle donne le loisir au propriétaire de la cargaison de prendre son temps pour la vendre flottante, au moment qu'il juge le plus favorable. Des armateurs français ont fait construire de grands voiliers à quatre et cinq mâts qui exécutent de très lointains voyages. Mais nous avons très peu de ces petits navires que les Norvégiens surtout, mais d'autres aussi, tiennent à la disposition des affréteurs pour des traversées de toute nature, et qui sont recherchés par les négociants désirant faire des chargements complets, soit de marchandises diverses, soit d'un seul produit généralement en vrac, quelquefois parce qu'il faut un arrimage tout spécial, des soins durant la traversée, ou à cause d'odeurs ou d'autres inconvénients.

Centralisation des services de la marine marchande. — Tout cela est fort complexe. Une impulsion centrale, un programme large et bien défini, de l'esprit de suite sont absolument nécessaires pour que notre marine marchande se revivifie. Ce n'est pas ce qui a existé jusqu'à présent. Sept ministères se partageaient l'étude et la surveillance des questions qui l'intéressent, et l'on peut s'imaginer la lutte que le moindre incident soulevait entre ces administrations jalouses les unes des autres, et qui, de plus, croyant bien faire, se plaçaient toujours sur le terrain étroit des intérêts fiscaux de l'Etat, au lieu d'envisager celui de la nation. Une semblable organisation — ou mieux une pareille absence d'organisation — ne peut se prolonger. Quant à la mentalité qui fait jeter la suspicion sur tout ce qui est « affaires » et sur tous ceux — parlementaires ou autres — qui cherchent à favoriser ces affaires, elle sera malheureusement assez difficile à modifier, tant qu'on ne saura pas distinguer nettement entre celles qui sont saines, légitimes et utiles et les autres, entre les hommes honnêtes, sérieux et travailleurs et les faiseurs, qui sont les plus bruyants et éclaboussent tout autour d'eux.

On a créé un sous-secrétariat d'Etat de la marine marchande, puis on l'a fait disparaître, pour le rétablir ensuite. Mais le véritable organe de coordination n'existe pas encore, et son institution sous une forme réellement pratique est plus que jamais indispensable. Un mouvement d'opinion énergique et bien canalisé conduira, souhaitons-le, les pouvoirs publics à prendre des décisions en ce sens.

Assurances. — Les assurances maritimes seront obligées de se transformer. Les compagnies françaises existantes augmenteront-elles leur champ d'action, ou de nouvelles viendront-elles travailler en supplément? Les risques que prenaient les Austro-Allemands seront, en tout cas, à répartir ailleurs. Et il faudra bien créer chez nous d'une façon ou d'une autre l'industrie de la réassurance presque complètement abandonnée à nos ennemis. Un projet de loi déposé le 25 février 1916 « relatif à la surveillance et au contrôle des opérations de réassurances » impose la vérification du ministère du travail, et soumet les compagnies étrangères à l'installation en France d'un siège à gestion autonome pour tous contrats souscrits ou exécutés dans notre pays, et au dépôt à la Caisse des dépôts et consignations des valeurs représentant la portion d'actif afférente aux dits contrats. L'exposé des motifs insiste sur les dangers des réassurances faites au dehors, qui renseignent trop complètement sur nos affaires des concurrents indiscrets, et qui, en cas de guerre, peuvent avoir des conséquences fatales. La liquidation des contrats en cours au mois d'août 1914 sera des plus délicates.

Profitera-t-on du remaniement général pour rajeunir les assurances maritimes chez nous? Arrivera-t-on à faire quelque chose dans le genre du Lloyd anglais? Se décidera-t-on, au moins, à abolir un privilège aussi exorbitant que celui des courtiers-jurés?

B. — PUBLICITÉ

*Adaptation aux diverses productions et aux diverses clientèles.
— Prospectus, catalogues. — Affichage, annonces. — Echantillons. — Conditionnement. — Expositions. — Agents, représentants. — Voyages. — Presse.*

**Adaptation aux diverses productions et aux diverses
clientèles. —** Multiples sont les modes de publicité.
Chacun les emploie, suivant la nature des marchandises qu'il a à vendre, et aussi suivant la clientèle à qui
il s'adresse. Le fabricant d'une liqueur de marque unique, par exemple, n'aura pas de catalogue à établir,
comme le quincaillier dont l'usine produit des articles
nombreux de modèles variés, mais il se servira plutôt
de l'affichage et des annonces dans les journaux. Un
même industriel n'agira pas de la même façon pour un
pays de culture avancée, et pour un autre encore primitif. Un dosage soigneux, bien réfléchi et étudié s'impose pour frapper juste, sans faire des frais inutiles.

Déjà pour les affaires à l'intérieur la question du
budget de publicité et de la répartition de la somme
globale y affectée est assez préoccupante, mais elle le
devient encore bien plus dans le commerce extérieur.
Trop longtemps elle a été négligée chez nous. Tous les
rapports de nos consuls, de nos attachés commerciaux,
tous les témoignages de nos compatriotes établis à l'é-
tranger s'accordent à relever l'infériorité manifeste de
notre propagande sur celle de nos concurrents. Ils cons-
tatent les efforts que font ceux-ci — les Allemands plus
encore que les autres — pour bien s'imprégner des besoins de chaque contrée, pour se plier aux exigences,
aux goûts locaux, pour aller au-devant des désirs des
acheteurs, et pour présenter sous une forme attrayan-

te, précise, claire et avec une régularité, une insistance que rien n'arrête, des offres de plus en plus tentantes accompagnées de facilités de tous genres, qu'ils proposent même sans qu'on les leur demande. On déplore la timidité des maisons françaises qui semblent dédaigner certains marchés, ou ne pas oser les aborder; en ne cherchant pas à faire une nouvelle clientèle, elles finissent souvent par perdre l'ancienne, entraînée par le mouvement général vers les fournisseurs plus audacieux; et, quand elles se décident à user des moyens de publicité, elles le font trop modestement, au hasard, sans étude préalable, sans plan préconçu, et sans assez d'esprit de suite.

Prospectus, catalogues. — La rédaction, la présentation, la distribution large, mais intelligente des catalogues ne préoccupent pas suffisamment nos industriels qui veulent faire de l'exportation. Le travail est plus ou moins compliqué : un simple prospectus convient lorsqu'il ne s'agit que d'une spécialité ne comportant pas divers modèles; mais un gros ouvrage devient nécessaire dans bien des cas.

Une classification logique, bien compréhensible, avec des titres précis tirant l'œil, indiquant à première vue l'ensemble de la fabrication, un texte approprié à la fois à la nature des articles, et à la mentalité, aux goûts des lecteurs, mais faisant toujours ressortir les particularités, les applications, les avantages de ce qu'on offre, voilà l'essentiel. Le style, la longueur de ce texte ne seront pas semblables pour tous les genres de marchandises; l'alimentation, la mode, la parfumerie, les produits chimiques ou pharmaceutiques, la mécanique, la librairie, etc., demandent des formules, une technologie et une littérature spéciales : on ne parlera pas à un épicier comme à un ingénieur, à un tailleur comme à un chimiste. Et s'il est utile que des éditions soient faites dans la langue des pays auxquels on veut s'adresser, il ne suffira souvent pas de traduire purement et simplement un catalogue français : un travail d'adaptation s'imposera parfois pour répondre à des habitudes, à des façons de penser et de vivre très différentes des nôtres, pour ne pas heurter des préjugés, des traditions, et pour éviter des propositions d'objets inutilisables dans certaines contrées, qui seraient de l'encombrement, de la superfétation et inspireraient de la méfiance sur le sérieux et la valeur de celui qui les ferait.

Les prix et conditions de vente seront indiqués aussi exactement que possible, et, de préférence, en monnaie du pays des acheteurs, avec les poids et mesures qui y sont usités. Il est vrai que des difficultés peuvent se présenter à cet égard. Les fluctuations dans les cours des matières premières empêchent quelquefois de s'engager à maintenir des prix pendant des périodes trop longues. Pour certains pays, où les variations du change sont très sensibles et souvent très brusques, il est délicat d'établir des prix fixes à l'avance, sans courir des risques assez lourds. Mais, avec des précautions bien étudiées, on arrive à se garantir dans une certaine mesure contre de tels aléas. Il faudrait aussi que les prix fussent calculés en y comprenant les frais de transport, au moins partiellement. Des tarifs internationaux communs permettraient de les donner franco pour les principales gares de l'étranger, lorsque la voie de fer est seule employée. Pour les pays d'outre-mer, on pourrait toujours les inscrire fob port d'embarquement, c'est-à-dire « marchandise rendue à bord du navire »; mais il serait encore mieux de faire du cf ou du caf (coût et fret, ou coût, assurance et fret) comprenant la valeur de la marchandise augmentée de tous frais — et même de l'assurance — depuis le départ de chez le fabricant jusqu'au débarquement dans le port de destination.

- Des illustrations nombreuses adroitement présentées et donnant une idée exacte des articles proposés, avec leurs applications et tous les détails qui peuvent intéresser, ajouteront toujours de la valeur à un catalogue. Grâce à la photogravure, il est facile maintenant d'user abondamment de l'image. Pour beaucoup de marchandises, et surtout pour celles dont l'échantillonnage est difficile ou impossible, des figures en couleurs sont indispensables. Il y a déjà longtemps qu'une biscuiterie anglaise faisait répandre dans le monde entier un volume imposant, un gros album imprimé soigneusement sur papier de luxe, où des chromos représentaient, grandeur nature, et avec l'apparence de la réalité, tous les différents modèles de biscuits et gâteaux de la maison. Il ne manquait que d'y pouvoir goûter!

Le catalogue publié, il convient de le distribuer sans parcimonie, mais judicieusement. Des listes d'adresses bien complètes de tous ceux qui sont susceptibles de passer des commandes directement ou indirectement seront tenues à jour, et le service leur sera fait, sans attendre qu'ils réclament des exemplaires. Des éditions successives contiendront les modifications, les nouveautés; en tout cas, même si une édition reste en vigueur assez longtemps, il sera bon de renouveler l'envoi périodiquement.

Des lettres particulières d'offres de services appuieront efficacement la publicité par imprimés. On sait avec quelle ténacité les Allemands écrivent à intervalles réguliers pendant plusieurs années à des maisons qui n'ont pas encore écouté leurs propositions. Sans imiter ces procédés indiscrets, qui finissent par réussir parfois, on peut cependant user plus de la correspondance qu'on n'en a l'habitude en France pour solliciter des commandes de la clientèle étrangère.

Affichage, annonces. — L'affichage et les annonces dans les journaux, très coûteux, ne sont généralement employés que par des industries importantes ou pour des produits qui laissent de forts pourcentages de bénéfices. Cependant ils sont d'un usage si courant dans quelques pays que, pour y travailler, on ne peut guère s'en dispenser.

La réclame dans les grands journaux locaux est parfois aussi nécessaire que les insertions dans notre Bottin, le public étant habitué à trouver dans les pages d'annonces les renseignements de toute nature dont il peut avoir besoin.

Pour organiser tout cela pratiquement on doit avoir recours d'ordinaire à des spécialistes. On a d'ailleurs exprimé le vœu qu'il soit constitué un service bien renseigné pour le commerce extérieur, centralisant toutes informations utiles sur la presse universelle, sur les agences de publicité, et pouvant conseiller et guider nos industriels de façon désintéressée.

Peut-être pourrait-on essayer de faire chez nous ce qui, paraît-il, a réussi aux Américains et aux Allemands, qui publient des revues périodiques luxueuses illustrées traitant des sujets divers, mais ayant surtout pour but la propagande en faveur de leur patrie et de sa production. Imprimées en beaux caractères sur papier couché, avec grandes photographies, vues de sites curieux, des villes, des établissements nationaux, elles sont rédigées dans toutes les langues et servies gratuitement aux négociants de toutes les parties du monde. Elles contiennent , en dehors des articles de fond, qui sont déjà de la réclame plus ou moins directe, des annonces nombreuses, qui payent les frais.

Echantillons. — Il semble inutile d'insister sur l'intérêt que présente un échantillonnage copieux, bien présenté, bien classé, lorsque la nature de la marchandise le permet. Nos fabricants pourraient quelquefois y apporter plus de soin, et se montrer plus généreux vis-à-vis des commissionnaires et exportateurs ou de leurs propres agents. L'acheteur se rendra toujours mieux compte de ce qu'on lui offre sur le vu d'un échantillon que sur une désignation ou un dessin de catalogue; il se décidera plus facilement à passer commande, et les contestations à la livraison seront plus rares.

On a signalé, il est vrai, le danger que fait courir parfois la distribution large et sans précautions de catalogues très explicites, de dessins, de modèles ou échantillons. On a cité le cas de types nouveaux de montres de luxe dont les photographies envoyées à des maisons américaines avaient été utilisées aussitôt pour copier sur place le bijou créé en France. Certes, malgré le dépôt des modèles, des marques, on est exposé, pour bien des articles, à de semblables incidents, et les fabricants sont tenus à quelque prudence; mais tout ne peut pas être imité aussi facilement; et l'on ne saurait avoir la prétention de vendre à l'étranger sans fournir de spécimens.

13

Conditionnement. — A la question de l'échantillonnage peut se rattacher celle du conditionnement qu'on nous reproche de trop négliger. Ce terme désigne la façon de présenter la marchandise, de la parer, de l'emballer, de diviser les envois en colis d'apparence, de forme, de dimension ou de poids déterminés.

Nous avons, en général, assez confiance dans la qualité intrinsèque de notre fabrication pour juger superflu de l'entourer d'un décor extérieur affriolant; et si nos parfumeurs ne disent pas avec le poète : « Qu'importe le flacon, pourvu qu'on ait l'ivresse? » beaucoup d'autres industriels français n'attachent pas assez d'importance au contenant ou au cadre. Outre-Rhin, au contraire, on déploie le plus grand luxe — de mauvais aloi, sans doute — pour garnir d'oripeaux et de clinquant les objets de pacotille de la plus mince valeur; les échantillons eux-mêmes sont enjolivés, et la sauce fait manger le poisson.

On reproche à nos emballages de ne pas être suffisamment robustes pour les voyages par mer, surtout pour ceux qui nécessitent de multiples transbordements. Nous avons la réputation de faire des caisses qui ne tiennent pas : planches trop minces, mal jointes, avec des trous de nœuds; les cartonnages intérieurs, mal arrimés ou garantis, s'écrasent, sont déchirés par les clous, et les marchandises arrivent souvent détériorées. Notre attaché commercial aux États-Unis écrit : « Quelqu'un faisait observer que les caisses allemandes portent rarement la mention « fragile ». Nos concurrents ont compris qu'il vaut mieux confectionner une boîte incassable et un emballage intérieur à l'épreuve des chocs plutôt que de mettre sa confiance dans un mot que personne ne respecte. L'emballage ne doit pas être seulement résistant; il faut aussi, en ce qui concerne les boîtes ou cartons, qu'ils soient de contenance conforme aux désirs de la clientèle. S'il s'agit, par exemple, de boutons, que le commerce demande montés sur carte de vingt-quatre, il faut s'en tenir à ce nombre. Les étiquettes gagnent à être bien présentées. Les étiquettes allemandes sont souvent imprimées et parfois en plusieurs langues. Enfin, toutes ces concessions au goût du pays doivent être faites gratuitement. Les Allemands ne les facturent pas. »

Il y a dans quelques régions des habitudes, des usages, parfois basés sur des nécessités de transport intérieur, qui font exiger des mesures ou des emballages spéciaux. Trop souvent nos industriels cherchaient à éviter, et quelquefois refusaient de se plier à ces exigences, par routine, ou pour échapper à l'ennui de dresser leur personnel, ou pour ne pas faire les frais d'un outillage nouveau. Et les commandes passaient à un concurrent... la plupart du temps d'outre-Rhin, qui s'empressait, avec sa souplesse native, d'aller au-devant des désirs du client. Nous avons vu un grand fabricant français refuser un ordre d'essai déjà assez important, et qui devait amener par la suite la conclusion d'un contrat pour des quantités à livrer sur plusieurs années, parce qu'on demandait des caisses de dimension moindre que celles qu'il employait d'ordinaire, et qu'il faisait lui-même mécaniquement : il n'a pas voulu acquérir une machine nouvelle ou s'organiser pour se procurer au dehors les caisses réclamées.

Par suite de subtilités des tarifs de douane, il y a des moyens de fractionner les envois de certains articles, d'emballer à part des qualités classées sous des rubriques diverses, des pièces d'appareils, pour ne payer que le minimum des droits, sans frauder, et en agissant très honnêtement. Nos exportateurs ne se soucient pas assez de procurer cet avantage aux réceptionnaires. On se plaint également qu'ils ne rédigent pas toujours soigneusement les factures consulaires, les déclarations sur les connaissements, ce qui expose, non seulement à être taxé au tarif le plus élevé, mais à subir des amendes, des frais et des retards de dédouanement.

Expositions. — L'exposition universelle et internationale telle qu'on l'a pratiquée durant la seconde moitié du XIXᵉ siècle a fait son temps. La spécialisation était en passe d'être adoptée chez nous : le succès des manifestations de l'industrie automobile encourageait à rester dans cette voie; toutefois, il est évident que le public y avait été attiré par la nouveauté relative, par l'engouement général pour ce mode de locomotion, et qu'il ne s'empresserait pas autant vers d'autres industries. Ce sera aux intéressés à examiner ce qu'il y aura à faire dans cet ordre d'idées. Les vitrines des magasins de Paris et des grandes villes constituent déjà une exposition permanente pour le public français et pour les étrangers qui y venaient et y reviendront toujours : elles ne contiennent pas que des produits nationaux, mais on peut espérer que le mélange sera moins fréquent, à l'avenir.

En se plaçant exclusivement sur le terrain du commerce extérieur, une double organisation paraît utile, l'une sur notre propre territoire, l'autre dans les pays où nous pouvons vendre.

Ici, quel est le but à atteindre? Mettre en évidence avec méthode la qualité, la variété de notre production, grouper, centraliser dans des locaux commodément installés, facilement accessibles des échantillons fournis par les fabricants disséminés un peu partout. Y attirer les commissionnaires, les négociants-exportateurs, les acheteurs étrangers résidant en France ou y venant en tournées, pour leur épargner des recherches, des pertes de temps, et compléter, préciser les indications des prospectus, catalogues et autres documents. Des expositions collectives y suffiront; elles pourront être permanentes ou périodiques, suivant les cas, nationales ou régionales, restreintes à une spécialité ou à un ensemble de produits de même catégorie. Les chambres de commerce, les groupes syndicaux sont tout indiqués pour les instituer, avec l'aide de l'Etat et des municipalités. L'initiative de la ville de Lyon a déjà porté ses fruits, elle en a stimulé d'autres; tout cela sera consolidé, régularisé par une entente, qui devra se faire, pour ne pas éparpiller les efforts, et ne pas mettre le chaos là où l'ordre est avant tout nécessaire.

Quant à l'échantillonnage public des articles de consommation courante dans les pays étrangers, et qui y sont importés, cela est beaucoup plus complexe et semble bien peu pratique. L'Office national du commerce extérieur qu'on voudrait charger de ce service ne saurait y suffire. Lui, comme tout autre organisme officiel, ne sera jamais à même de fournir autre chose que des renseignements généraux, des bases pour les enquêtes, que, seuls, mèneront à bien des professionnels isolés ou groupés.

Au dehors, il s'agit d'aller mettre sous les yeux des consommateurs, mais surtout des commerçants locaux qui les alimentent et qui ne se déplacent pas pour venir chez nous, tout ce que nous sommes en état de leur procurer. La participation aux grandes expositions qui ont lieu de temps en temps à l'étranger n'est pas à dédaigner; c'est une réclame qui a sa valeur, mais c'est un effort très coûteux, à la portée seulement de quelques-uns, et qui, par son caractère temporaire et irrégulier, procure quelquefois plus de distinctions honorifiques que de résultats matériels, sous forme d'une clientèle nouvelle.

On a beaucoup parlé des établissements que les Allemands avaient installés, soit à New-York, soit à Buenos-Aires, soit ailleurs, et où l'on trouvait de tout, mais sans jamais bien expliquer par qui et comment ils étaient organisés. La généralisation et l'approximation ne sont pas de mise en pareille matière, et si l'on veut regarder les choses de près et dans leur réalité profonde, on s'apercevra que ces fameux organismes ne sont autre chose que des succursales ou filiales de commissionnaires ou de négociants-exportateurs de Hambourg et d'autres places, ou des agences de représentation de syndicats et d'industriels bien outillés pour faire de l'exportation directe.

L'idéal serait que, dans tous les grands centres de l'étranger, il y eût un ou plusieurs dépôts d'échantillons — avec, si possible, un stock des articles de vente courante — de toutes les marchandises françaises susceptibles d'y trouver preneurs. C'est à nos producteurs de s'entendre pour créer ces dépôts. soit avec des exportateurs de la métropole, soit avec des agents-représentants établis et bien accrédités à l'étranger, qui s'occuperaient de la propagande et prendraient les commandes. Ce qui n'exclurait pas les expositions passagères ou flottantes, tout cela pouvant très bien marcher de pair, si l'on a soin de le coordonner convenablement. et d'arrondir les angles, en laissant à chacun son rôle, et en ne suscitant pas des concurrences insolites. Essayons, sinon d'atteindre cet idéal, du moins d'en approcher.

Agents, représentants. — Les agents-représentants comprennent trois catégories : ceux qui, en France même, visitent les commissionnaires et négociants-exportateurs, et traitent avec eux les affaires pour compte des producteurs; ceux qui, à l'étranger, sont chargés des rapports avec la clientèle d'une région déterminée; enfin, les voyageurs.

Il y aurait intérêt à employer davantage les services des premiers; ces hommes spécialisés dans l'exportation, en connaissant bien les détails, en contact direct journalier avec les chefs et les acheteurs des maisons où ils ont leurs entrées faciles, sont placés pour intervenir utilement dans la présentation d'affaires nouvelles et la surveillance de celles en cours. Des fabricants trouvent même bon quelquefois, surtout à Paris, de recourir à leur ministère pour travailler avec les maisons d'exportation de la place où ils sont installés eux-mêmes.

Dans l'exportation directe, des agents à poste fixe sont presque toujours nécessaires; c'est ce personnel qui nous manque le plus. En attendant qu'il s'augmente de recrues bien préparées, on pourra cependant se servir de celui qui existe, et lui donner plus d'autorité, de force, en l'assistant mieux que par le passé et en lui consentant des avantages plus sérieux et moins aléatoires.

Quant aux voyageurs qui, à défaut des chefs de maison, doivent fréquemment et à intervalles réguliers faire des tournées de propagande et d'inspection, il semble que le caractère français convient mieux que tout autre à leur mission. La faculté d'assimilation, la vivacité d'esprit, le brio, l'abord cordial et le liant sont des éléments de réussite dans un pareil métier, surtout quand le tact s'y mêle. La lourdeur, la ténacité, l'insistance indiscrète germaniques sont plutôt faites pour indisposer bien des gens; si elles finissent par triompher, c'est parce qu'elles sont accompagnées de facilités, de concessions croissantes. Que la carrière devienne chez nous aussi large qu'en Allemagne, et l'on ne tardera pas à trouver des jeunes gens disposés à y entrer, à faire leur éducation technique dans ce but, et qui, bien secondés par les industriels, répandront de par le monde la production française.

Voyages. — Ils seront, en même temps, les meilleurs informateurs sur les marchés qu'ils auront visités, s'ils ont consciencieusement rempli leur rôle, et rapporteront de nombreuses observations personnelles que la correspondance des agents ne peut pas toujours contenir.

Mais rien ne vaudra jamais les déplacements des chefs de maison ou de fondés de pouvoirs, de directeurs ou administrateurs de sociétés. Celui qui a l'initiative et la responsabilité des affaires se rendra mieux compte par lui-même que par des rapports écrits d'agents ou verbaux de voyageurs des chances offertes par de nouveaux marchés, des exigences de leur consommation, de leur organisation et des mesures à étudier pour y répondre. Il pourra prendre des décisions immédiates, et, en tout cas, sera bien mieux documenté pour agir, à son retour chez lui. Sa visite flattera souvent le client éventuel, qui deviendra parfois presqu'un ami, et, s'il la renouvelle, lorsque de premières opérations auront été engagées, il consolidera et développera sérieusement les relations.

Toute cette publicité, ces catalogues, ces annonces, ces affiches, ces collections d'échantillons, ces voyages reviennent fort cher, et prennent beaucoup de temps. De tels frais, un tel travail sont au-dessus de la force de beaucoup de gens. M. Heilmann dit fort justement : « A cela on peut répondre que le commerce d'exportation n'est pas à la portée de tout le monde. Il en est de ce commerce comme de toutes choses; certains peuvent les faire et d'autres ne le peuvent pas, ou tout au moins ne le peuvent pas sans aide... »

Presse. — On a donné des indications curieuses sur l'œuvre de la presse allemande; mais celle d'Angleterre, des Etats-Unis et d'ailleurs serait également à étudier, et à comparer, du point de vue commercial, avec la nôtre.

La faible densité de nos nationaux établis à l'étranger n'offre sans doute pas un nombre de lecteurs suffisant pour faire vivre de nombreux journaux français publiés au dehors. Mais serait-il impossible de tenter la création de revues hebdomadaires éditées en plusieurs langues dans le genre de la *Deutsche Export Revue* ou d'autres similaires qu'on essayerait de distribuer largement, à un prix d'abonnement modéré, ou même gratuitement? Des traductions en anglais, espagnol, portugais, italien, russe, etc., de revues, de journaux techniques spéciaux pour les différentes industries donneraient peut-être aussi de bons résultats. Elles contiendraient naturellement, en dehors d'un texte qu'on chercherait à rendre attrayant et intéressant, des annonces et réclames.

Quant à nos grands journaux politiques et d'informations générales, leur demander de faire des éditions périodiques pour l'étranger serait actuellement jugé excessif. Il faudrait auparavant qu'ils se décidassent à consacrer plus de soin et de place aux questions économiques et commerciales, aux renseignements sur les efforts et les progrès de nos concurrents, sur la situation matérielle des pays avec qui nous sommes ou pourrions être en relations suivies.

La masse des Français est beaucoup trop ignorante à cet égard, parce que ceux qui devraient faire son éducation, la tenir en éveil, et stimuler son zèle croient qu'elle ne les écouterait pas, et dédaignent d'étudier eux-mêmes tout cela à fond, ou restent dans la théorie et la spéculation pures, au lieu de faire œuvre de vulgarisation pratique. Il faut qu'une catastrophe se produise pour qu'on s'aperçoive tout à coup qu'il est au moins aussi intéressant de savoir ce qu'est le *dumping* que de se passionner pour des querelles mesquines de clocher ou de personnes.

Ceux qui éprouvaient le besoin d'être informés exactement et sûrement étaient obligés d'aller chercher dans la presse étrangère ce qu'ils ne trouvaient pas dans la nôtre, et des négociants français s'abonnaient à la *Frankfurter Zeitung*.

En attendant mieux, un supplément spécial, hebdomadaire, par exemple, ne pourrait-il pas être adjoint à l'édition ordinaire d'un de nos journaux lu par le monde des affaires? Rédigé par des hommes compétents ou par des écrivains qui se seront consciencieusement documentés auprès des gens de métier sur le mouvement industriel, commercial et bancaire mondial, il ne tarderait pas à être apprécié et recherché.

C. — ÉTAT.

*Chemins de fer, navigation. — Canaux. — Ports. — Douanes.
— Ports francs. — Postes, télégraphes, téléphones. — Corps
diplomatique et consulaire. — Office national du commerce
extérieur.*

Chemins de fer, navigation. — Les pouvoirs publics
ont une influence directe sur le fonctionnement des
chemins de fer et de la navigation maritime; les conventions avec les concessionnaires des réseaux, le rachat de
l'un d'eux par l'Etat ont augmenté ses responsabilités;
les subventions des lignes postales de paquebots avec
cahiers des charges, le système de protection spécial de
la marine marchande, les lois et règlements auxquels
elle est soumise donnent à son intervention dans cette
industrie une importance particulière. Il aura à trouver, d'accord avec les compagnies et les armateurs, les
moyens les plus pratiques pour réaliser les améliorations que demande le commerce extérieur, pour faciliter la restauration de notre flotte, et l'établissement de
services nombreux, bien organisés, avec les ports de
nos colonies et de l'étranger.

Canaux. — De vives campagnes ont été menées en
faveur de la régularisation de nos fleuves et de l'amplification de nos canaux. Là encore, nous sommes très en
retard sur l'Allemagne, qui, en quarante ans, par des
travaux grandioses menés d'après un plan d'ensemble,
a rendu ses fleuves accessibles à des bateaux d'assez fort
tonnage, et les a reliés par des canaux, munis d'un outillage perfectionné. La nature lui était évidemment favorable : sauf pour le Rhin, ses cours d'eau parallèles
n'offraient pas de grands obstacles à une correction ar-

tificielle, et les canaux de jonction pouvaient se creuser sans trop gros frais et être exploités commodément dans toute cette région plate qui s'étend de l'Ems à la Vistule, et qui n'exigeait pas de nombreuses écluses.

La tâche était plus rude pour nous : les méandres et le manque de profondeur de la Seine, les sables et les crues de la Loire, la violence du courant et l'embouchure défectueuse du Rhône, l'irrégularité du débit de la Garonne nécessitaient des travaux considérables qu'on n'a encore exécutés que partiellement. Le relief du sol imposait la division en multiples paliers des canaux de jonction, et le plateau central formait une barrière pratiquement infranchissable.

Cependant on aurait pu, avec de l'énergie, de la décision, faire beaucoup plus pour la navigation fluviale, et ne pas se laisser arrêter par des protestations, des oppositions, des intérêts locaux soulevés contre une concurrence estimée — parfois à tort — comme trop dangereuse.

Les demi-mesures ont fait faillite : nous avons payé assez cher la politique d'atermoiement et de marchandages. Le commerce réclame une utilisation large et générale de la voie d'eau; elle est préparée : qu'on adopte enfin un programme, et surtout qu'on l'exécute résolument.

En pleine guerre, on a pu terminer le gros travail de percement du tunnel de Rove, où passera le canal de Marseille au Rhône. C'est de bon augure. Quand verra-t-on des trains de fortes péniches circuler de Lyon, et même de Genève jusqu'à la Méditerranée, et vice-versa? Lyon sera alors un grand port, comme ceux qui ont été créés sur le Rhin. Et il est probable que ni Marseille, ni la compagnie P.-L.-M. n'en souffriront.

Le Havre et Rouen pâtiront-ils beaucoup finalement, parce que les quais de Paris recevront des bateaux de 600 tonnes et plus, au lieu de ceux de 300 tonnes qui y accostent aujourd'hui en si grand nombre?

N'y aura-t-il pas urgence, lorsque l'Alsace-Lorraine aura fait retour à la France, à donner aux canaux de la Marne au Rhin, du Rhône au Rhin et de l'Est une puissance de trafic autrement forte que celle actuelle?

On n'aura que l'embarras du choix pour dresser l'ordre dans lequel seront entrepris et activés les aménagements qui, de tous côtés, sont nettement et impérieusement indiqués.

Ports. — Ceux qui visitaient à quelques années d'intervalle Hambourg, Brême, Rotterdam, Anvers, et même Copenhague, avaient peine à reconnaître ces ports, tant ils avaient été modifiés et agrandis. Des îles entières, des prairies, des quartiers avaient disparu et étaient remplacés par des bassins profonds où s'alignaient les navires, le long des quais interminables, bordés de magasins immenses, et sillonnés par les trains, qui sans cesse apportaient ou emportaient les marchandises qu'une puissante machinerie chargeait ou déchargeait. Toujours de nouveaux chantiers étaient en activité, de plus en plus vastes, et des opérations préparatoires marquaient que d'autres s'ouvriraient bientôt un peu plus loin. Cette continuité dans l'effort, cette prévoyance frappaient vivement, et témoignaient une volonté directrice qui suivait un plan méthodique tracé délibérément, en vue des nécessités futures.

L'impression était bien différente dans nos ports, où des améliorations et d'importants travaux ont été effectués à plusieurs reprises, mais par à-coups, après de

longues périodes de stagnation, et seulement sous la
pression d'une insuffisance constatée depuis longtemps.
Les hésitations, les discussions que chaque projet soulevait, les formalités administratives aboutissaient à des
délais tels que, lorsqu'on en commençait l'exécution, il
se trouvait déjà démodé et très en retard sur ce qui se
faisait par ailleurs. On a cité le cas d'un appontement
qu'il s'agissait d'allonger de 250 mètres dans un de nos
ports : il fallut deux ans pour obtenir l'autorisation de
commencer ce travail qui demandait moins d'un an.

Un pareil système ne pouvait se perpétuer en présence des progrès incessants et extrêmement rapides de
la construction navale et de l'accroissement du mouvement maritime. On a fini par le reconnaître, et la loi
qui a consacré l'autonomie des ports, si elle est appliquée libéralement, changera bien des choses : il est,
certes, regrettable qu'elle ne soit pas entrée en vigueur
depuis quatre ans qu'elle est votée, faute d'un règlement d'administration publique qui ne parvenait pas
à sortir; et des sceptiques prétendent qu'elle pourrait
bien encore être mise en échec.

C'est par la concentration dans un ou deux ports
que la plupart des pays ont réussi à créer, à la fin du
xixᵉ siècle, les puissants organismes rendus indispensables par les dimensions toujours plus grandes des navires et par la rapidité des manipulations exigée maintenant. L'outillage qui convenait pour recevoir les plus
grands transatlantiques de 20.000 tonneaux, il n'y a
pas encore longtemps, est devenu bien vite désuet,
alors qu'on a mis en service les *liners* de plus de 50.000
tonneaux. On ne saurait songer à engager les énormes
dépenses d'installation moderne sur de nombreux
points à la fois, et, au risque de sacrifier des intérêts

régionaux, il faut choisir ceux sur lesquels on accumulera les efforts et les moyens d'action.

Entre nos divers ports une répartition, une division du travail devient fatale : certains d'entre eux devront renoncer à de trop vastes ambitions, et se spécialiser dans un trafic local, dans une navigation d'un genre particulier. Deux ou trois, au plus, seront affectés aux grandes lignes de paquebots, aux cargo-boats de fort tonnage, et recevront les aménagements *ad hoc*.

Pour eux, ni la peine ni l'argent ne seront marchandés. Leur administration, sur les bases nouvelles, dégagée des entraves d'une centralisation à outrance, veillera jalousement à leur prospérité. Elle suivra au jour le jour leur fonctionnement, prendra des mesures immédiates pour remédier au plus tôt aux imperfections de détail qui se révéleraient; elle estimera à l'avance celles qui, dans la limite des prévisions raisonnables, devront se produire dans un délai déterminé, et étudiera en temps voulu les moyens techniques et financiers d'y parer efficacement, avec prudence, mais sans timidité. Elle apportera dans cette œuvre un esprit commercial large et pratique, n'hésitera pas à envisager toutes les questions qui se poseront, fermement décidée à les résoudre au mieux et rapidement, à combattre la routine, la crainte du nouveau, des responsabilités, et à abandonner courageusement tout matériel caduc pour le remplacer par du neuf.

Nous aurons alors des ports dont le chenal et les bassins seront creusés assez profondément, dont les écluses seront assez vastes pour admettre des navires calant sensiblement plus et plus longs que les derniers modèles construits; leurs quais offriront toujours une place disponible au nouvel arrivant, seront munis d'un

apareillage de premier ordre; les transbordements sur
wagons, allèges, chalands, péniches ou gabares se feront bien et vite; des hangars, des magasins spacieux
seront appropriés aux divers genres de marchandises;
des communications par fer et par eau seront établies
pour toutes les directions, avec un minimum de temps
et de frais.

Douanes. — Il semble que la vieille controverse
entre les écoles opposées est, provisoirement tout au
moins, abandonnée en présence d'une situation de fait
qui reléguera au second plan la doctrine pour donner
la prédominance aux solutions les plus propres à rétablir un équilibre rompu. Des concessions se préparent
dans les deux camps. et un régime tout nouveau —
qu'il serait prématuré de discuter à fond — s'institue-
ra inévitablement. L'essentiel pour le commerce extérieur c'est qu'il ait la certitude qu'après l'anéantisse-
ment du militarisme prussien les mesures seront bien
prises pour que les pratiques d'emprise économique
qu'il soutenait ne puissent se continuer impunément.
Le *Dominion* du Canada avait été un précurseur dans
cet ordre d'idées : avant le grand conflit auquel s'est
mêlée sa métropole, et dont l'issue aura des conséquences si vitales pour elle, on s'y était inquiété de fourbir
des armes contre le *dumping* allemand; l'exemple ne
sera pas perdu.

Nous nous bornerons ici à examiner sommairement
des questions moins hautes peut-être, mais qui ont cependant leur importance.

Quel que soit le système douanier qui sera dorénavant appliqué, le commerce qui a besoin de stabilité et
d'assurance d'avenir demandera toujours qu'une fois

les décisions prises, elles ne soient pas modifiées ensuite trop brutalement. Il désirerait aussi que les tarifs fussent simplifiés, comprissent des articles moins nombreux, des restrictions, des spécifications moins compliquées, qui, sous prétexte de précision, donnent lieu, dans l'état actuel, à des interprétations, à des discussions, à des taxations parfois arbitraires. Un haut fonctionnaire des douanes ne déclarait-il pas qu'il lui serait impossible de faire une déclaration exacte, d'après le tarif officiel? seuls, des professionnels spécialisés sont capables de s'y reconnaître et de discuter avec les contrôleurs, ce qui impose au commerce des frais supplémentaires.

On fait enfin des vœux pour que l'administration s'efforce de réduire au minimum les formalités, la paperasserie, et que, par suite, elle active ses opérations. Le moindre dédouanement oblige à remplir toute une série de bordereaux qu'il faut présenter à de multiples guichets, et les attentes de plusieurs heures infligées au public sont réellement excessives.

D'autre part, notre diplomatie aura à surveiller très attentivement comment se fait à l'étranger l'application des tarifs de douane aux marchandises que nous y exportons. Dans certains pays, des mesures tracassières, des exagérations de précautions, des formalités parfois prohibitives gênent notre commerce, l'exposent à de graves ennuis, à des procès, à de fortes amendes, et le découragent souvent. Des représentations amicales, au besoin des menaces de représailles atténueront tous ces inconvénients. Une heureuse décision a été prise récemment par le gouvernement russe, qui a accepté le principe de la création de bureaux de douane en France; nul doute que nos exportateurs profiteront largement de cette mesure.

14

Il ne faudrait pas que la douane française, dans son zèle à prévenir la fraude, mît des obstacles à la pratique régulière du commerce honnête. Une maison française d'importation recevait depuis longtemps, par la poste, de ses succursales à l'étranger de petits échantillons des lots de marchandises que celles-ci expédiaient dans tous les ports européens. Cette maison traitait de nombreuses et grosses affaires d'un produit frappé en France de droits très lourds, et il était indispensable qu'elle reçût, comme ses concurrents étrangers, les échantillons par la voie la plus rapide. Un beau jour, la douane les saisit à la poste, estimant qu'il en arrivait trop à la fois, et que des fraudeurs pourraient imiter ce procédé, bien que le coût de l'emballage et de l'affranchissement des boîtes fût notoirement supérieur au montant des droits. Ainsi, sans motif plausible, la douane menaçait d'arrêter les affaires d'un négociant qui n'avait que le tort d'en faire trop.

Des réformes seraient à introduire dans le régime des entrepôts. Le Parlement est saisi depuis un an d'un projet de loi à ce sujet, qui vise à donner de plus grandes facilités pour les opérations en entrepôts réels ou fictifs, et à élargir sensiblement l'admission temporaire.

Ports francs. — On demande davantage encore, mais depuis vingt ans que la question a été soulevée chez nous, la création de ports francs, ou mieux de zones franches, a provoqué une telle opposition que rien n'a pu être fait dans ce sens. Cependant l'exemple de plusieurs pays est là pour montrer les avantages de cette institution qui a été adoptée notamment en Allemagne, en Autriche, en Italie et au Danemark.

Le *Freihafen* de Hambourg est une partie — la plus

grande — du port, séparée de l'autre par une grille, sur les terre-pleins, et des palissades flottantes, sur l'Elbe. L'entrée en est libre, mais les sorties vers l'intérieur en sont gardées par les douaniers. C'est une région extériorisée, neutre pour la douane. Toutes les opérations qui s'y font sur et entre bateaux — embarquement, débarquement, transbordement — dans les magasins, usines et bureaux — échantillonnage, manutention, triage, assortiment, mélange, transformation, achat, vente, réexportation — sont complètement dégagées du contrôle de cette administration.

Il en résulte pour le commerce de transit, et aussi pour les industries qui emploient des matières provenant de l'étranger, et dont une part de la production est destinée à l'exportation, des commodités évidentes. Non seulement il n'y a pas à décaisser le montant des droits — ce que l'entrepôt, l'admission temporaire évitent déjà — mais la suppression de toute surveillance, de toutes formalités, de toutes discussions procure une liberté d'action, une souplesse de procédés, une économie très sensibles et hautement appréciées.

Et pourtant, malgré les démonstrations de l'utilité pour la France de cette organisation qui ont été prodiguées dans la presse et le Parlement — il n'y a pas eu moins de neuf propositions et projet de loi ou motion, et de quatre ou cinq rapports favorables à la Chambre des députés — la commission des douanes s'est laissé jusqu'à présent influencer par les arguments des adversaires de l'innovation, qui sont surtout des industriels du nord ou de l'est, protectionnistes déterminés.

Ils craignent la concurrence des établissements industriels qui se créeraient dans les zones franches et qui jouiraient d'une situation plus favorable que la

leur; ils émettent des doutes sur l'efficacité de la surveillance à la barrière de délimitation et prévoient des
fuites inévitables; ils prétendent que la fraude et la
contrefaçon trouveraient un terrain d'élection dans ces
magasins et ateliers, où des manipulations, des tritura-
tions illimitées s'accompliraient sur des marchandises
qui seraient expédiées ensuite sans aucun contrôle.

On leur réplique par l'exposé des résultats obtenus,
après une assez longue expérience, là où fonctionne le
système. Des restrictions seraient d'ailleurs mises à
l'installation dans les zones franches d'industries pouvant nuire à celles existant déjà dans le pays. Une garde
active réduirait la contrebande à un minimum insigni-
fiant. Les lois sur la fraude et la contrefaçon s'invoque-
raient aussi bien, avec quelques précautions, à la sortie
du port franc qu'à celle des entrepôts. Enfin, il a été
proposé que des majorations de droits viennent, au besoin, compenser les avantages réalisés, lorsque des
marchandises passeraient de la zone à l'intérieur, pour
ne pas en ressortir.

Qui l'emportera finalement des deux parties adver-
ses? Il semble toutefois que la situation géographique
de la France justifierait pleinement tout ce qui contri-
buerait à l'extention du transit dans ses ports, sans porter préjudice à sa production.

Postes, télégraphes, téléphones. — Un des services
des postes est très défectueux : c'est celui des échantillons, qu'on a le très grand tort de considérer comme
secondaire; à Paris, non seulement le tri n'en est pas
fait assez rapidement, mais leur distribution est confiée
aux facteurs d'imprimés déjà surchargés; lorsqu'il arrive à la fois pour un même destinataire une série de

paquets ou de boîtes, elle n'est livrée que par portions successives, quelquefois en plusieurs jours, et de tels retards peuvent être très graves. Les plaintes à ce sujet finiront-elles par être entendues?

Quant aux colis-postaux — qui n'ont, chez nous, de postaux que le nom — on s'étonne que notre administration n'ait pu encore les recevoir et les transporter comme cela se fait dans la plupart des pays d'Europe.

Beaucoup des affaires du commerce extérieur se traitent par télégraphe; dans les relations avec les contrées d'outre-mer le « câble » joue un rôle de premier ordre, la correspondance par poste perd de plus en plus de son intérêt, et ne sert souvent que de confirmation des avis reçus depuis longtemps. L'exploitation des câbles sous-marins, d'abord monopolisée par l'Angleterre, a été entreprise par la France, où on a compris l'utilité d'avoir un réseau national, même très incomplet. La concurrence, mais aussi l'amortissement des premiers frais d'établissement et l'accroissement du trafic ont heureusement produit des réductions des taxes qui, pour certaines directions, étaient exorbitantes. Mais elles sont encore assez élevées pour que les négociants cherchent à réduire leurs frais par l'emploi de codes où des phrases entières sont exprimées par un seul mot. La confection des câblogrammes, leur traduction, à l'arrivée, l'étude des codes imprimés, la composition de ceux que des maisons établissent pour leur usage particulier, avec des combinaisons très ingénieuses de diverses sortes, tout cela constitue un travail très absorbant qui prend parfois des proportions considérables. Il incombe aux services compétents de perfectionner sans cesse l'outillage, les règlements, de s'entendre avec les compagnies de câbles, avec les Etats étrangers pour diminuer les taxes, pour activer les transmissions, pour éviter les erreurs qui rendent fréquemment la lecture des textes en langage convenu si difficile ou même impossible.

D'ailleurs, ce n'est pas être utopiste que de prévoir pour bientôt l'usage courant dans le commerce de la télégraphie, sinon de la téléphonie sans fil; cela transformera bien des choses.

Corps diplomatique et consulaire. — Le ministère des affaires étrangères dirige l'ensemble de la défense des intérêts français au dehors; c'est donc son personnel qui a la charge de surveiller et de soutenir le commerce national avec les divers pays. Les services politiques et commerciaux sont administrativement séparés, mais trop longtemps les premiers ont méconnu les seconds, qui eux-mêmes n'avaient pas de leur fonction une notion assez complète. Il était nécessaire d'établir une cohésion, une alliance entre les deux éléments en inculquant à tous deux une idée plus haute de l'influence que les questions économiques ont aujourd'hui sur les rapports entre nations.

Depuis quelques années seulement les attachés commerciaux ont commencé à centraliser, à canaliser dans quelques régions l'étude de notre action commerciale, industrielle et financière. On n'en a pas moins continué à laisser aux consuls des attributions identiques; on leur a même demandé de consacrer plus de soins à cette partie de leur mission. Il y a là quelque confusion, des doubles emplois, de la dispersion d'efforts qui appellent une codification.

Sur nos six attachés commerciaux, trois sont affectés à un pays unique, en Angleterre, en Russie et aux

Etats-Unis. Les autres ont un rayon d'action beaucoup moins déterminé ou par trop vaste et hétéroclite. Si, comme il semble, l'institution a déjà donné, telle quelle, de bons résultats, on en obtiendra de bien meilleurs encore en la consolidant et la généralisant. Le personnel augmenté, on pourra créer de nouveaux postes dans des régions où nos intérêts sont ou pourraient devenir importants, avec des circonscriptions bien réparties, et des budgets permettant aux titulaires de se déplacer sans hésitation pour visiter personnellement toutes les parties de la contrée qui leur est réservée, s'y mettre en rapport direct avec les consuls, vice-consuls et agents consulaires, et coordonner le travail d'enquête, de renseignement, de propagande fourni par eux.

Il paraît logique et de bonne méthode que là où existe un fonctionnaire spécialement chargé d'étudier les moyens d'activer nos affaires, ce soit lui qui ait la direction générale de tous les efforts faits dans ce but. Une entente étroite établie entre lui et les organes déjà existants évitera toute fausse manœuvre, tous malentendus, et il y aurait avantage à ce que les démarches, les rapports des consuls, chambres de commerce ou autres organisations lui fussent soumis, au moins pour avis, et à ce que les communications et instructions à eux adressées au sujet des questions de son ressort passassent par ses mains.

Quand le poste de l'attaché commercial n'est pas trop éloigné de la France, il y a intérêt à ce qu'il fasse de temps en temps des séjours dans la mère-patrie pour rendre compte verbalement de ses observations, et pour se mettre en contact personnel avec les groupements ou les individualités susceptibles de réaliser ce qu'il aura préparé. Mais ces séjours seront aussi brefs que possible. Au surplus, le correspondant tout indiqué de l'attaché commercial, agent semi-diplomatique, est l'Office national du commerce extérieur, dépendant du ministère du commerce, mais en relation intime avec celui des affaires étrangères. C'est cet établissement, outillé convenablement, qui pourrait le mieux compléter l'œuvre des nouveaux fonctionnaires, et les décharger d'une bonne partie de la besogne qui leur était imposée jusqu'ici. La multiplication des organismes ayant un même but produit fatalement du désordre, des pertes d'énergie, tandis que la concentration rationnelle est une source d'économie d'efforts, de temps et d'argent.

Des propositions diverses ont été faites pour donner à nos consulats une allure plus commerciale. La mesure la plus révolutionnaire serait évidemment de les détacher des affaires étrangères, pour les placer sous les ordres du ministre du commerce; elle n'a guère de chances d'être adoptée. Mais ne pourrait-on pas opérer à l'extérieur comme on le fait à l'intérieur, et procéder avec les consuls comme avec les préfets, qui exécutent les instructions de tous les ministères? En tout cas, nous avouons ne pas très bien comprendre pourquoi l'on s'oppose à la création de secrétaires commerciaux auprès des consuls, tout au moins dans les postes très chargés, qui, à côté des chanceliers faisant la besogne matérielle administrative, seraient des lieutenants utiles. En attendant que nos futurs consuls aient pu recevoir l'éducation spéciale qui leur donnerait la mentalité, la compréhension de leur rôle qui sont réclamées, ce serait déjà un progrès que de faciliter aux titulaires actuels l'exécution d'une tâche quelque peu au-dessus de leurs forces et de leurs capacités en leur adjoignant un aide et un conseiller compétent. Il est fastidieux, en vérité, d'être obligé de dire que les consuls allemands sont doublés de cette façon. La question budgétaire et celle de recrutement sont là, il est vrai : on arrivera peut-être à les résoudre avec de la bonne volonté, comme on trouvera la solution de l'avancement sur place des consuls.

Mais, pour préparer l'avenir, pour avoir le plus tôt possible des cadres idoines au métier qu'ils ont à pratiquer, ce sont des réformes énergiques et fondamentales, et non pas des palliatifs incertains et tout de forme qu'il s'agit d'entrevoir et de réaliser. Un consul — et aussi un attaché commercial — ne sera à même de bien saisir les détails du négoce, de sortir des généralités pour aller au fond des choses que s'il a reçu une instruction pratique de quelque durée après celle scolastique et théorique qui l'aura préparé aux concours de la « Carrière ». Quant à ceux qui y entrent sur le tard, au sortir d'une autre administration ou de professions qui n'ont rien de commercial, ils sont, en général — il y a des exceptions — totalement dépaysés quand ils se trouvent brusquement en face de questions bien dissemblables de celles qu'ils ont été accoutumés à traiter.

Une proposition de loi porte : « Les élèves consuls et les élèves vice-consuls devront, avant d'être pourvus d'un poste, faire un stage de trois mois dans les bureaux de l'Office (national du commerce extérieur). » Est-ce suffisant? Sans parler même du délai de trois mois, bien court, que trouveront ces jeunes gens à l'Office? Une administration officielle, où l'on parle beaucoup de commerce, mais où l'on n'en fait pas. Pour leur donner une idée de ce qu'est une vraie maison de commerce, avec son organisation, ses mœurs, essentiellement différentes de celles d'une administration, pour les sortir précisément des milieux de professeurs et de fonctionnaires qu'ils ont fréquentés jusque là, et les imprégner un peu d'esprit commercial, c'est chez de grands négociants que le stage devrait s'effectuer.

Office national du commerce extérieur. — Le Parlement étudie en ce moment un projet de loi destiné à donner à l'Office national du commerce extérieur des ressources plus fortes, en élevant la subvention de l'Etat, qui de 70.000 serait portée à 200.000 francs. Le Comité de direction a exposé dans son rapport sur l'exercice 1914-1915 ses intentions pour l'emploi de cette augmentation de budget.

Il se propose : 1° d'améliorer ses publications en les rendant plus pratiquement intéressantes, de répandre très largement la feuille d'*Informations* par la distribution aux groupements et à la presse et par l'affichage; 2° de créer un bureau de traducteurs qui dépouilleraient la presse économique étrangère; 3° d'envoyer des missions pour des buts spéciaux, tant à l'étranger que dans l'intérieur de la France; et subsidiairement de se procurer des collections d'échantillons de produits étrangers.

Le programme de l'Office national est si vaste qu'il n'est permis ici que de faire quelques observations sur son fonctionnement futur.

Il publie le *Moniteur officiel du commerce*, hebdomadaire : c'est un mélange un peu confus, un peu lourd à digérer; il n'a d'ailleurs qu'un nombre d'abonnés restreint (1.500)... qui ne le lisent pas tous. Il donne les communications officielles du ministère du commerce et des renseignements économiques variés fournis par l'Office. Le projet d'en réduire la périodicité paraît assez sage. N'y aurait-il pas lieu de l'alléger en n'y insérant dans la partie législative et administrative qu'un résumé très succinct de tout ce qu'on peut trouver dans le *Journal officiel* ou d'autres documents publics, et, dans la seconde partie, qu'une analyse brève des rapports consulaires français? Les abonnés qui éprouveraient le désir de prendre connaissance du texte de l'un d'eux le trouveront dans le supplément qui les reproduit *in extenso*, et qui se vendrait au numéro.

La feuille d'*Informations* gagnerait à offrir plus de clarté — d'autant mieux qu'elle est destinée à l'affichage — par un meilleur groupement des notes, avec des titres frappant l'œil.

Les *dossiers commerciaux* qui ont pris, pendant la guerre, une allure particulière, et ont obtenu un réel succès, continueront à soutenir le bon combat contre la concurrence austro-allemande, mais reprendront sans doute aussi l'étude de nos affaires d'exportation et d'importation, en dehors de cette préoccupation.

Si notre grande presse se décide à entraîner le public vers les questions économiques, à le renseigner plus que jadis sur l'évolution des nations étrangères, l'Office national sera pour elle un aide précieux. Une entente s'établirait facilement, il nous semble, grâce à laquelle il communiquerait aux journaux par sa feuille d'*Informations* et aussi par un service spécial les avis les plus intéressants qu'il reçoit; les rédactions, ou les insèreraient tels quels, ou les emploieraient comme matériaux pour la confection d'articles originaux.

Fournir des renseignements sur des établissements commerciaux ou industriels et sur des particuliers est toujours chose fort délicate. Une responsabilité morale en découle quelque peu, malgré toutes les réserves qu'on a soin d'exprimer, et la gêne sera encore plus grande pour une institution officielle que pour une personnalité privée d'émettre une opinion catégorique. L'Office national s'est bien gardé avec raison de s'immiscer dans les questions de solvabilité, de valeur matérielle, de crédit, et se borne à donner des indications de « notoriété et honorabilité commerciale », ce qui est déjà assez scabreux, étant donné que ses sources d'information sont de sorte variée et parfois très indirecte. Cependant, le nombre de renseignements qu'on lui demande est respectable, ce qui indique qu'ils présentent de l'intérêt.

Ils en auront encore davantage quand ils pourront être complétés par ceux que des banques spéciales auront réunis sur la clientèle étrangère. Une double documentation ayant des origines différentes et basée, d'une part, sur des appréciations de gens recommandables, d'autre part, sur des faits matériels contrôlés, apportera une sécurité réelle dans les rapports. L'Office et les banques se prêteront un mutuel appui dans cette œuvre vraiment utile.

Il a été réclamé une étude sur les modes de publicité employés à l'étranger. Lorsque la guerre a éclaté, l'Office avait déjà fait paraître des fascicules à ce sujet concernant plusieurs pays : sa feuille d'*Informations* du 27 juillet 1914 les annonçait. La publicité, sous toutes les formes, sera certainement un des objets de son activité, à l'avenir.

Le dernier rapport du Comité de direction contient cette phrase : « Il (l'Office) n'hésite pas, par exemple, à désigner des commissionnaires à ceux de nos industriels qui ne sont pas organisés pour traiter directement avec leurs clients... » Il serait bon d'insister là-dessus et de répondre de la sorte, et aussi par des faits, au reproche qu'on adresse de certains côtés à l'Office, qui, dans l'intérêt général, agira toujours utilement en détournant de l'exportation directe ceux qui ne sont pas en situation de la pratiquer, et en leur faisant comprendre qu'ils peuvent trouver, non seulement chez les commissionnaires, mais souvent peut-être mieux encore chez les négociants-exportateurs des débouchés pour leurs produits. Nous souhaitons voir ainsi se manifester, au lieu d'un antagonisme ridicule, un apaisement, une véritable « union sacrée » entre les divers éléments qui contribueront à l'essor économique de la France.

L'Office national du commerce extérieur a été cité comme modèle. Toutefois, les Américains, selon leur coutume, ont fait beaucoup plus grand. « Le *Foreign trade bureau* du Musée commercial de Philadelphie, lit-on dans un rapport, est ainsi organisé de telle façon qu'il peut immédiatement rendre des services ou fournir des informations, et répondre sur l'heure à toutes questions relatives à la vente de n'importe quelle marchandise à n'importe quelle maison, dans n'importe quel pays. » C'est l'idéal atteint!... Tâchons seulement d'y tendre.

D. — CRÉDIT.

*Urgence de l'organisation du crédit au commerce extérieur. —
Tentatives de création de banques spéciales. — Spécialisation
anglaise. — Filiales allemandes. — Nécessité d'un agent de
liaison. — L'établissement central provisoire. — Constitution
du capital. — Négociation du papier à long terme. — Les
tirages documentaires. — Crédits d'acceptation et avances. —
Encaissements et renseignements. — Contentieux international. — Appui aux affaires à l'étranger. — Amélioration du
crédit à court terme. — Faiblesse de notre organisation commerciale et industrielle. — La peur du risque. — Le personnel.
— Spécialisation géographique. — La mutualité. — La Banque de France. — L'État.*

**Urgence de l'organisation du crédit au commerce
extérieur.** — L'utilité de la banque pour le commerce
extérieur, le caractère spécial de ses opérations avec lui,
l'insuffisance notoire de la nôtre, à laquelle il a dû être
suppléé par l'intervention des banquiers étrangers, ce
sont faits indiscutables. Parmi les organisations utiles
qu'il est nécessaire de préparer dès maintenant pour
que la France puisse reprendre sa place légitime dans
le mouvement économique mondial, celle de notre système bancaire appliqué au commerce extérieur pour lui
donner un appui efficace est une des plus urgentes.

Tentatives de création de banques spéciales. — La
question n'est pas neuve : elle a été étudiée, discutée
sous toutes ses faces depuis une quinzaine d'années, depuis la renaissance de notre exportation. Un Comité
d'organisation du crédit pour le commerce extérieur fut
institué par la Fédération des Industriels et Commerçants français et le Comité des Conseillers du commerce
extérieur. En 1910, on tenta de fonder une Banque nationale. En 1912, M. Jules Siegfried déposa une propo-

sition de loi pour la constitution d'une banque destinée à encourager le développement du commerce français d'exportation et à commanditer les Français désireux de s'établir à l'étranger. La même année, le Congrès national pour la défense et le développement du commerce extérieur adopta une série de vœux relatifs à la création d'une banque française pour faciliter le crédit à ce commerce, avec l'appui de la Banque de France, le concours des banques et établissements français, et celui du gouvernement. Mais les divers projets ne purent aboutir.

Entre temps, une Commission extra-parlementaire pour la réforme bancaire avait été réunie par décret du 14 mai 1911, dans le but de rechercher les moyens d'offrir plus de facilités de crédit au petit et au moyen commerce, à la petite et à la moyenne industrie. Que signifient exactement ces dénominations, cette classification en grand, moyen et petit? C'est ce qu'il serait bien délicat d'expliquer. Toujours est-il qu'un projet de loi a été voté par la Chambre des députés, d'après lequel tout un vaste système de sociétés de caution mutuelle, de banques populaires, d'une part, d'un Crédit à l'Industrie et au Commerce de France, et de Banques de participations industrielles et commerciales, d'autre part, était échafaudé, avec des subventions de l'Etat, sous forme d'avances, de constitution d'un fonds de réserve, ou de dégrèvements fiscaux.

Mais si la Chambre a suivi avec peut-être trop de hâte et de docilité le Gouvernement en adoptant en bloc tout cela, le Sénat, après des études sérieuses et en s'appuyant sur les avis des milieux intéressés et compétents, paraît disposé à admettre la première partie du projet de loi, tandis qu'il répugne à laisser passer les titres III et IV, qui soulèvent des questions bien plus délicates et ayant des répercussions autrement plus graves.

La Commission pour le développement des relations commerciales franco-russes, que le ministère des affaires étrangères avait réunie, s'est préoccupée, à son tour, depuis la guerre, d'établir une combinaison permettant aux exportateurs français de travailler plus largement avec la Russie. L'enquête qu'elle avait faite lui avait démontré que l'essor de notre vente dans ce pays avait été surtout entravé par la nécessité de traiter à très long terme, à laquelle nous ne voulions ou ne pouvions nous assujettir, faute de trouver dans nos banques les facilités que les Allemands avaient à leur disposition, et dont ils se servaient pour inonder de plus en plus de leurs produits, et même parfois des nôtres, les marchés moscovites. Le gouvernement et les banques russes ont fait preuve de la meilleure volonté, mais nos banquiers se sont dérobés, ou ont répondu, après mûre réflexion, à un questionnaire, qui leur avait été adressé, par des mémoires ayant l'allure de plaidoyers bien plus que de programmes, et concluant au maintien du *statu quo*, ou à peu près.

Enfin, le Comité Républicain du Commerce, de l'Industrie et de l'Agriculture a, lui aussi, envisagé la question, et émis des vœux en faveur de la création d'un organisme spécial au commerce extérieur, avec le concours effectif de notre banque.

Il a adopté un projet auquel il a trouvé le mérite d'être pratique et réalisable, au moins partiellement, dans un délai rapproché. C'est un plan établi sans parti pris, sans passion, qui écarte toute velléité de révolution trop violente, qui ne démolit rien de ce qui existe, mais l'améliore par la coordination et la méthode.

Sans nous laisser hypnotiser par l'exemple de l'Allemagne, ni même de l'Angleterre, nous pouvons cependant emprunter une partie de leurs procédés, et montrer du tact, de la mesure en choisissant ceux qui sont compatibles avec notre situation et nos idées générales.

Spécialisation anglaise. — La spécialisation de la banque anglaise, que d'aucuns voudraient voir imiter en France, et qui est presque l'idéal, a pu se réaliser parce que nos voisins d'outre-Manche ont toujours considéré le commerce et son organisation financière comme la base de leur puissance. Alors que nous commencions, au milieu du xixe siècle, à moderniser, à élargir notre outillage, Londres était déjà, ainsi que l'a dit Goschen, le *clearing house* du monde entier, et la circulation monétaire restreinte de l'Angleterre, la compensation qui s'effectue sur une très large échelle dans les payements en chèques y donnent à la banque une importance énorme. Le mouvement considérable des affaires fournit des éléments suffisants de bénéfices à des établissements puissants, chacun cantonné dans une sphère particulière. Il y a lieu de remarquer que ce sont souvent des négociants (*general merchants*) plutôt que de purs banquiers qui manipulent les opérations financières liées au trafic des marchandises avec les colonies ou l'étranger. Mais il existe aussi de nombreuses banques dont chacune s'occupe des affaires de telle région déterminée.

Filiales allemandes. — Les Allemands se servaient jusqu'en 1870 surtout des banques anglaises pour leur commerce extérieur. Ils fondèrent la Deutsche Bank,

qui ouvrit des succursales à l'étranger, mais renonça par
la suite à ce système, sauf à Londres et dans quelques
villes d'Europe. Cet établissement s'intéressa bientôt à
des opérations de tous genres, comme ses aînés ou d'autres nés après lui, et présida, comme eux, souvent avec
eux, à la formation de sociétés filiales (*Tochtergesells-
chaften*) spécialement affectées aux affaires avec l'Amérique centrale et méridionale, l'Extrême-Orient, l'Europe centrale et l'Orient, l'Afrique. Et toutes ces filiales
adoptèrent avec ardeur les principes du banquier allemand qui, suivant l'expression du professeur Schar-
ling, plus que tout autre n'est pas resté un caissier doublé d'un teneur de livres, mais est devenu un véritable
marchand de crédit. Qu'il y ait eu excès, abus, impru-
dences dans le système bancaire allemand, c'est possible; on y trouve cependant des exemples à suivre, en
évitant toute exagération.

Nécessité d'un agent de liaison. — Pour développer
notre expansion au dehors, il faudrait, avant tout, plus
de cohésion entre le producteur, le commerce et la banque. Il nous manque un « agent de liaison » pratique,
indépendant et responsable.

L'établissement central provisoire. — Afin de permettre la mobilisation large des capitaux dans le commerce extérieur, on pourrait créer un établissement spécial — pour commencer — sous un titre quelconque. Il
serait, non pas une véritable banque nouvelle, en concurrence avec les institutions existantes, mais une concentration, un trait d'union entre elles, un auxiliaire
pour un but bien défini. L'essentiel, c'est qu'il ait l'appui moral et matériel de l'ensemble de notre banque. Il

constituerait un centre d'études pratiques qui travaillerait de concert avec les sociétés de crédit et les autres banquiers, l'Office national du commerce extérieur, l'Association nationale d'expansion économique, se servant des archives, documents, enquêtes de tous ces organes, et les augmentant peu à peu des informations qu'il recueillerait lui-même. Il examinerait les affaires proposées, servirait de guide et de conseil technique aux producteurs et négociants, et chercherait à faciliter leur trésorerie. Il apporterait aux vrais banquiers des affaires toutes préparées, les répartissant entre eux, pour qu'ils accordent les crédits, les avances ou l'escompte nécessaires.

On a élevé des objections contre l'établissement unique. Evidemment, ce n'est pas l'idéal. Mais, tel quel, il rendrait déjà des services, et pourrait être la base, le type pour la création ultérieure de banques spécialisées géographiquement qui seraient l'émanation, la désarticulation de l'organe primitif.

Constitution du capital. — Il faut, avant tout, aller vite et sûrement. Le moyen le plus rapide pour constituer le capital indispensable serait qu'il fût souscrit par un consortium des banques, dont chacune aurait à immobiliser ainsi une faible partie de ses fonds, mais dans une mesure d'autant plus restreinte qu'il y aurait plus de participants, et avec l'assurance d'un emploi productif, puisqu'une clientèle nouvelle devra en résulter. Peut-être les sociétés de crédit pourront-elles décider certains de leurs clients à souscrire directement des actions de l'établissement projeté, comme elles pourraient pousser certains de leurs déposants à prendre en pension à des taux rémunérateurs le papier à long terme de nos exportateurs.

Nos grandes sociétés de crédit, comme banques de dépôts, ne sauraient participer directement dans une large mesure à l'escompte du papier à long terme; leur actif doit être aussi disponible que possible, et leur portefeuille se composer en majeure partie d'effets à échéance dans les quatre-vingt-dix jours, afin qu'ils puissent être réescomptés à la Banque de France pour permettre le remboursement des dépôts à vue. Mais leurs ressources ont d'autres origines que ces dépôts, et sont employées à bien d'autres opérations que le simple escompte du papier bancable. Il ne sera donc pas difficile à chacune d'en affecter une portion minime à la constitution de l'établissement qui étendra largement le crédit au commerce extérieur. Les autres maisons de banque, qui travaillent avec des fonds ne provenant pas de déposants, viendront apporter leur appoint.

On peut prévoir aussi que des industriels, des négociants, et même de simples capitalistes s'intéresseront à la fondation de l'organisme qui paraît si utile, et souscriront une partie de son capital.

Il ne serait d'ailleurs pas nécessaire qu'il fût très considérable. Nous verrons tout à l'heure que le jeu des contre-tirages à quatre-vingt-dix jours, pour mobiliser le papier à long terme, permet le réescompte, et le Comptoir central — adoptons ce titre — ne serait, en réalité, qu'un endosseur, un avaliseur, dont le capital représenterait la garantie. Il trouverait sa rémunération dans les commissions qu'il toucherait pour l'escompte du papier, et pour l'étude des diverses affaires qu'il apporterait aux banques. Et il y aurait sans doute économie de frais généraux par la centralisation dans un seul établissement de services qu'autrement chaque banque est obligée d'entretenir par devers elle.

Négociation du papier à long terme. — Il pourrait employer plusieurs systèmes pour l'escompte du papier à long terme. Le plus pratique paraît être celui-ci : l'exportateur tire une traite sur son client étranger, à plus de quatre-vingt-dix jours; il l'endosse au Comptoir central, qui l'autorise à fournir sur lui une autre traite à quatre-vingt-dix jours, de même somme, ou pour une partie seulement de la valeur, au minimum 60 %, suivant les cas; l'exportateur trouvera facilement à faire escompter cette traite par une des banques du consortium, qui, à son tour, pourra, au besoin, la réescompter à la Banque de France, puisqu'elle aura moins de quatre-vingt-dix-jours à courir, et portera les trois signatures exigibles : celle du tireur (l'exportateur), celle du tiré (Comptoir central), et enfin celle de la banque qui l'aura escomptée; puis, avant l'échéance de l'effet sur le Comptoir central, on procède à un renouvellement, et ainsi de suite, jusqu'à ce que la traite sur l'acheteur étranger n'ait plus que quatre-vingt-dix jours à courir, et devienne elle-même bancable. Ce système évite tout aval, toute complication, et présente l'avantage de mettre en circulation un « papier de banque » toujours mieux accueilli que du « papier particulier ».

Les tirages documentaires. — Dans le cas fréquent de tirages documentaires, il y a garantie effective représentée par la marchandise, surtout quand les documents ne sont livrables à l'acheteur que contre payement. Les banques allemandes possèdent souvent des magasins à elles, dans les pays où elles opèrent; elles y gardent les marchandises jusqu'à acceptation ou payement des traites. Pour la manipulation de ce genre d'affaires, pour l'appréciation de la valeur du gage, pour sa réalisation, en cas de non-payement, pour toutes les opérations purement commerciales et souvent délicates que peut comporter l'escompte des traites documentaires, le banquier doit être doublé d'un négociant expérimenté. Chez nous, on a eu trop souvent à déplorer que le personnel de nos établissements de crédit ne fût pas dressé à tout cela, et celui que pourront réunir le ou les comptoirs spécialisés vers le commerce extérieur sera plus apte à diriger de telles affaires.

Crédits d'acceptation et avances. — Il arrive que l'exportateur n'a pas de traite à négocier : celui qui a des succursales à l'étranger, auxquelles il fait des expéditions pour son propre compte est dans ce cas. Remarquons, en outre, que certaines clientèles ne veulent pas de traites documentaires, que quelques-unes se refusent à apposer leur acceptation sur les traites, même avec connaissements libres, et que d'autres ne laissent pas tirer sur elles. L'exportateur a cependant besoin de faire argent de ses créances sur ses acheteurs, ou de mobiliser les capitaux engagés dans l'achat des marchandises expédiées invendues. Les banques sont là pour ouvrir des crédits d'acceptation, ou pour faire des avances.

Les banques allemandes, non seulement escomptent du papier à très long terme, jusqu'à un an et plus, sur l'étranger, avec la seule signature du tireur, avançant ordinairement de 75 à 80 %, quelquefois davantage, mais elles ouvrent des crédits contre acceptations ou billets à ordre de l'exportateur, à quatre-vingt-dix jours renouvelables, ou contre encaissements à effectuer par leurs soins du montant des factures. Elles consentent même des « crédits par compte » sur les factures et sur les affaires inscrites encore seulement sur les carnets de commandes. Elles font parfois mieux, et déchargent partiellement ou complètement leurs clients des risques de recouvrement, et s'occupent de tout ce qui concerne le transport, l'assurance, la livraison des marchandises, la douane, etc. Elles remplacent, pour tous ces soins, le commissionnaire ou le négociant-exportateur, et donnent ainsi des facilités aux fabricants qui veulent faire de l'exportation directe. Elles se substituent à eux dès que les colis sont sortis de leurs magasins, et, leur ayant versé le montant des factures, sous escompte et moyennant commission, bien entendu, elles en deviennent propriétaires; agissant ensuite comme telles, elles ont seules affaire au client étranger pour poursuivre le payement.

Qu'on ne nous dise pas que tout cela se paye, et même cher. Evidemment, les risques du crédit à long terme étant beaucoup plus grands que ceux de l'autre, les banquiers sont obligés de se couvrir par des taux d'escompte majorés en conséquence. Pour être ducroires des acheteurs de leurs clients, ils prélèvent des commissions plus ou moins élevées. Mais escomptes et commissions se calculent très exactement, et l'exportateur sait très bien ce qu'il fait lorsqu'il établit ses prix en tenant compte de tous ces frais fixes et connus à l'avance, qui ne lui laissent aucun aléa.

Ainsi soutenus par leur banque, les exportateurs allemands surenchérissaient de plus en plus dans les offres de crédit, et rendaient les affaires impossibles à leurs concurrents, même dans certains pays d'Europe, où l'habitude de n'acheter qu'à long terme s'ancrait et s'exagérait. Sans doute, ils ont abusé là comme ailleurs, et ils ont souvent été pincés, pour employer une expression de métier.

Car il ne faudrait pas croire que l'audace, la libéralité et l'ingéniosité ont produit les résultats constatés sans accrocs, sans heurts, et sans victimes. Les crises, les faillites, les ruines ont été fréquentes dans le commerce et la banque d'outre-Rhin, et il est certain que la liquidation qui devra s'effectuer après la guerre actuelle sera désastreuse. Mais il n'en est pas moins probable que si l'Allemagne ne s'était pas laissé entraîner par une folle ambition, par cet esprit de domination absolue, de rapine et de brutalité, qui a toujours régné chez elle, à brusquer les choses, et à employer la force des armes pour arriver plus vite à ses fins, elle aurait obtenu tôt ou tard une suprématie économique indiscutable.

Encaissements et renseignements. — Quand nos banquiers avancent que le crédit à l'exportation est délicat, par suite de la difficulté qu'il y a pour eux à connaître les acheteurs étrangers, la solvabilité de leur client-vendeur leur offrant seule des garanties, on peut leur répliquer que si un service sérieux de renseignements existait chez eux, ils seraient à même d'évaluer, pour l'escompte des traites, à la fois tireur et tiré, et d'accorder d'autant plus facilement du crédit au premier qu'ils auraient plus de sécurité avec le second.

Un des principaux départements des banques du commerce extérieur est, en effet, celui des renseignements. Certes, nos établissements de crédit possèdent des archives et des fiches sur la clientèle étrangère; mais combien rudimentaire est cette documentation, forcément restreinte aux grandes maisons, provenant généralement de seconde main, mal contrôlée et tenue à jour! L'Office national du commerce extérieur ne peut assumer certaines responsabilités, ni s'ingérer dans les questions financières trop délicates. Les agences sont insuffisantes. Les banques spéciales sont la meilleure source d'information sur les affaires et les firmes de l'étranger.

En Allemagne, tout un système admirablement combiné permet d'obtenir constamment des détails précis sur les maisons du monde entier. Un rapport du Consul de France à Porto a exposé cette organisation méticuleuse. Les banques spéciales font elles-mêmes leurs enquêtes sur place, suivent au jour le jour l'industrie et le commerce locaux, et transmettent aussitôt à leur siège social toutes les indications recueillies. Et le moyen le plus pratique qu'elles ont trouvé pour connaître, pour suivre les affaires et le crédit, tant financier que moral de la clientèle, a été de se charger de tous encaissements à des conditions tellement douces qu'ils leur laissent de la perte. Mais elles peuvent ainsi, en connaissance de cause, d'une part, renseigner leurs clients sur les maisons avec qui ils se proposent de travailler, et, d'autre part, avoir un double élément d'appréciation pour l'ouverture des crédits, ou l'escompte du papier, connaissant la valeur du vendeur et de l'acheteur, du tireur et du tiré.

Ce service d'encaissements est peut-être faiblement rémunérateur, mais il a toutefois un grand intérêt et pour les banques et pour leur clientèle. Sauf dans nos colonies et sur quelques places de l'étranger, où existent des succursales de banques françaises ou des agences de nos établissements de crédit, les recouvrements, comme toutes les autres opérations confiées par nos exportateurs à leurs banquiers, sont généralement effectués par des banques étrangères, à qui ceux-ci les ont rétrocédés. Trop souvent, ce sont les Allemands qui ont ainsi un moyen bien commode de jeter des yeux indiscrets sur nos affaires, pour y introduire bientôt leur lourde main. On ne saurait soutenir sérieusement que dans presque tous les pays il y a des banques françaises ou soumises à l'influence française.

Contentieux international. — Les banques spéciales ont encore un rôle important à remplir en s'occupant du contentieux international pour elles-mêmes ou leurs clients.

La diversité des législations, les lenteurs et les frais quelquefois excessifs qu'entraîne toute procédure dans bien des pays sont un des obstacles qui s'opposent à l'extension de notre exportation. Les négociants et les commissionnaires qui ont des maisons installées à l'étranger, qui y jouissent d'une notoriété déjà ancienne, qui sont au courant des codes et des usages locaux, et qui sont en rapports directs avec les hommes de loi, peuvent encore défendre leurs intérêts avec autorité; mais les autres, même s'ils sont représentés par un agent, se trouvent fréquemment dans une position extrêmement fausse, lorsque des conflits surgissent avec leurs clients appartenant à la nation dont la magistrature est saisie. Quelle aide puissante apportera un office de contentieux établi soigneusement par une banque possédant une haute situation morale et matérielle, et géré dans ses succursales et à la maison mère par des hommes compétents en la matière, qui renseigneront exactement leurs compatriotes, dont ils se chargeront de soutenir les droits dans les prétoires exotiques!

Au cas de rapports d'affaires entre maisons de la métropole et de l'étranger, avec intervention d'une banque unique, si ces trois facteurs sont de même nationalité, la solidarité patriotique peut s'exercer assez utilement. C'est ainsi que les banques allemandes se réservent la faculté de ne pas engager de poursuites contre des débiteurs allemands à l'étranger, s'ils sont notoirement solvables, évitant de jeter aveuglément le discrédit sur des compatriotes récalcitrants pour cause de contestation provisoire ou de difficultés passagères.

Appui aux affaires à l'étranger. — En outre, il incombe aux banques spéciales de s'intéresser aux entreprises de leurs nationaux à l'étranger : travaux publics et privés, mines, industries, transports de toute nature, moyens de communication, et même à celles des Etats, provinces, municipalités et particuliers indigènes, en les aidant à se créer et à se développer par des avances, des crédits, des participations, des commandites ou des souscriptions aux emprunts. Ce faisant, elles sont des agents d'expansion et d'influence directes et indirectes; car, non seulement elles permettent aux uns de s'implanter dans le pays, mais encore elles préparent chez les autres des clients pour les diverses fournitures dont ils auront besoin pour le fonctionnement de leurs industries ou services. De telles opérations relèvent de la banque d'affaires. Aussi semble-t-il que nos établissements financiers qui pratiquent ce genre de métier auraient leur place tout indiquée dans le consortium destiné à la création de comptoirs spéciaux pour le commerce extérieur.

Amélioration du crédit à court terme. — Enfin, il y aurait des progrès à accomplir, des modifications aux anciens errements à faire dans l'application du crédit à court terme, dont usent fréquemment l'exportation et l'importation; des spécialistes les effectueraient certainement mieux que d'autres.

Nos banques devront sans doute changer dorénavant leur tactique, d'autant mieux que, pendant un certain temps tout au moins, elles ne trouveront plus d'éléments d'activité et de bénéfices dans les mêmes opérations qu'auparavant. Les émissions, le placement dans le public de valeurs étrangères et d'autres choses encore leur seront rendus difficiles. Elles auront un gros effort à produire pour aider à la reconstitution des industries détruites dans les régions envahies, et pour favoriser la reprise générale et normale des affaires à l'intérieur. Mais leur devoir ne serait pas entièrement accompli si elles ne prêtaient pas dans la plus large mesure possible leur concours au commerce extérieur, et particulièrement à la restauration et à l'amplification de notre exportation. Elles ont à étudier les méthodes les plus propres à adopter dans ce but, en s'entendant pour les réaliser rapidement, et il y a lieu d'espérer que des délibérations communes qu'elles ont inaugurées récemment sortira le programme libéral et pratique qu'on est en droit d'attendre.

Il ne sera pas dit que la finance française n'aura pas été à la hauteur de la situation, quand tous les ressorts de la nation se sont tendus avec une si belle énergie, quand celle-ci fait preuve d'une hardiesse raisonnée si remarquable et si remarquée. De divers côtés on nous propose des concours : la quatrième page de nos journaux se couvre d'annonces de banques anglaises, américaines et autres, qui font leurs offres de services. Aux États-Unis, où l'on était très intransigeant pour les conditions de vente, et où l'on exigeait que les commandes fussent accompagnées de la couverture, on commence à présenter maintenant aux acheteurs de l'Amérique du sud des marchandises avec tirages documentaires à trente ou soixante jours de vue, ou plutôt à tant de jours de la date de facture ou de connaissement. Ce sont là des indices intéressants d'une tendance à prendre la place des Allemands sur des marchés où ils dominaient, grâce aux facilités de crédit inouïes qu'ils accordaient, mais qu'ils ne pourront très probablement plus continuer. Si notre banque veut s'y prêter, nous devrons arriver petit à petit à nous passer de l'intervention de ses confrères étrangers, et à profiter de la situation nouvelle pour vendre largement nos produits au dehors par nos propres moyens.

Faiblesse de notre organisation commerciale et industrielle. — Elle n'a pas tout à fait tort d'invoquer les circonstances atténuantes pour expliquer son attitude passée. Oui, l'organisation de notre commerce et de notre industrie était insuffisante, et les idées, les habitudes qui régnaient ici rendaient plus difficile qu'ailleurs l'extension du crédit. En comparant ce qui se passait en Allemagne, il faut tenir compte de son système très fort de groupements, de cartels, de syndicats de vente, de primes, de *dumping;* l'emprunt est chose beaucoup plus normale et courante là-bas qu'ici; on y est bien plus porté à fournir des garanties hypothécaires ou autres, à ouvrir aux banquiers les coulisses des établissements, leur permettant le contrôle des inventaires, livres, correspondance, magasins, etc. Il est certain que, si à Hambourg, à Brême, il existe d'importantes maisons mères et des syndicats puissants possédant des succursales ou filiales à l'étranger, avec magasins sur les principales places et agents sur les autres, la disparition progressive de nos anciennes grandes firmes d'exportation-importation est une sérieuse cause de faiblesse pour nous. Aussi aurions-nous tout intérêt à encourager par tous les moyens la constitution de puissantes maisons ou sociétés, avec de gros capitaux, pour servir d'intermédiaires entre la production nationale et la consommation étrangère, ou réciproquement. L'exportation ou l'importation directe ne peut toujours et partout se pratiquer largement et régulièrement. Et les banques sont en droit d'exiger des garanties matérielles et morales avant que de consentir des crédits.

La peur du risque. — Mais les nôtres ont réellement été, en général, par trop timides, craintives pour tout ce qui touchait au commerce extérieur. La « peur du risque » les a vraiment presque paralysées de cé côté, alors qu'elles se lançaient dans des affaires moins compliquées en apparence, mais parfois bien plus scabreuses. Le banquier prudent, mais actif, doit savoir prendre ses responsabilités, envisageant tous les dangers, et étudiant sagement les précautions pour les éviter. « Courir des risques — disait jadis devant nous le fondateur d'une de nos grandes maisons particulières de banque à un de ses jeunes associés — mais c'est notre métier! » Comme l'assureur, le banquier doit supputer l'importance relative de ses risques, les diviser pour pouvoir établir des compensations, faire ses calculs de probabilités, considérer ses commissions comme des primes payées par ses clients, et ne pas s'émouvoir outre mesure des sinistres qui surviennent fatalement. C'est surtout dans les crises qu'il a à faire preuve de sang-froid, à ne pas jeter le pavé de l'ours sur la tête de ses clients. Nos sociétés de crédit pourraient à cet égard prendre modèle sur leurs confrères anglais ou allemands : on a pu faire bien souvent la différence entre les diverses attitudes vis-à-vis de maisons en difficultés. N'a-t-on pas vu un simple directeur d'agence de banque anglaise intervenir spontanément pour aplanir des incidents que soulevait une banque de Paris dans ses rapports avec une maison de la place?

Si le négociant ou l'industriel français montre peu de dispositions à s'ouvrir au banquier, cela tient beaucoup à la mentalité et aux procédés de celui-ci; il n'y a guère que des firmes à crédit indiscuté, et qui ont déjà toutes facilités par ailleurs, dont il sollicite les affaires. Les autres, celles qui auraient le plus besoin d'aide financière pour élargir leur champ d'action, reçoivent, en général, un accueil si froid, si réservé, si hautain, quand elles se risquent à s'adresser à lui, qu'elles sont rebutées, et craignent de nuire encore davantage à leur situation en dévoilant le fond de leurs affaires. Elles ont eu tant d'exemples de secours apportés par nos banques qui se sont transformés tout à coup en guillotine! Le pompier fait parfois plus de dégâts que l'incendie : on redoute son entrée dans la maison quand il n'est pas accompagné du *salvage corps*. Si le banquier inspirait la même confiance et témoignait la même bienveillance à son client que le confesseur au pécheur, ou le médecin au malade, il y aurait vite réciprocité.

Le personnel. — La répugnance de notre banque à s'intéresser au commerce extérieur s'explique d'ailleurs par le manque de compétence du personnel pas suffisamment au courant des détails de son fonctionnement. L'éducation et l'instruction des hommes qui ont à participer directement ou indirectement à son maniement va faire l'objet d'un chapitre prochain. Mais c'est dans la banque, plus que chez tout autre auxiliaire, qu'il leur est nécessaire de posséder une expérience sérieuse, un bagage complet.

L'établissement spécial dont nous souhaitons la création — en attendant celle de banques plus spécialisées encore — devra être dirigé par des personnalités honnêtes et respectables, cela va sans dire, et particulièrement *compétentes* dans les questions de commerce extérieur. Il lui faudra s'attacher un état-major de gens rompus à la pratique du métier, et non pas seulement d'employés de banque plus ou moins expérimentés. Le choix sera peut-être un peu délicat : en cherchant bien, on trouvera un noyau pour les débuts, qui fera école, et préparera pour l'avenir les renforts utiles.

Spécialisation géographique. — La spécialisation est de la plus haute importance. La spécialisation géographique offre le grand avantage de former des hommes connaissant à fond le terrain sur lequel ils opèrent, auquel ils restent attachés, alors qu'avec le système des banques métropolitaines à succursales multiples dans divers pays les directeurs n'ont qu'une ambition, celle de passer à des postes plus avantageux ou agréables, quand ils ont fait leurs preuves et acquis de l'expérience dans une région. Chaque banque, bien au courant des ressources, des besoins, des lois, des usages, des commerçants de la contrée qui est son champ d'action, peut guider et soutenir les affaires de son pays avec cette contrée. Et ainsi l'Allemagne a réussi, en un quart de siècle, à envahir la plupart des marchés de ses produits, à installer de nombreuses industries à l'étranger, qui lui rapportent gros, et, sans colonies, ou presque, à posséder une marine marchande de premier ordre.

On remarquera que nous avons laissé de côté et la formule mutualiste et la Banque de France et l'intervention financière de l'Etat.

La mutualité. — La mutualité, qui a déjà fait de grandes choses, et devra en faire de plus grandes encore, nous semble très difficilement applicable au crédit pour le commerce extérieur pris dans son ensemble. La discussion du projet de loi auquel il a été fait allusion plus haut se poursuit dans les commissions du Sénat. On veut essayer du crédit mutuel commercial, sur des bases similaires à celles du crédit agricole établi en France depuis une vingtaine d'années, et qui n'a obtenu jusqu'ici qu'un succès relatif, malgré les avantages considérables qui ont été mis à sa disposition par l'Etat, et qui seraient bien moindres dans l'espèce actuelle. On ne prend pas garde qu'il y a une différence sensible entre l'agriculteur et le commerçant, et que les procédés bancaires applicables à l'un ne le sont pas toujours à l'autre. D'ailleurs, pour employer les expressions officielles, mal choisies, à notre gré, la loi en préparation vise les « petits et moyens commerce et industrie », et le vrai commerce extérieur doit plutôt être rangé dans la catégorie du « grand commerce ».

Il existe cependant, ou du moins il existait avant la guerre une association qui avait donné des résultats en-

courageants : le Comptoir français d'exportation de
Roubaix, fondé en 1910, avait pour but de favoriser de
toutes manières ce commerce, et notamment de servir
de caution à ses adhérents, en leur donnant sa signature, et en assumant même une partie du ducroire. Mais
il eût fallu que ses opérations ne fussent pas brusquement interrompues par les événements, si tôt après sa
naissance, pour qu'on pût le juger à l'œuvre. C'est là
un cas particulier, dans une région spéciale. Et si l'idée
n'est pas à abandonner, pourra être reprise, et même
développée plus tard, il n'en reste pas moins que l'heure
n'est pas de faire des expériences à résultat aléatoire et
lointain.

La Banque de France. — A plusieurs reprises, la Banque de France est fatalement apparue au cours de cette
étude. Elle est, en effet, le pilier central sur lequel repose toute notre organisation bancaire, puisque c'est
chez elle, en fin de compte, que vient s'échouer une
grande partie du papier de commerce en circulation.
C'est elle qui est le sauveur de toute banque, de tout
grand établissement de crédit qui, après avoir dédaigné
longtemps ses services, et même lui avoir fait une âpre
concurrence, est bien heureux de la trouver quand ses
déposants réclament à grands cris leurs fonds, qu'il n'a
pas disponibles, mais qu'il peut réaliser en partie —
beaucoup trop faible cependant — en lui demandant
l'escompte de son portefeuille bancable.

Laissons à la Banque de France son rôle qui ne pourra que s'élargir à l'avenir. Ne proposons aucune modification à ses pratiques actuelles, qui ont fait leurs preuves. Nous devons scrupuleusement — nous allions

écrire : religieusement — ménager son crédit, et respecter ses statuts et ses traditions.

L'Etat. — Quant à l'Etat, qui a déjà bien assez à faire par ailleurs, son emploi sera seulement celui d'entraîneur. On a dit que le crédit ne se décrète pas, qu'il se mérite. Les pouvoirs publics ont le devoir de provoquer les capitaux à soutenir le mouvement industriel et commercial du pays, et de légiférer pour donner toutes facilités et garanties dans ce but; ils peuvent, au besoin, dans certains· cas, fournir des subventions, sous une forme à déterminer; cela fait, ils n'ont plus qu'à prêter un appui moral et officieux, à se livrer à un contrôle sérieux, mais un peu distant. La liberté, l'indépendance en matière de banque purement commerciale sont, à notre sens, des principes intangibles, et le caractère tout spécialement international de celle qui s'adresse au commerce extérieur rendrait encore plus délicate et dangereuse l'ingérence du gouvernement. La participation financière de l'Etat serait inopérante par sa modicité, et entraînerait un contrôle, des complications et des responsabilités, dont il faut se garder soigneusement. Le monde des grandes affaires demande seulement parfois à l'Etat de le laisser tranquille. Il a eu trop souvent à souffrir dans le passé de son intrusion maladroite, et lui préférait son indifférence. Mais on peut prévoir des temps nouveaux, où les pouvoirs publics bien·conseillés, imprégnés plus que jadis de l'esprit pratique et réellement·commercial, apporteront une collaboration intelligente aux initiatives privées, et adopteront une politique économique favorable au développement du commerce, et principalement de celui avec l'extérieur.

Et l'on peut demander au gouvernement d'user de

tous les moyens dont il dispose pour provoquer la création d'organes indispensables à ce développement.

Le projet qui vient d'être exposé est évidemment susceptible de retouches dans ses détails. Il a été approuvé par de hautes compétences, et pourrait, en tout cas, servir de base à l'élaboration d'une entente entre nos banques pour la mise en pratique dans des délais très courts, et sans risques exagérés, d'un efficace crédit français au commerce extérieur français (1).

(1) Un comité officiellement constitué par le *Board of Trade* anglais, le 1ᵉʳ juillet 1916, a déposé, le 31 août, son rapport sur les meilleurs moyens de satisfaire aux besoins financiers du commerce après la guerre, spécialement en ce qui concerne les capitaux nécessaires aux grandes entreprises d'outre-mer. La traduction du texte intégral de ce rapport a été publiée dans le Bulletin d'octobre 1916 de la Chambre des Négociants-Commissionnaires et du Commerce Extérieur.

Il conclut en faveur de la création d'une Banque commerciale britannique (*British Trade Bank*), au capital de 250 millions de francs (£ 10.000.000).

Cet établissement faciliterait les opérations avec les marchés étrangers, et aurait surtout pour but les crédits à longue échéance. Il ne pousserait cependant pas à la surproduction, comme les banques allemandes, mais interviendrait pour permettre aux exportateurs de toucher comptant une partie du montant des marchandises vendues à terme, à l'étranger. Il serait reconnu officiellement par le gouvernement, *sans être contrôlé par lui*, n'accepterait pas de dépôts à vue, pourrait coopérer, dans certains cas, avec ses clients, créerait des succursales directes dans tous les pays où il n'existe pas de banque coloniale ou anglo-étrangère d'une certaine importance, et s'entendrait avec celles-ci pour se faire représenter par elles dans les contrées où elles sont déjà installées. Il instituerait un « Bureau de renseignements », et deviendrait un « centre d'études » pour toutes les affaires du commerce extérieur, y compris les opérations financières et industrielles de tous genres.

Ainsi, le pays où le payement *cash* est en honneur, où l'exportation est organisée si admirablement et si largement, où la banque est si bien outillée et déjà si spécialisée, où fonctionnent un grand nombre de maisons et de sociétés s'adonnant particulièrement aux tractations financières avec les colonies et l'étranger, éprouve le besoin de faire encore mieux, et, sinon d'imiter servilement les Allemands, du moins de prendre dans leur système ce qu'il y a de bon, d'honnête, de solide.

On remarquera des similitudes singulières entre le projet anglais et celui que nous avons développé ci-dessus. Toutefois, nous n'avons pas été aussi haut, ni aussi loin, ni aussi vite que le comité du *Board of Trade*, parce qu'en France il n'est pas permis, malheureusement, pour divers motifs, de faire aussi grand, parce que nous avons cru prudent de ménager une période transitoire, et d'adapter la nouvelle organisation à celle qui était en vigueur jusqu'à présent chez nous, et qu'il serait dangereux de démolir brutalement.

CHAPITRE III

PERSONNEL

Education. — Culture générale. — Spécialisation. — Enseignement technique. — Apprentissage pratique. — Emigration. — Situations. — La division du travail et les habitudes.

Toutes les améliorations à apporter aussi rapidement que possible dans l'organisation de notre commerce extérieur sommairement indiquées jusqu'ici seraient utilement complétées par une préparation rationnelle et un emploi judicieux du personnel.

Education. — La revue rétrospective faite dans la deuxième partie de cette étude aboutissait à des conclusions relativement optimistes. Si trop longtemps notre jeunesse s'était peu intéressée aux relations commerciales avec l'étranger, si les pouvoirs publics, la presse, la littérature, l'enseignement, les familles ne l'avaient pas suffisamment incitée à tourner ses visées de ce côté, une réaction assez vive s'était manifestée depuis déjà quelque temps. La pratique des sports, une confiance plus large dans la force physique et morale, une activité plus grande, le goût des voyages, un sentiment d'indépendance, d'ambition, un désir de vie moins terre-à-terre, moins banale, un besoin d'aventure et d'imprévu, tout cela avait déterminé une modification sensible dans la mentalité et dans les projets d'avenir des nouvelles générations.

Les questions extérieures avaient été mises à l'ordre

du jour par les expéditions coloniales, qui avaient entraîné une certaine quantité de Français à s'expatrier, soit comme soldats, soit comme fonctionnaires; quelques-uns s'étaient fixés dans les pays récemment ouverts, leur réussite en avait attiré d'autres, et le mouvement s'étendit de proche en proche, activé par une propagande enfin à peu près organisée. La continuer et l'intensifier sera l'œuvre de demain.

Culture générale. — Les jeunes gens qui entrent comme petits employés dans le commerce extérieur, au sortir de l'école primaire, sont occupés tout d'abord à des travaux de copie, aux courses, et à d'autres besognes secondaires, et, s'ils sont intelligents et sérieux, arrivent petit à petit, en regardant et en écoutant ce qui se passe autour d'eux, à être capables de faire mieux. Mais beaucoup de débutants plus âgés ont poursuivi leurs études dans les écoles supérieures, quelques-uns dans les lycées et collèges, et ont reçu une instruction générale plus avancée qui leur permet de s'assimiler plus vite les éléments techniques. Enfin, ceux qui ont passé par les écoles commerciales ont peut-être quelques notions spéciales de plus que les autres, qui leur facilitent l'entrée en matières, mais ne leur donnent qu'une supériorité passagère et relative.

Le négociant qui fait des affaires larges doit être aujourd'hui un homme cultivé, instruit, se tenant au courant des transformations, des progrès qui s'opèrent de plus en plus fréquemment et rapidement. Gœthe avait déjà dit qu'il « ne connaissait pas d'esprit plus cultivé que celui d'un grand commerçant ». Et le commerce extérieur, avec toutes ses complications, nécessite des connaissances multiples qui s'acquièrent par l'expérience, mais d'autant mieux que l'esprit a été ouvert et développé par un entraînement intellectuel plus étendu.

Spécialisation. — En somme, nous avons, en France, un ensemble suffisamment complet d'établissements scolaires généraux ou spéciaux pour préparer le personnel du commerce extérieur. Mais, puisque deux enseignements distincts coexistent, ceux qui ont protesté, et ceux qui, après avoir d'abord applaudi, lorsqu'on a fait de la spécialisation dans le secondaire, sont un peu revenus de leur premier engouement, sont peut-être fondés à réclamer une révision des programmes de 1902, avec leur enchevêtrement de cycles, de bifurcations, et l'abus de l'approfondissement de certaines matières spéciales, au détriment d'études d'ordre général, dont celle de la langue française et de la composition logique, claire et élégante d'une lettre ou d'un rapport, qui devrait tenir le premier rang. Des chefs de grande industrie, des ingénieurs même se sont plaints amèrement depuis quelques années de l'insuffisance à ce point de vue de leurs jeunes collaborateurs, qui, élèves des grandes écoles scientifiques, après avoir été spécialisés trop tôt, ne savent pas exprimer leurs idées nettement et de façon raisonnée, la plume à la main. Et, à côté de tant d'autres crises, on a eu à déplorer celle du français.

Enseignement technique. — Nous nous sommes déjà quelque peu étendu sur l'enseignement technique. Une campagne très sérieuse se poursuit en faveur de ce qu'on a dénommé le pré-apprentissage. On avait fait antérieurement des efforts pour le développement de

l'instruction post-scolaire. Il semble que les deux choses puissent être confondues, et cependant une distinction est à établir. La loi française de l'instruction
obligatoire — appliquée avec si peu de rigueur que,
même dans le département de la Seine, il se trouve des
conscrits illettrés — fixe la limite de la scolarité à un
âge où l'enfant n'est pas encore capable de se livrer à
certains travaux, son développement physique ou intellectuel n'étant pas suffisant. Les lois sociales sur la réglementation du travail ont d'ailleurs détruit en partie
l'ancien apprentissage industriel. On a donc songé d'abord à multiplier, pour ceux qui ne peuvent poursuivre
leurs études dans les écoles supérieures, les cours dits
du soir de l'initiative privée ou du corps enseignant
officiel, et l'on a essayé d'adjoindre aux matières générales qu'on y traitait un programme professionnel.
Mais, malgré les dévouements, les dépenses, il faut
avouer que les résultats obtenus sont assez maigres.

Le projet actuel voudrait imposer à tout enfant sorti
de l'école primaire et employé dans l'industrie ou le
commerce la fréquentation de cours professionnels; il
se heurte à des difficultés pratiques, et les trop nombreuses fuites qui se sont produites dans l'obligation à
l'école primaire ne prédisposent guère à lui en superposer une autre. Pour le commerce, la question est particulièrement délicate. Il est difficile, sinon impossible,
de réglementer législativement le travail dans une maison de commission comme dans une usine, ou même
dans un magasin de détail.

Il y aurait toutefois à étudier si certaines améliorations ne pourraient pas être apportées, sinon dans les
programmes — on ne paraît pas disposé en haut lieu à
entrer dans cette voie pour le moment — mais dans les

méthodes des écoles commerciales et des divisions B, C, D, de l'enseignement secondaire (latin-langues vivantes, latin-sciences, sciences-langues vivantes).

Les essais de « méthode directe » pour les langues étrangères, autour desquelles on a fait un temps beaucoup de bruit, n'ont pas donné ce qu'on en attendait. Il sera toujours bien difficile à un professeur, dans une classe de trente ou quarante élèves, d'obtenir, sauf de quelques sujets exceptionnellement doués, des résultats vraiment pratiques en pareille matière. La grammaire, la littérature, l'esprit de la langue, avec un vocabulaire restreint, c'est tout ce qu'on peut espérer inculquer à l'ensemble; et il est nécessaire de le faire, pour que les jeunes gens qui se perfectionneront par la pratique, et acquerront un vocabulaire plus complet, les idiotismes, les formules courantes de la conversation et de la correspondance, aient une connaissance sérieuse de la langue parlée et écrite. On a été jusqu'à s'élever contre le système des *fræulein* et des *misses* pour apprendre l'allemand ou l'anglais à de très jeunes enfants, en même temps qu'ils ânonnaient les rudiments du français : M. Marcel Prévost a écrit des pages enflammées dans ce sens.

On a dit qu'un Français est « un Monsieur décoré qui rédemande du pain ». A cette définition superficielle les Allemands, dès 1870, ajoutaient : « et qui ne sait pas la géographie ». Malheureusement, il y a encore du vrai dans cette boutade (1). Les fameux programmes

____

(1) Un rapport de la section argentine du Comité Républicain du Commerce, de l'Industrie et de l'Agriculture (novembre 1915) contient ceci : « Nous recevons fréquemment des enveloppes de maisons importantes qui les dirigent à Buenos-Aires, *Brésil!* ». Il nous souvient qu'une maison de Paris ayant plusieurs succursales au *Brésil* était constamment sollicitée, même parfois par nos grands établissements de crédit, de fournir des renseignements sur des firmes de *Buenos-Aires.*

de 1902 qui ont bouleversé, entre autres choses, l'étude
de la géographie, et ont voulu lui donner tout à la fois
un caractère plus scientifique et plus pratique, sont tellement complets et diffus que les professeurs de lycée
avouent qu'ils ont beaucoup de mal à les épuiser dans
le nombre d'heures réservé par l'emploi du temps. Sans
faire allusion à d'autres innovations discutables, on insiste beaucoup sur la géologie de la France, et les élèves sont censés connaître à fond quelle est la nature du
terrain qui supporte l'Ile-de-France, mais un prix d'histoire et de géographie de Première ignore dans quel département est Versailles, et à quelle distance approxi-
mative de Paris se trouve Le Havre. Dans les écoles
commerciales, particulièrement, on pourrait peut-être
faire encore plus de géographie appliquée, et demander
aux professeurs de se servir moins de livres et d'atlas
certainement bien documentés, mais ayant souvent le
tort — qu'on ne saurait leur reprocher — de ne plus
être parfaitement exacts dans certaines de leurs parties
peu de temps après qu'ils ont paru, tant sont rapides
aujourd'hui et parfois radicales les transformations qui
s'opèrent dans les courants commerciaux et dans les
moyens de communication, sans parler des changements politiques. Non pas qu'il faille proscrire des ouvrages sérieux, que les auteurs et les éditeurs s'efforcent de mettre à jour dans des éditions successives, et
qui permettent aux élèves de repasser les leçons du professeur. Mais celui-ci devrait pouvoir faire son cours de
façon plus personnelle, de préférence en faisant suivre
sur la carte murale ses explications basées sur des renseignements de la dernière heure puisés par lui-même
aux meilleures sources.

La comptabilité, qui est avant tout une question

d'ordre, de méthode et de réflexion, repose évidemment sur quelques principes qu'il faut apprendre, et qu'on peut enseigner à l'école, de même que la tenue de livres et quelques éléments de banque et de finance. Mais ce ne devrait être qu'en fin d'études, et après avoir appris l'arithmétique et les mathématiques, que les élèves des écoles commerciales auraient à aborder des matières qu'on peut compliquer à l'infini, mais aussi réduire à leur plus simple expression, sans chercher midi à quatorze heures.

Dans les écoles supérieures, et surtout à l'Ecole des Hautes-Etudes commerciales, où l'on s'adresse à des jeunes gens plus mûris physiquement et intellectuellement, les programmes peuvent être et sont un peu étendus. Des notions de droit commercial, de fiscalité, d'autres choses encore se greffent facilement sur un tronc déjà bien préparé, d'autant mieux que dans le dernier établissement entrent des élèves de l'enseignement secondaire, et qu'il a, parmi ses buts, celui de préparer à la carrière consulaire. M. Landry déclare bien, dans son rapport à la Chambre, qu'en fait infime est le nombre des consuls qui sont venus de là; mais, aux derniers concours, l'Ecole a obtenu une forte proportion des places disponibles.

Il faut observer que les écoles supérieures mènent leurs élèves jusqu'à dix-huit ans et plus. Des négociants expérimentés et sages estiment qu'on doit entrer très jeune dans les affaires, et que, surtout pour le commerce extérieur, il y a intérêt à faire un apprentissage pratique assez long, en passant par les différents postes, en commençant par les besognes les plus basses, en débutant assez tôt pour qu'elles ne paraissent pas trop ingrates et puériles, et pour qu'au bout de quelques années la chrysalide devenue papillon soit en état, sans avoir de beaucoup dépassé la vingtaine, de s'envoler vers d'autres cieux.

Pour en finir avec l'enseignement technique, il nous semble que, dans les écoles supérieures, il serait peut-être utile d'adjoindre au personnel enseignant ordinaire, composé, en général, de non-professionnels, quelques hommes de métier, qui feraient, sinon des cours réguliers et suivis, du moins des conférences pratiques sur des sujets qu'ils possèdent bien, pour les avoir épuisés dans le cours de leur carrière commerciale ou financière. Ce ne serait pas une concurrence aux professeurs, dont l'érudition n'est pas en cause, ce serait un complément intéressant des leçons théoriques qu'ils donnent avec autant de conscience que de compétence. On trouverait sans doute, parmi nos anciens négociants, banquiers ou industriels, ou même parmi ceux encore en exercice qui consentiraient à sacrifier quelques heures de leur temps si bien employé par ailleurs, des personnalités pour assumer cette tâche.

Apprentissage pratique. — Celui qui veut se livrer au commerce extérieur doit, ses études générales ou spéciales à l'école terminées, apprendre véritablement son métier, et il ne le fera complètement qu'en travaillant sur le vif, tant dans son pays natal que dans celui avec lequel il a l'intention d'entretenir des relations. Bien entendu, les hommes qui n'ont pas d'autre ambition que de rester toute leur vie employés subalternes, et de demeurer jusqu'à la fin de leur carrière comptables, caissiers, facturiers, dactylographes ou sténographes peuvent se passer de ce double apprentissage. Mais ceux qui aspirent à pénétrer dans les états-majors, ou même à devenir associés et chefs de maison, s'ils veulent être réellement compétents, ont tout intérêt, en général, à étudier sur place les deux aspects du commerce qu'ils ont entrepris.

On ne s'improvise pas exportateur ou importateur. Ce sont là des professions qui exigent des connaissances variées et multiples sur des métiers connexes, et aussi sur les pays avec qui les affaires sont traitées. Et, pour les acquérir, une forte expérience est nécessaire.

Avant même l'entrée dans le commerce, durant le cours des études préparatoires, certains jeunes gens peuvent faire du pré-apprentissage pratique. Pour se perfectionner dans les langues étrangères, et, en même temps, pour s'ouvrir des horizons nouveaux ,pour connaître des milieux différents de celui où ils ont été élevés, pour faire des comparaisons utiles entre la vie dans la mère-patrie, et celle dans d'autres contrées, entre la mentalité nationale et celle d'autres peuples, les séjours à l'étranger pendant les vacances des dernières années d'étude sont excellents. Jadis, les familles, les mamans françaises surtout, dans leur tendresse un peu exagérée, gardaient leurs fils trop tard en couveuse; elles tremblaient de voir sortir seuls du nid bien ouaté les adolescents timides qu'elles tenaient en lisière le plus longtemps possible. Les idées se sont modifiées, et l'on a pu voir chaque année davantage de nos écoliers au-dessus de quatorze ou quinze ans traverser la Manche, ou franchir le Rhin, quelquefois les Pyrénées ou les Alpes, pour se rendre, soit chez des professeurs, soit dans des familles, qui les prenaient en pension pendant deux ou trois mois. Des sociétés se sont même fondées pour faciliter le choix des maisons où placer nos enfants, et l'on commençait à pratiquer le système des échanges entre les familles qui ne peuvent payer de pension. Bien que tout cela fût assez délicat à organiser, et malgré quelques mécomptes, la réussite de ces procédés s'affirmait, et le succès de ces premiers efforts était évident. Des jeunes gens, après deux mois de séjour en Angleterre, revenaient parlant couramment la langue qu'ils traduisaient péniblement, à coups de dictionnaire, avant leur départ. Et leur allure générale, leur compréhension des choses et des gens avaient subi un sensible élargissement.

D'autre part, plus nombreux devenaient aussi ceux qui cherchaient à aller à l'étranger se placer provisoirement dans des maisons de commerce pour y faire un stage. C'est là une méthode que les Allemands employaient sur une vaste échelle: Paris, nos grands ports, nos centres industriels étaient inondés de « volontaires » qui se répandaient aussi sur l'Angleterre, la Belgique, et bien d'autres pays.

Il faudra encourager chez nous par tous les moyens le développement de ces façons de faire.

Emigration. — Mais ces expatriations anticipées ne suffisent pas. La jeunesse devra se familiariser de plus en plus avec l'idée que, pour donner de l'extension à nos affaires avec le dehors, il est indispensable qu'elle se décide à s'éloigner du sol natal pendant un certain temps, après son premier apprentissage effectué, afin d'en faire un second, tout en apportant à nos nationaux établis aux colonies ou à l'étranger le concours de son activité déjà quelque peu experte.

Ainsi se formeront deux groupes de Français capables de rendre des services précieux pour l'expansion de notre production et pour l'affranchissement de notre importation : ceux qui resteront fixés dans les pays où ils se seront rendus, le temps nécessaire pour y créer ou faire prospérer des établissements de tous genres, et ceux qui n'y feront qu'un séjour relativement court, mais reviendront dans la métropole avec un acquis leur permettant d'y travailler utilement, à des titres divers, dans tout ce qui concerne le commerce extérieur.

Si la France ne pouvait avoir la prétention, pour les motifs déjà exposés, de fournir une forte émigration, il est injuste de prétendre que ses enfants ne savent pas coloniser, ni se plier aux exigences de la vie sous des climats différents de celui de leur patrie, et au milieu de populations de mœurs et de goûts opposés aux leurs. L'histoire dément une pareille assertion : les Canadiens français sont encore là pour prouver le contraire; l'œuvre accomplie en Algérie, en Tunisie, en Indo-Chine, en Afrique occidentale, et plus récemment encore au Maroc nous permet de nous enorgueillir. Il est même curieux de voir des Français partis jeunes pour les colonies anglaises y avoir admirablement réussi, et être parvenus à de hautes situations dans des maisons ou des entreprises anglaises : nous connaissons des cas de cette espèce.

C'est à l'émigration d'une partie saine de notre jeunesse qu'il s'agit de pousser, et non pas seulement à celle de fruits secs ou d'écervelés, comme ceux qu'on expédiait surtout jadis, après qu'ils avaient fait quelque bêtise grave ici. En dehors des autres améliorations qu'on pourra réaliser, il y aura lieu de faire comprendre à nos compatriotes établis aux colonies, et surtout à l'étranger, qu'ils ont tout intérêt à se considérer toujours un peu comme en temps de guerre, et à maintenir entre eux l' « union sacrée » permanente. Gambetta a dit que l'anti-cléricalisme n'est pas un article d'exportation. Donnons à cet aphorisme sa signification la plus étendue. Que les Français honnêtes, une fois franchies leurs frontières, oublient leurs querelles, leurs dissentiments de toute nature, et, faisant trève au dénigrement qu'ils sont trop portés à cultiver les uns vis-à-vis des autres, forment bloc, et, sans coteries, sans camps ennemis, se resserrent, au contraire, s'entr'aident, et n'aient toujours en vue que le pavillon national qui les couvre tous. Que de nouveaux venus, généralement ignorants des conditions locales, ne viennent pas chercher à faire une concurrence désordonnée à ceux de leurs concitoyens qui, avant eux, ont réussi à installer des industries ou commerces florissants, et ne visent pas à démolir un édifice laborieusement construit, s'exposant souvent à être écrasés eux-mêmes sous ses décombres, et, en tout cas, jetant le discrédit sur le prestige français.

La tourmente actuelle, les coupes sombres qui anéantissent tant de brillants espoirs ne faciliteront certainement pas l'extension du mouvement qui s'accentuait si heureusement. Espérons toutefois qu'il se présentera encore, au retour de la paix, un contingent de jeunes intelligences et d'énergies pour aller au loin faire rayonner l'activité et le génie français. Il profitera de la situation nouvelle que notre patrie occupera dans le monde, et possèdera plus d'assurance et de confiance que les précédentes générations pour entreprendre et persévérer.

Situations. — Mais, pour exciter les vocations, pour faire naître des ambitions légitimes, pour amener les parents à entrevoir à l'avance la perspective de se séparer de leurs enfants, nos négociants, industriels et banquiers auront à faire, eux aussi, des efforts parallèles. Il y aura lieu pour eux d'adopter une tactique différente de celle qu'ils employaient d'ordinaire. Un des motifs qui ont détourné notre jeunesse de l'expatriation a été, il faut bien le dire, l'esprit étroit avec lequel les chefs de maison considéraient trop souvent les intérêts de leurs collaborateurs. On ne savait pas suffisamment payer, ni donner des garanties sérieuses pour l'avenir aux hommes qu'on envoyait au loin. On croyait bien faire en offrant des appointements un peu supérieurs à ceux de la métropole à des employés, qui généralement arrivaient dans un pays où la vie est chère, où l'argent a une valeur sensiblement inférieure à celle d'ici, où ils étaient contraints par leur isolement à des dépenses extraordinaires. Beaucoup, après une courte expérience, lâchaient pied, et rentraient en France, ou quittaient la maison pour qui ils étaient partis, cherchant à faire mieux. Non seulement leur situation matérielle se trouvait précaire, mais ils n'avaient pas assez de prestige, d'autorité, de *respectability*, suivant l'expression caractéristique anglaise. Enfin, on ne les habituait que rarement à prendre de l'initiative, et à avoir le sentiment des responsabilités.

Ailleurs, en Angleterre surtout, on est plus habile pour entraîner son monde. Tout comme le fonctionnaire colonial, l'homme qui va outre-mer dans le commerce, l'industrie ou la banque est largement rémunéré, et muni d'un contrat stipulant des conditions pour le présent et pour l'avenir; on y prévoit, outre la question d'avancement, celle de congés réguliers lui permettant de venir se retremper, à intervalles fixes, physiquement et moralement sur le sol natal. S'il répond aux espérances, il est vite « quelqu'un », on lui confie des missions de plus en plus importantes, on éprouve sa valeur en lui laissant un peu la bride sur le cou, et, s'il « rend » bien, il parvient à de grandes situations pécuniaires et morales. Très souvent il finit par revenir à la maison mère, dans l'état-major central. Ainsi se forment dans les succursales tant d'hommes expérimentés, rompus à tous les détails des transactions, qui constituent dans la Cité de Londres ou à Liverpool cette armée de négociants et de banquiers audacieux mais compétents, qui brassent un chiffre d'affaires fantastique, et dont beaucoup possèdent des capitaux incomparablement plus grands que ceux avec lesquels travaillent nos plus fortes maisons.

Imprégnons-nous de cet esprit, nous aussi, sachons payer libéralement pour être bien servis, et pour avoir le droit d'exiger beaucoup du personnel. Si l'on veut décider des hommes ayant conscience de leur valeur à faire des sacrifices, à quitter leur famille, leurs amis, à rompre avec leurs habitudes, à renoncer aux plaisirs que leur promettent Paris et nos grandes villes, à s'exposer à des dangers de diverses sortes, il est indispensable de leur donner des compensations, et de faire miroiter à leurs yeux, non pas de vagues espérances, mais des réalités palpables. Si nos chefs de maison, nos administrateurs de sociétés ont besoin de s'entourer d'hommes capables, de tout repos, pour aller gérer leurs affaires au loin, ils ont intérêt à les mettre à l'abri de toutes tentations, à se les attacher par des avantages séduisants, par des assurances d'avenir, et à leur abandonner une part raisonnable des bénéfices.

La division du travail et les habitudes. — Quelques

réformes dans l'organisation et la division du travail de nos producteurs et négociants ne seraient pas superflues.

Chez les producteurs, surtout s'ils veulent faire de l'exportation directe, il manque généralement un personnel supérieur au courant des nombreuses et délicates questions que soulève le commerce extérieur. Beaucoup de nos industries sont dirigées par des ingénieurs, certes fort instruits et habiles, mais n'ayant souvent qu'une idée très imparfaite, et même parfois fausse des affaires. Ils ne sont pas assez disposés à s'adjoindre des seconds ayant une certaine indépendance et assez d'autorité et de compétence pour mener la partie commerciale de leurs établissements.

D'ailleurs, un esprit analogue a trop longtemps régné chez les négociants. Le patron français a volontiers tendance à prétendre tout faire par lui-même, tout au moins à assumer sur lui seul les initiatives et les responsabilités; ou il tombe quelquefois dans l'excès contraire, et ne surveille pas suffisamment les services de sa maison. Dans le premier cas, le plus fréquent, il se perd dans les détails, passe une grande partie de son temps à des besognes dont il devrait se décharger, n'approfondit pas assez certaines questions, n'a pas le loisir de réfléchir, d'étudier, de voyager, de lire, même de causer, et, confiné dans son cabinet, attaché à un labeur matériel continu, quotidien, n'a pas les vues larges et constamment renouvelées que les contingences modernes imposent. Dans le second cas, il s'expose, s'il n'est pas doublé par un « alter ego » conciencieux, à de cruelles surprises.

Une division du travail logique et rationnelle est nécessaire dans les maisons importantes. Des services spéciaux y seront dirigés par des hommes sérieux, des fondés de pouvoirs, sous la haute impulsion des grands chefs, qui donneront les directives, mais laisseront à cet état-major le soin d'entrer dans les détails, et de mener le personnel subalterne. Il va sans dire que ces hommes seront rémunérés convenablement, et, de préférence, intéressés dans les bénéfices.

Il est reconnu par ceux qui ont un peu voyagé, qui ont visité les grandes places commerciales d'Europe, et y ont été en rapports directs et personnels avec les négociants, qu'en France, mais particulièrement à Paris, on travaille plutôt davantage, ou du moins de façon plus continue qu'ailleurs dans les maisons de commission ou d'importation-exportation. Les patrons et directeurs s'astreignent à plus d'assiduité, en général; ils s'imaginent que leur présence constante dans leur cabinet est indispensable, et que tout croulerait s'ils faisaient de trop fréquentes absences. Le personnel est très tenu, les journées commencent d'assez bonne heure, et se terminent tard, surtout depuis que les heures de départ du courrier ont été considérablement retardées à Paris.

En Angleterre, il n'en est pas ainsi : patrons et employés travaillent intensivement, mais, d'ordinaire, moins longtemps. L'organisation intérieure permet aux chefs de ne pas se croire obligés d'être en permanence assis à leur bureau : ils ont des remplaçants, associés ou fondés de pouvoirs, qui se distribuent les rôles, et se suppléent, au besoin, mutuellement. Les voyages d'affaires, et aussi d'agrément en sont rendus plus faciles, et se font beaucoup plus fréquemment. Le congé annuel — et même souvent bi ou tri-annuel pour les états-majors — est courant depuis bien plus longtemps que chez nous. La fameuse « semaine anglaise » permet au personnel de fuir la Cité de Londres le samedi après-midi, et, dans la belle saison surtout, les campagnes au long de la Tamise et les plages même assez éloignées sont envahies chaque *week's end* par la foule des *clerks*, qui se livrent au canotage, au cricket, au football et à tant d'autres sports. Il existe même dans des baux une clause interdisant au locataire et à son personnel de pénétrer dans les bureaux le dimanche, sauf le cas de force majeure, tel qu'incendie.

Qu'on nous entende bien : ces constatations ne sont pas pour inciter au « moindre effort », loin de là. Le moment serait fort mal choisi d'offrir des primes à la paresse ou à l'abus du plaisir. Alors que nous sommes en pleine exacerbation, que tout est à l'action poussée jusqu'au paroxysme pour triompher dans la lutte gigantesque, alors que nous avons à prévoir une période de travail acharné, d'efforts énergiques pour réparer ensuite les ruines amoncelées, pour vivre, et pour préparer aux futures générations une ère de calme et de prospérité, il serait dangereux et, disons le mot, criminel de glorifier le farniente et la jouissance. Les Anglais eux-mêmes reconnaissent qu'ils se sont peut-être complus un peu trop dans une béate satisfaction, et qu'ils ont négligé certains de leurs devoirs envers eux-mêmes et envers l'humanité civilisée. Ils ont, du reste, admirablement réagi, ont su secouer des préjugés tenaces, se départir de principes tenus pour intangibles, et se préparent à d'autres sacrifices d'amour-propre et de bien-être matériel.

La sagesse des nations proclame que l'excès en tout est un défaut. Sans exagération, sans manquer à aucun devoir, sans diminuer en rien le rendement de la machine humaine — et sa raréfaction exigera, au contraire, un accroissement d'effets utiles — il est permis d'envisager un fonctionnement, un réglage bien compris, qui, avec la moindre usure, lui évitera de tourner à vide, et lui laissera des répits, dont elle profitera pour, après huilage copieux et entendu, reprendre ensuite avec une nouvelle ardeur sa course productive.

N'oublions pas que cette machine a aussi un cerveau, que sa fatigue est double, puisqu'on lui demande un travail à la fois matériel et intellectuel. Il doit lui être accordé suffisamment d'arrêts pour qu'elle puisse se reposer et accumuler de nouvelles forces, tant dans ses muscles que dans ses méninges. Ce qui est utile, c'est que les hommes attachés à une besogne stable, parfois pénible ou absorbante, dans une atmosphère souvent confinée et insalubre, n'y soient pas astreints outre mesure, et aient le temps de se délasser, de purifier leurs bronches, de détendre leurs nerfs, d'assouplir tout leur organisme, de jouir normalement des joies de la vie, du home et de la famille, de soigner leurs intérêts personnels, et aussi de porter leur esprit vers d'autres préoccupations que celles des affaires, pour élargir leurs idées et étendre leurs conceptions. Il y va de l'intérêt général. Ce qui est à éviter, c'est la présence inutile au bureau ou au magasin d'un personnel inoccupé, ce sont les heures perdues à des travaux superflus, à la lecture des journaux, à la flânerie ou à des conversations trop longues, et surtout à des bavardages sur des sujets futiles. *Time is money* est souvent affiché dans les *offices* anglais. Faire vite et bien, et s'en aller ensuite, voilà la règle à suivre.

Chefs de maison, membres des états-majors, pour le bien même de leurs affaires, auraient avantage à se rendre moins esclaves, à se faciliter des absences même parfois prolongées. Et ils n'hésiteraient pas alors à plus voyager, à aller par eux-mèmes dans les pays avec qui ils travaillent donner le « coup de pouce » aux opérations en cours, en préparer d'autres, et chercher à en amorcer dans des directions nouvelles. L' « œil du maître », au moins tant qu'on n'aura pas trouvé la vision à longue distance pour compléter le téléphone, découvrira toujours quelque chose d'intéressant dans ses promenades. Même en vacances, dans les voyages d'agrément, il y a souvent à glaner pour un négociant intelligent et observateur. Les Allemands savent très bien employer leurs excursions, et mêler l'utile à l'agréable.

On pourrait donc travailler moins, et mieux, chez nous, avec une répartition plus judicieuse des fonctions et du temps. Il est vrai que, pour y parvenir, des changements seraient nécessaires dans nos mœurs et dans nos habitudes générales.

Enfin, nos négociants n'ont peut-être pas assez de contacts entre eux, et ne trouvent que de rares occasions de s'entretenir des intérêts communs. Les chambres syndicales ne sont pas très fréquentées. Dans les ports, au Havre, ou à Marseille, on va bien à la Bourse, mais, à Paris, il n'y a pas de centre de réunion commercial, sauf pour certaines branches spéciales. Un essai de Bourse pour le commerce extérieur n'a pas réussi.

———

CONCLUSION

Reproches à nos producteurs et commerçants. — La mentalité française. — Les progrès réalisés. — Confiance entre producteurs, négociants et banquiers. — L'unité d'action. — L'Association nationale d'expansion économique. — La conférence économique des alliés. — Les neutres. — Les ennemis. — La satisfaction de la consommation intérieure. — Intensification et surproduction. Exportation de l'excédent. — L'importation. — Les pouvoirs publics. — L'avenir de notre commerce extérieur.

Reproches à nos producteurs et commerçants. — Que n'a-t-on pas reproché à nos industriels, commerçants et producteurs? Ils ont été accusés de routine, d'apathie, de manque d'initiative. Nous-même, nous nous sommes permis de signaler quelques particularités de leurs façons de procéder qui ont mis obstacle à l'expansion française. Mais il n'est pas équitable de les juger sommairement, sans au moins leur laisser plaider les circonstances atténuantes.

Leur attitude s'explique par des causes historiques et par une situation matérielle et morale dont ils ne sont pas seuls responsables.

La guerre de 1870-71 a eu des conséquences si graves qu'elle a modifié du tout au tout les conditions antérieures. Les Français n'ont pas perdu, certes, les belles qualités qui leur avaient procuré pendant un demi-siècle la seconde place dans l'industrie et le commerce; mais, parvenus déjà à un haut degré d'avancement, ils se sont repliés sur eux-mêmes, ont réservé toute leur énergie à consolider, à défendre leur situation, et, absorbés par d'autres préoccupations, n'ont pas eu, sinon la force, du moins l'audace de s'engager dans des voies plus larges. Ce ne fut pas réellement de la dépression, de l'inertie, puisqu'au contraire la reprise du travail dans tous les domaines a été merveilleuse, mais plutôt un excès de prudence, une crainte de l'avenir qui retenaient les plus fougueux. L'industrie et le commerce se développèrent lentement et seulement pour répondre à la demande de la consommation, sans grands efforts pour la provoquer, tandis que les nouveaux concurrents s'ingéniaient à monter une machine capable, dès sa mise en marche, d'un rendement considérable, avec l'intention bien arrêtée de lui donner toujours plus de puissance. On resta sur les positions acquises vis-à-vis de la clientèle étrangère, alors que d'autres prenaient résolument l'offensive, et préparaient personnel, matériel et munitions pour la pousser à fond.

Notre exportation subit pendant plus de vingt ans une sorte de cristallisation dont le pays ne se souciait pas autrement. Satisfaite de la besogne accomplie, de la situation politique et financière qu'elle avait retrouvée, la France semblait avoir renoncé à augmenter son chiffre d'affaires avec ses anciens clients du dehors, et à en rechercher de nouveaux. C'est à contre-cœur qu'elle s'était décidée à acquérir de vastes colonies; leur mise en valeur ne se faisait pas assez rapidement, et elle tardait à en tirer profit. Les pouvoirs publics se désintéressaient par trop du commerce extérieur, ou adoptaient des mesures dictées par diverses considérations, mais peu propres à le favoriser réellement. La presse, l'enseignement négligeaient de faire connaître le mouvement qui se produisait chez les autres nations; le public français ne se rendait pas compte des dangers qui s'annonçaient, et restait insouciant par ignorance. Il a fallu la prise de Port-Arthur, a-t-on écrit, pour que les lecteurs de *Madame Chrysanthème* découvrissent le Japon moderne, et les paquebots français de Marseille à Yokohama auraient pu être remplacés par des paquebots japonais avant que nous nous fussions doutés de ce qui se passait là-bas.

Les auxiliaires les plus directs, les transporteurs et les banquiers, ne comprenaient pas plus que les autres combien il était imprudent de ne pas participer à l'expansion générale. Comment s'étonner que, si peu stimulés, si peu appuyés, l'industriel et le commerçant français déjà prédisposés par leur éducation, par l'ambiance à travailler avec circonspection, en évitant les à-coups trop violents, aient longtemps hésité à se soumettre aux nécessités nouvelles des affaires?

Ils avaient des traditions que venait bouleverser la manière inaugurée des deux côtés de l'Atlantique par des peuples récemment entrés dans la concurrence mondiale. Leur mentalité était heurtée par les procédés tapageurs de banquiste, par le mépris du danger, par les combinaisons compliquées et fragiles qu'introduisaient dans le négoce des gens qui risquaient le tout pour le tout, et qui souvent n'avaient pas grand'chose à perdre.

Cependant nombre de nos compatriotes ont sans doute poussé un peu loin la résistance à la modernisation. Les uns, confiants dans la supériorité de leur production, dans la renommée de leur marque, ont cru impossible qu'elle fût supplantée brusquement, et ont refusé de faire des sacrifices pour la défendre; d'autres, par amour-propre mal placé, ont dédaigné d'aller solliciter le client, ou n'ont pas voulu modifier, à sa demande, leurs façons de faire; d'autres enfin se sont obstinés dans des fabrications surannées, pour ne pas renouveler leur outillage, ou ont préféré continuer à faire des affaires restreintes à rendement presque certain plutôt que de les étendre avec aléa.

La mentalité française. — En général, ce n'était pas la paresse, la crainte de l'effort qui déterminaient cette attitude, mais plutôt la timidité, l'effroi du saut dans l'inconnu. Le Français est actif, travailleur autant et peut-être plus que beaucoup d'autres. Sous ses dehors légers, il possède un fond de sérieux, un esprit d'ordre, d'économie qui ne se retrouvent certainement pas au même degré chez des peuples à apparence plus sévère. Par la diffusion de la richesse, par sa répartition très large, il s'est formé chez nous une grande quantité de fortunes moyennes dont les possesseurs ont souvent bien plutôt le souci de les garantir contre tout accroc que de les augmenter par un emploi incertain. La masse y a été longtemps rétive à la spéculation. L'industriel avait tendance à mettre de côté une bonne partie de ses bénéfices, à la placer en dehors des affaires, au lieu de s'en servir pour donner plus d'ampleur à son établissement. L'aisance avec la sécurité et la respectabilité était l'idéal de beaucoup, et la peur du risque pécuniaire et moral limitait les ambitions.

Sagesse philosophique, dira-t-on. Certes, la prudence, la modération sont louables, en affaires aussi; mais gardons-nous toujours des défauts de nos qualités : la prudence ne doit pas dégénérer en inaction. Notre particularisme a également son bon côté, puisqu'il dénote un sentiment d'indépendance, un respect de l'individu, de la personnalité, un désir d'originalité qui ont leur valeur, à condition qu'ils ne soient pas absolus, et n'aillent pas jusqu'à la jalousie du voisin et au refus de tout effort combiné et coordonné. La dignité, la tenue, la fermeté sont respectables et même profitables parfois, quand elles n'atteignent pas la raideur — souplesse n'est pas platitude.

Les progrès réalisés. — Aussi bien, la réaction, qui s'est opérée heureusement à partir de 1899, prouve-t-elle la vitalité de notre production, et ce qu'il y a encore de force à utiliser dans notre patrie. Il a suffi qu'on s'aperçût — un peu tard — qu'il y avait quelque chose de modifié dans le monde et qu'il était urgent de changer de manière, pour que les initiatives se réveillassent; car elles ne font pas autant défaut en France qu'on veut bien le dire; elles ont seulement besoin d'être provoquées, encouragées, et, pour peu qu'elles soient rapidement couronnées d'un premier succès, elles sont poursuivies avec ardeur. Malgré toutes les difficultés qui se présentaient, en dépit de l'avance que nous avions laissé prendre par des concurrents qui avaient, par leur savante organisation, occupé les meilleures places, nous avons réussi, avec des moyens rudimentaires et des appuis insuffisants, à doubler le chiffre de nos exportations.

Un pareil précédent est bien fait pour autoriser de grands espoirs. Mais il ne faudrait pas toutefois s'en prévaloir pour négliger de prendre toutes les mesures qui permettront un nouveau développement de notre commerce extérieur après-guerre.

Confiance entre producteurs, négociants et banquiers.
— Si l'on parvenait, avant tout, à établir la confiance
entre producteurs, négociants, commissionnaires et
banquiers, ce serait déjà un grand pas de fait. La reconstitution économique de la France réclamera des efforts et des bonnes volontés multiples. De gros capitaux
seront nécessaires pour la restauration des régions envahies, l'Etat devra se procurer d'immenses ressources
par l'emprunt et l'impôt. Mais on parviendra bien à
faire supporter à l'ennemi vaincu une bonne partie des
charges que la guerre déchaînée par lui aura
entraînées. Tout l'argent dépensé pour la défense
nationale n'est pas sorti de nos frontières, et l'on peut
penser qu'une portion de celui qui a été enrichir les
neutres reviendra, sous une forme ou sous une autre. Il
s'agira pour ceux dont le rôle est de canaliser la fortune
du pays de la distribuer judicieusement pour que l'activité puisse reprendre simultanément dans toutes les
branches. Ils auront à soutenir la production, mais à
lui fournir aussi le moyen de se créer des débouchés au
dehors, et, ce faisant, de rétablir la prospérité par un
travail plus intensif et par la rentrée de l'or si malen-
contreusement passé en mains étrangères. Pousser le
public à faire des placements dans l'industrie et le commerce, organiser pratiquement la commandite, le crédit, l'escompte, il y a là pour la banque française une
belle besogne à entreprendre, qui ne serait pas d'ailleurs seulement patriotique et philanthropique : elle y
trouverait son bénéfice. Grâce à elle, notre commerce
extérieur pourrait enfin prendre une tournure plus rationnelle, plus régulière, avec une division du travail
logique entre les divers éléments qui y participent et

qui devraient opérer côte à côte, en parfaite intelligence, chacun avec des ressources suffisantes.

L'unité d'action. — On semble avoir enfin compris que l'unité d'action est nécessaire aussi pour la victoire économique. Depuis quelques mois, sous l'influence d'un mouvement d'opinion qui s'est déclaré très nettement, et auquel se sont associés le gouvernement, le parlement et la presse, on a commencé à entrer dans la bonne voie. Les intransigeances s'apaisent, les théories, les querelles d'écoles, les discussions académiques perdent de leur importance devant les questions de fait qu'il faut résoudre promptement et pratiquement par des concessions mutuelles et par des mesures immédiates, au besoin provisoires, sans s'attacher à chercher *le mieux*, tout en ménageant l'avenir. Il a été assez fait d'enquêtes de tous genres : il y a eu des divergences de vues sur bien des points, mais il en est ressorti quelques vérités à peu près unanimement reconnues; qu'elles soient d'abord prises en considération. On pourra ensuite essayer de trouver un terrain de conciliation pour le reste, et arrêter un plan basé sur l'intérêt général. En tout cas, prouvons le mouvement en marchant.

L'Association nationale d'expansion économique. — L'Association nationale d'expansion économique, qui s'est constituée à la fin de l'année dernière pour coordonner tous les efforts, a réussi à grouper un grand nombre de chambres de commerce, comités, associations, syndicats, dont les représentants, mis ainsi en contact direct, peuvent échanger leurs idées, et collaborer à l'œuvre commune. Elle a fait appel à toutes les bonnes volontés, même à celle des *sauvages* qui étaient

restés jusqu'alors à l'écart, bien que l'aphorisme de Du-
clos : « Il n'y a malheureusement que les fripons qui
fassent des ligues, les honnêtes gens se tiennent isolés » fût depuis longtemps périmé. Les hommes d'expérience, les compétences dans des spécialités très diverses ainsi réunis pourront avoir des vues d'ensemble,
et, en sériant soigneusement les questions, les étudier
sous toutes leurs faces, sur une documentation précise
fournie par les observations et les conseils de gens qui
ont mis la main à la pâte.

Cette association déjà puissamment organisée a réu-
ni dans son conseil d'administration des notabilités de
l'industrie, de l'agriculture et du commerce français,
et elle a eu soin de s'assurer le concours permanent
d'hommes que leurs fonctions ou leurs études antérieures désignaient pour diriger le travail matériel, et que
ses ressources lui permettaient de s'attacher presque
exclusivement. Peut-être trouvera-t-elle utile par la
suite d'étendre un peu le recrutement et de son conseil
et de son haut personnel, d'y adjoindre des spécialistes
de l'exportation-importation, d'une part, et des professionnels, d'autre part.

Elle a jusqu'à présent manifesté extérieurement son
activité par un questionnaire destiné à l'éclairer sur les
mesures à prendre pour assurer l'avenir de notre production et de nos échanges, et plus spécialement sur
celles qui faciliteraient la lutte contre la concurrence
ennemie. Les deux études, d'ailleurs connexes, qu'elle a
entreprises, celle du marché français et celle du marché d'exportation aboutiront à des conclusions qui seront soumises probablement au congrès annoncé pour
octobre prochain (1). La conférence interparlementaire

____

(1) Il a été renvoyé à une date ultérieure.

du commerce sera ensuite saisie, et la conférence économique des alliés, en dernier ressort, aura ainsi devant elle un avant-projet, du point de vue français, des clauses économiques à imposer aux empires centraux.

L'expansion économique de la France consiste, en grande partie, dans cette lutte contre l'envahissement des Allemands, puisque ce sont surtout eux qui, à l'intérieur, nous ont inondés de leurs produits, et, à l'extérieur, ont pris notre place ou nous ont empêchés de nous créer des situations nouvelles. Mais l'Association nationale ne saurait perdre de vue que nous avons à soutenir d'autres concurrences moins brutales par des procédés normaux et pacifiques. Nous devons nous préparer au tournoi courtois et honorable même avec nos amis. Déjà ceux qui ne sont pas paralysés par les événements militaires ont pris sérieusement position. Les Etats-Unis, dans toute l'Amérique, et même ailleurs, le Japon, en Asie — pour ne parler que de ces deux puissances — ont posé leurs jalons et commencé les travaux d'approche. La concurrence — l'âme du commerce, suivant un lieu commun — loyale et légitime n'implique pas fatalement l'idée de guerre à outrance et au couteau, ni la mort du voisin : des émules ne sont pas forcément des adversaires, et encore moins des ennemis. Nous pouvons déclarer hautement et sans scrupules notre préoccupation d'organiser nos forces, pour que, partout et à côté de tous, nous parvenions à avoir notre place au soleil.

La conférence économique des alliés. — Une entente internationale, au moins entre nos alliés et nous, s'élabore pour la défense des intérêts communs. La conférence économique, qui a déjà tenu de premières assi-

18

ses, a jeté les bases du rempart qui sera dressé devant les prétentions monstrueuses des rapaces Germains pour garantir la liberté et la loyauté du commerce régulier et sain, la sécurité de l'avenir. Elle a proposé aux divers gouvernements unis trois séries de mesures à prendre pour le temps de guerre, pour la période de reconstitution, et pour les temps futurs.

Le resserrement du blocus, la consolidation et la généralisation des séquestres et contrôles sur les biens des ennemis sont des procédés exceptionnels nécessaires, mais qui cesseront *ipso facto* d'être employés lorsque la lutte militaire se terminera. Toutes les autres décisions qui seront arrêtées par les alliés sont naturellement subordonnées à la victoire de leurs armes, qui leur permettra d'imposer des conditions de paix, et de détruire les plans d'hégémonie, les projets de *Mitteleuropa* mûris par l'Allemagne. M. Lloyd George a pu dire : « Avant de discuter le régime commercial d'après-guerre il s'agit d'abord de gagner la guerre. Tout dépend de cela. » Les accords pour hâter la débâcle des empires de proie par l'arrêt de leur ravitaillement présentent, en effet, un caractère d'urgence indéniable; mais M. Hugues a dit, de son côté, avec raison : « C'est dès aujourd'hui que nous devons déclarer les principes de notre politique commerciale. Ceux qui prétendent qu'il vaut mieux attendre la fin de la guerre pour fixer ce programme font le jeu de l'Allemagne et prolongent la guerre. »

Il n'est pas superflu d'opposer des tarifs de défense et même des prohibitions aux menaces de *dumping* renforcé que comporte l'accumulation de stocks prêts à être vendus à tout prix et expédiés dès que les communications seront rétablies. Ce n'est pas une vaine manifestation que de publier *urbi et orbi* la volonté bien ferme des alliés de s'entendre et d'adopter une même politique pour obtenir les réparations matérielles et les restitutions dues aux pays envahis, pour avoir les mains libres et la faculté de s'entr'aider à leur guise, sans crainte de revendications, et enfin pour établir un système de défense contre toute tentative ultérieure d'agression économique. La seule annonce de l'unanimité des représentants de huit puissances à signer des résolutions provisoires a produit un effet utile, non seulement sur les ennemis, mais aussi sur les neutres. On a eu la perception bien nette que les alliés n'ont pas l'intention — qui serait exorbitante et folle — de détruire, après leur victoire, l'existence économique des populations du centre de l'Europe, mais on a compris qu'ils étaient décidés à prolonger leur solidarité au-delà de la durée des hostilités, et à maintenir cohérent leur bloc formidable, en face de toute tendance à l'établissement d'une suprématie illégitime par des agissements directs ou indirects.

Des statistiques ont établi la situation respective des huit alliés (1), des quatre ennemis et de vingt pays neutres, avant la guerre. Chacun des trois groupes représentait environ 48 %, 9 %, et 43 % de la population du globe, 49 %, 17 %, et 34 % du commerce extérieur mondial. Le premier a sur le second une supériorité éclatante, qu'il conservera et augmentera, si, au lieu de marcher en ordre dispersé, il institue, non pas une union douanière impossible à réaliser, mais un faisceau de conventions accordant la préférence aux échanges entre les nations contractantes, et réglant certaines questions de concurrence.

(1) Le Portugal et la Roumanie ne s'étaient pas encore déclarés.

Les neutres. — Il y aura toujours cependant celle des neutres; plusieurs d'entre eux ont largement profité des circonstances, ont accru leurs capitaux dans des proportions énormes, et se sont créé de nouvelles relations, qu'ils s'efforceront de maintenir et de développer. Mais on peut espérer que, de ce côté aussi, l'entente des alliés pourra opérer efficacement; d'ailleurs, les succès qu'obtiendront sans doute ces neutres sur quelques marchés seront peut-être compensés par les achats qu'ils effectueront chez les alliés plus volontiers qu'auparavant, un peu par sympathie, mais surtout si l'Allemagne n'est plus en état de leur procurer les mêmes avantages que naguère.

Les ennemis. — Désormais nos rapports d'affaires avec les Austro-Allemands seront extrêmement délicats : quel est le Français à qui il ne serait pas odieux de se trouver en relation directe avec un sujet du kaiser ou de son complice? L'Allemagne était un de nos gros clients : elle venait en troisième rang, après l'Angleterre et la Belgique. Mais elle réexportait dans plusieurs pays une partie de nos marchandises, qui transitaient seulement chez elle. Nous saurons, souhaitons-le, continuer à les vendre, en nous passant de son intermédiaire. Ses facultés d'achat vont se trouver réduites par suite de l'appauvrissement en hommes et en capitaux, et des charges qui pèseront lourdement et longtemps sur son peuple. Si elle ne peut reprendre ses exportations sur le même pied qu'avant la guerre, elle se trouvera dans une situation assez précaire.

D'autre part, le démembrement de l'empire austro-hongrois, qui est fatal, la restauration de nationalités qui s'ensuivra nous procureront des clientèles intéressantes, que nous trouverons également en Turquie, en Asie-Mineure, où des modifications sérieuses se produiront.

Toutefois, il ne faudrait pas fermer les yeux devant des réalités trop évidentes, nous endormir dans une douce satisfaction, ni, avec notre certitude de la victoire, avoir une foi naïve dans la disparition de la concurrence des Allemands, ni songer à cesser avec eux tout négoce. Bien qu'affaibli, ce peuple nombreux, prolifique — et les plus grands efforts sont déjà entrepris pour protéger chez lui la natalité — travailleur, discipliné, ne renoncera pas définitivement à se servir de ses ressources naturelles et du magnifique outillage qu'il avait patiemment et délibérément constitué. Dans toutes les barrières qu'il rencontrera sa ténacité et son astuce lui feront toujours trouver la chatière par où passer : des complaisances l'y aideront. Nous aurons d'ailleurs intérêt parfois à abaisser nous-mêmes des ponts-levis, tout en faisant bonne garde alentour, pour que des brèches ne soient pas ouvertes dans le mur voisin.

La satisfaction de la consommation intérieure. — Notre premier souci doit être évidemment d'améliorer notre production, pour satisfaire dans la mesure la plus large possible nos propres besoins. L'agriculture et l'industrie ont encore bien des progrès à réaliser. Des capitaux plus abondants, une collaboration plus étroite avec la science, une recherche plus active de la nouveauté, l'application résolue des méthodes et procédés pratiques pour réduire les prix de revient, tout en fournissant davantage et en stimulant la consommation, voilà les principaux éléments d'une expansion qui de-

vient de plus en plus indispensable, sous peine de dé-
chéance.

**Intensification et surproduction. Exportation de l'ex-
cédent.** — Mais, dans bien des cas, l'intensification
amène fatalement la surproduction : des demi-mesures
sont souvent impossibles, il faut faire grand pour bien
faire. C'est alors que l'exportation s'impose pour écouler au dehors l'excédent de ce qui peut être placé au
dedans. Elle n'est pas, en pareille occurrence, un but,
mais un moyen. Un ensemble de mesures bien appro-
priées est exigé pour la faciliter, puisqu'elle est soumise
à des nécessités et à des contingences spéciales. Cependant point n'est besoin de recourir à des combinaisons
machiavéliques pour vendre aux étrangers ce qu'ils
n'ont pas chez eux, si l'on n'a pas l'intention d'imposer
ses produits au monde entier, et si *dumping* ou autres
systèmes de concurrence déloyale sont définitivement
détruits par la coalition des honnêtes gens.

Certains des obstacles que nos producteurs rencontraient pourront être renversés. L'utilisation de la
houille blanche suppléera à l'insuffisance de nos houil-
lères. L'entr'aide des alliés remédiera probablement à
d'autres inconvénients. Des industries se sont dévelop-
pées, d'autres se sont créées pendant la guerre, qui ne
seront sans doute pas abandonnées. Les usines détruites
ou dévastées des régions envahies se remonteront avec
un matériel neuf et sur des plans souvent élargis.

Evidemment, il y aura une période d'attente, de
préparation, pendant laquelle on ne pourra faire que
du provisoire. Le personnel fera défaut, l'argent sera
cher, les matières premières seront rares. Mais, avec de
l'énergie, de l'entente et un emploi intégral de toutes

les forces disponibles, on parviendra à franchir ce cap
difficile. Plus tôt on aura commencé à organiser le travail, plus tôt on atteindra de premiers résultats.

En dehors de la production, le commerce extérieur réclame un grand nombre de concours; si nous
voulons qu'il soit bientôt florissant, nous avons d'importantes réformes d'ordres très divers à exécuter, qui
ne se feront pas en un jour. Tous ceux qui y participent
doivent dès à présent activer l'étude de ces réformes, et
agir au plus vite.

L'importation. — ' Ils n'oublieront pas l'importation; mieux faite que par le passé, elle permettrait des
économies notables, procurerait à des nationaux des
bénéfices qui étaient prélevés par des étrangers, et pro-
fiterait à notre exportation. On achète où l'on vend;
trop souvent les vendeurs originaires des marchandises
que nous faisions venir ignoraient leur destination
vraie, parce qu'elles passaient par les mains de tiers, et
ce n'est pas chez nous qu'ils pensaient à chercher ce
dont ils avaient besoin eux-mêmes.

Les pouvoirs publics. — Producteurs, commerçants,
banquiers, transporteurs et autres intéressés ont leur
tâche bien indiquée. Des pouvoirs publics dépend la
solution de questions qui relèvent des ministères du
commerce, de l'agriculture, des travaux publics, de la
marine, des affaires étrangères, des finances et des colonies. Cette dispersion est la source de lenteurs, de
conflits, de divergences de vue, qui nuisent à la bonne
marche des affaires, et arrêtent des progrès, des améliorations projetées. On a proposé le rattachement au
ministère du commerce des services de la marine mar-

chande et des consulats; d'autres ont demandé la création d'un grand ministère économique de la production et des transports comprenant les travaux publics, le commerce, le travail, les postes et la marine marchande, avec des sous-secrétariats techniques et permanents. Il semble que c'est tout au plus si l'on peut espérer voir la marine marchande être disjointe prochainement de la marine de guerre, avec qui elle n'a que des rapports bien vagues. En tout cas, il est essentiel d'augmenter le prestige du ministre du commerce, considéré trop longtemps comme un bouche-trou dans le gouvernement.

Le projet de loi relatif à l'élévation de la subvention de l'Office national du commerce extérieur prévoit la création d'un comité consultatif du commerce d'exportation, qui réunirait des fonctionnaires de sept ministères, des parlementaires, des membres de chambres de commerce et des personnalités compétentes. Cela fera une commission de plus. Il en existe déjà une auprès du ministère du commerce, dont la dernière réunion se perd dans la nuit des temps! D'ailleurs, on peut se demander pourquoi seule l'exportation est visée par la constitution de ce comité, et non pas aussi l'importation.

Cependant, un effort visible se manifeste dans les sphères politiques en faveur des questions économiques. Des parlementaires éminents s'y intéressent : la Chambre des députés et le Sénat ont ouvert des enquêtes, et leurs commissions se sont mises en rapport direct avec des spécialistes, qui ont comparu devant elles. Divers projets et propositions de loi ont été présentés, certains ont déjà été votés. L'expérience en indiquera l'efficacité.

Aucune branche de l'activité humaine n'a plus besoin que le commerce extérieur de la protection, de l'appui de l'Etat. Sans vouloir de la manière allemande, avec son esprit de domination officiellement provoqué, encouragé, subventionné, nous pouvons réclamer des pouvoirs publics une attention particulière pour des questions qui ont une influence immédiate sur l'épanouissement de nos relations commerciales avec l'étranger. Elles sont fort ardues, sans doute, et bien moins passionnantes que d'autres; pour les résoudre pratiquement, une expérience et une mentalité un peu spéciales sont nécessaires. Parlementaires et fonctionnaires ne sont généralement pas très bien préparés à les envisager sous un jour favorable. Peu de commerçants, d'industriels, de banquiers entrent dans nos grandes assemblées législatives — le mouvement contraire se produit plutôt; toutefois, une tendance nouvelle est de bon augure : nos hommes politiques, conscients de la gravité des problèmes économiques qui se posent impérieusement, cherchent de plus en plus à se documenter auprès des gens d'affaires, se mettent en contact avec les groupements professionnels, et étudient de concert avec eux les projets sur lesquels ils ont à se prononcer. Une pareille collaboration aura des résultats heureux. Il serait souhaitable qu'au ministère du commerce le personnel fût recruté autrement que dans les autres administrations publiques : un stage dans les milieux spéciaux pourrait peut-être, comme aux consuls, lui donner une idée plus nette de ses fonctions.

L'avenir de notre commerce extérieur. — Les perspectives d'avenir méritent que nous mettions toute notre ardeur, tout notre savoir-faire au service de l'organisation méthodique du commerce extérieur.

De nouveaux débouchés importants s'offriront bientôt à nous : la Russie, enfin débarrassée de l'emprise allemande, la Pologne reconstituée et autonome sont prêtes à accueillir nos produits avec faveur. L'Angleterre, qui était déjà notre premier client, tant pour elle-même que pour ses colonies, viendra chercher chez nous une bonne partie de ce qu'elle achetait à nos ennemis communs. Il en sera de même en Belgique, et aussi en Italie. Chez les neutres d'Europe et d'Amérique des revirements s'effectueront également, dont nous devrons profiter.

Notre empire colonial consolidé, délivré des menaces que l'ambition teutonne faisait peser sur lui, sera mis en valeur dans son intégralité et deviendra une source de richesse inépuisable.

Un outillage bien entendu, une propagande habile pourraient, en outre, amener dans nos ports un mouvement de transit qui n'est pas à dédaigner.

Enfin, l'Alsace et la Lorraine redevenues françaises, avec leur industrie, leurs mines, leur population laborieuse, nous donneront un appoint de quelque valeur. Notre retour sur le Rhin aura des conséquences qu'il est permis d'escompter.

Sans être optimistes à l'excès, en comptant seulement sur l'énergie, le courage de nos compatriotes — et qui oserait en douter, après les preuves qui viennent d'en être données si magnifiquement? — nous sommes en droit d'avoir de beaux espoirs. Prévoyance, audace et confiance, c'est ce qui nous a un peu manqué pendant longtemps.

Et nous terminerons notre étude par ces lignes de

M. Ernest Lavisse, qui la résument : « Certes notre tâche d'après-guerre sera rude, très rude. Il nous faudra
travailler, travailler tous tant que nous sommes, et plus
et mieux que jamais... Mais nous sommes en train de
démontrer que nous n'avons perdu ni l'énergie, ni « l'é-
lasticité » qui ont permis à nos pères de refaire la fortune et la grandeur de la France; nous travaillerons,
nous prendrons de la peine, et c'est le fonds qui nous
manquera le moins, le riche fonds de France... Ayons
donc foi dans notre avenir. Toute notre dramatique et
noble histoire est là pour donner à nos courages le sou-
tien d'une ferme espérance. »

TABLE DES MATIÈRES

PRÉFACE.. V
AVANT-PROPOS.. 1

PREMIÈRE PARTIE

LE COMMERCE EXTÉRIEUR

Son rôle. — Son influence sur l'expansion économique. — Ses éléments. — La production. — Agriculture. — Extraction du sous-sol. — Industrie. — Chasse et pêche. — La consommation. — L'expansion. — L'importation. — L'exportation. — Le transit. — Echanges commerciaux et financiers. — Balance des affaires. — Change. — Colonies. — Etranger......................... 3

DEUXIÈME PARTIE

NOTRE ORGANISATION

PRÉLIMINAIRES

L'expansion extérieure de la France est ancienne. — L'Angleterre nous supplante au XVIIIe siècle. — Reprise de l'activité française (Louis-Philippe et Second Empire). — L'Angleterre s'industrialise, et est notre seul grand concurrent. — L'exportation anglaise complémentaire de la nôtre. — En 1871, la situation se modifie. — Reconstitution rapide de la France. — Notre commerce extérieur se développe jusqu'en 1875. — Effervescence financière de 1879-81. Krach de 1882. — Recul de nos exportations jusqu'en 1896. Reprise en 1897. Progression constante depuis 1899. — La progression de l'Angleterre, et surtout de l'Allemagne a été bien plus considérable. — Il y a eu diminution pour certains de nos grands produits agricoles. — Entrée en lice de l'Allemagne, puis des Etats-Unis et d'autres pays. — Ces concurrents ne sont plus seulement complémentaires. Ils créent un outillage moderne. — Notre ancienne situation nous a encore profité pendant quelques années. L'Allemagne, bien organisée, nous a atteints, puis dépassés. — La France reprenait sa place dans le monde. Elle néglige son commerce extérieur. —

Progrès de la science. Nous ne savons en faire l'application. — Nous restons sur les vieux errements. — Les Allemands développent leur organisation scientifique, moderne. — La France se décide à agir, et les résultats sont heureux. — Nous nous sommes réveillés trop tard..................... 45

CHAPITRE PREMIER

LES ORGANES

Commissionnaires. — Consignataires. — Négociants-importateurs et exportateurs. — Importation et exportation directes. — Syndicats. — Choix entre les systèmes. — Utilité des intermédiaires 63

CHAPITRE II

LES AUXILIAIRES

A. — LES TRANSPORTS.

Voie de terre et de fer. — Voie fluviale. — Voie maritime. — Assurances.........................

B. — LA PUBLICITÉ.

Son utilité. — Prospectus, catalogues. — Affichage, annonces. — Echantillons. — Expositions. — Agents, représentants. — Voyages. — Presse......................... 92

C. — L'ETAT.

Son intervention. — Travaux publics : les ports. — Douanes. — Corps diplomatique. — Attachés commerciaux. — Missions. — Consulats. — Conseillers du commerce extérieur. — Chambres de commerce. — Office national du commerce extérieur........ 0

D. — LE CRÉDIT.

Son utilité. — La banque pour le commerce extérieur. — Diversité des banquiers. — Banques de commerce. — Banques d'affaires. — La banque française. — Notre banque et le commerce extérieur. — Spécialisation et confusion des risques. — Caractère particulier de la banque pour le commerce extérieur. — Intervention des banques étrangères. — Objections de notre banque. 110

CHAPITRE III

LE PERSONNEL

Composition du personnel. — Les chefs de maison. — Les états-majors. — Les subalternes. — Représentants, agents, voyageurs. — Education. — Culture générale. — Spécialisation. — Enseignement technique. — Ecoles commerciales. — Apprentissage pratique. — Emigration. — Les Français aux colonies et à l'étranger. 4

TROISIÈME PARTIE

CE QUI NOUS MANQUE —: CE QU'ON POURRAIT FAIRE

PRÉLIMINAIRES

Lacunes de notre organisation. Moyens d'y remédier. — Parallélisme de la force économique et de la puissance politique. — Expansion économique des puissances secondaires. — Comparaison entre les diverses nations. — Etude des procédés qui ont réussi ailleurs. — Les nécessités inéluctables. — Adaptation de notre outillage à nos facultés et à notre mentalité........... 133

CHAPITRE PREMIER

ORGANES

Commis-voyageurs et direction centrale. — Les capitaux. — L'argent français ne se porte pas assez vers le commerce extérieur. — Diversité des procédés, suivant la nature, l'origine ou la destination des marchandises. — Elargissement de la « Commission ». — Développement des négociants-exportateurs-importateurs. — Service spécial d'exportation et d'importation chez les industriels et producteurs. — Syndicats. — Agences de représentation.. 143

CHAPITRE II

AUXILIAIRES

A. — TRANSPORTS.

Chemins de fer. — Tarifs réduits, communs et soudés. — Batellerie. — Marine marchande. — Primes à la construction et à la navigation. — Subventions. — « La marchandise suit le pavillon ». — Les relations avec nos colonies. — La hausse des frets pendant la guerre a peu profité à l'armement français. — Les *tramps* et les paquebots anglais. — La concentration et l'expansion des compagnies allemandes. — Les services français à créer. — Devoirs de l'Etat et des compagnies vis-à-vis du commerce. — Multiplication des lignes; départs fréquents et réguliers; aménagements des bateaux. — Organisation pratique des agences; engagements de fret. — Connaissements. — Passagers. — Voiliers. — Centralisation des services de la marine marchande. — Assurances.................................... 163

B. — PUBLICITÉ.

Adaptation aux diverses productions et aux diverses clientèles. — Prospectus, catalogues. — Affichage, annonces. — Echantillons. — Conditionnement. — Expositions. — Agents, représentants. — Voyages. — Presse... 188

C. — ETAT.

Chemins de fer, navigation. — Canaux. — Ports. — Douanes. — Ports francs. — Postes, télégraphes, téléphones. — Corps diplomatique et consulaire. — Office national du commerce extérieur.. 203

D. — CRÉDIT.

Urgence de l'organisation du crédit au commerce extérieur. — Tentatives de création de banques spéciales. — Spécialisation anglaise. — Filiales allemandes. — Nécessité d'un agent de liaison. — L'établissement central provisoire. — Constitution du capital. — Négociation du papier à long terme. — Les tirages documentaires. — Crédits d'acceptation et avances. — Encaissements et renseignements. — Contentieux international. — Appui aux affaires à l'étranger. — Amélioration du crédit à court terme. — Faiblesse de notre organisation commerciale et industrielle. — La peur du risque. — Le personnel. — Spécialisation géographique. — La mutualité. — La Banque de France. — L'Etat.. 222

CHAPITRE III

PERSONNEL

Education — Culture générale. — Spécialisation. — Enseignement technique. — Apprentissage pratique. — Emigration. — Situations. — La division du travail et les habitudes............. 24

CONCLUSION

Reproches à nos producteurs et commerçants. — La mentalité française. — Les progrès réalisés. — Confiance entre producteurs, négociants et banquiers. — L'unité d'action. — L'Association nationale d'expansion économique. — La conférence économique des alliés. — Les neutres. — Les ennemis. — La satisfaction de la consommation intérieure. — Intensification et surproduction. Exportation de l'excédent. — L'importation. — Les pouvoirs publics. — L'avenir de notre commerce extérieur...........

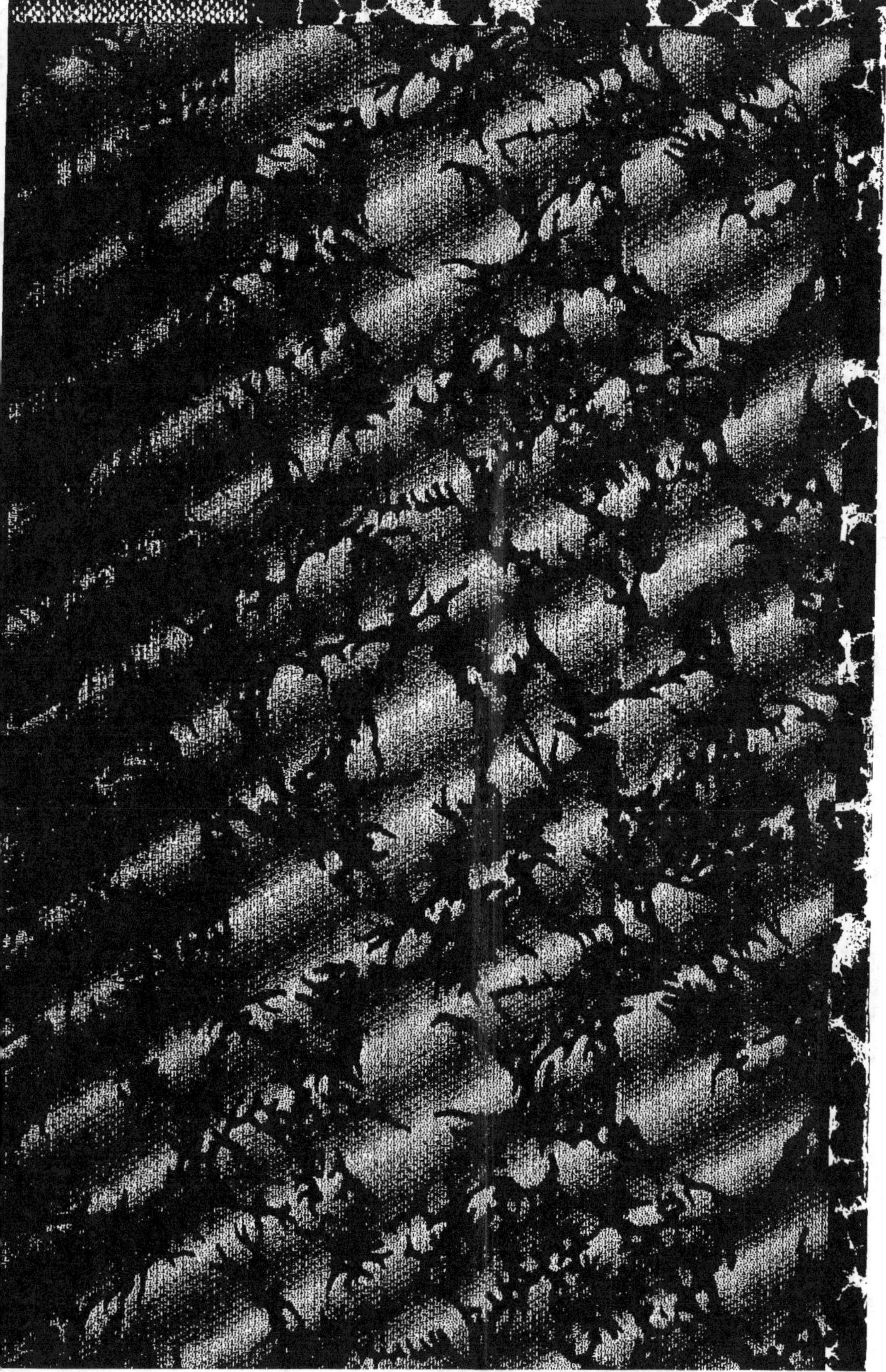

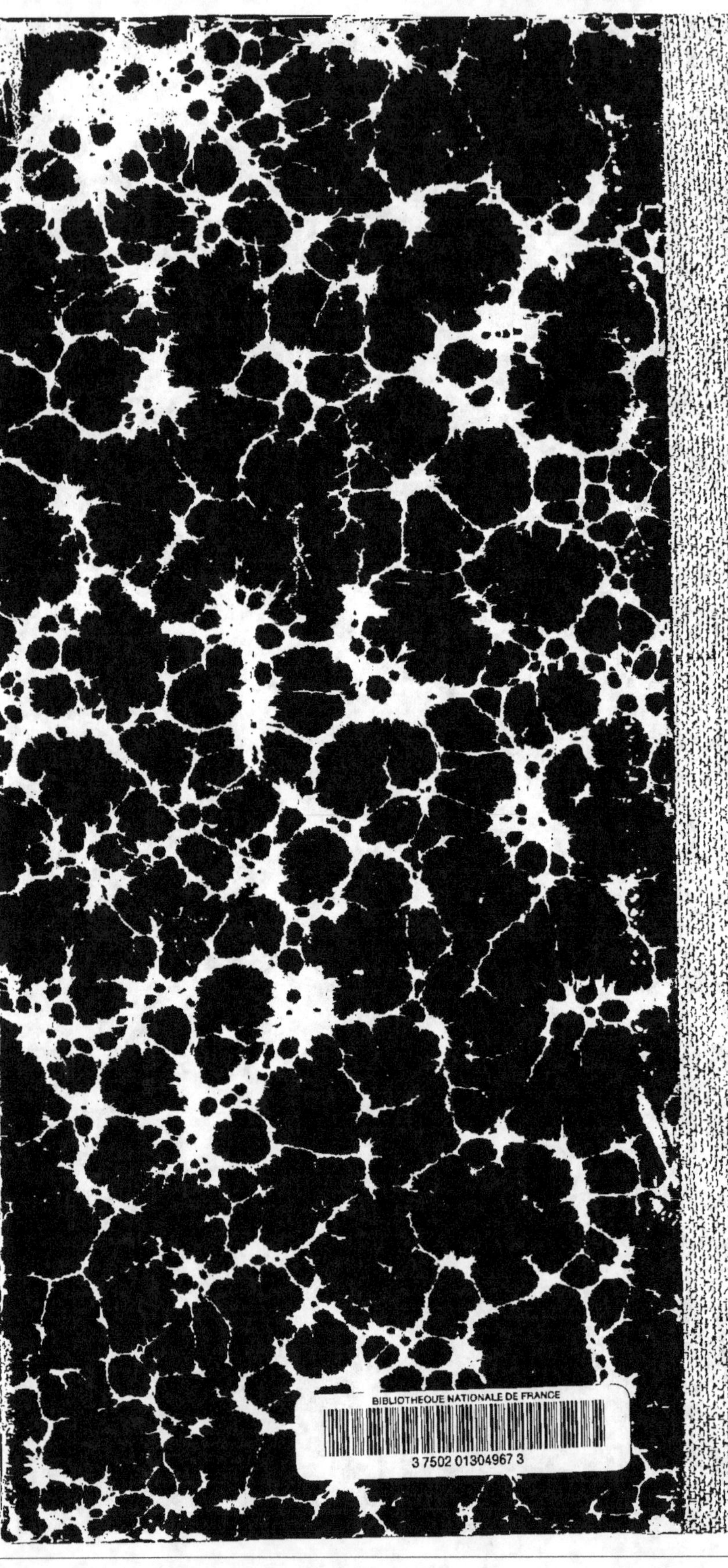

9 782019 622855